Faszination Padel

Allgemeine Hinweise:

Aus Gründen der besseren Lesbarkeit wird bei Personenbezeichnungen die männliche Sprachform verwendet. Gemeint ist sowohl die männliche als auch die weibliche und die diverse Form.

Das vorliegende Buch wurde sorgfältig erarbeitet. Dennoch erfolgen alle Angaben ohne Gewähr. Weder der Autor noch der Verlag können für eventuelle Nachteile oder Schäden, die aus den im Buch vorgestellten Informationen resultieren, Haftung übernehmen.

Sollte diese Publikation Links auf Webseiten Dritter enthalten, so übernehmen wir für deren Inhalte keine Haftung, da wir uns diese nicht zu eigen machen, sondern lediglich auf deren Stand zum Zeitpunkt der Erstveröffentlichung verweisen.

CHRISTIAN BONK

FASZINATION PADEL

AUSRÜSTUNG - TECHNIK - TAKTIK - REGELN

Empfohlen durch Deutscher Padel Verband

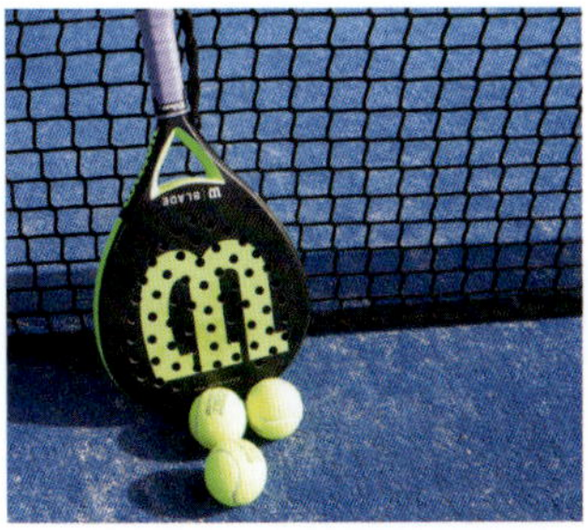

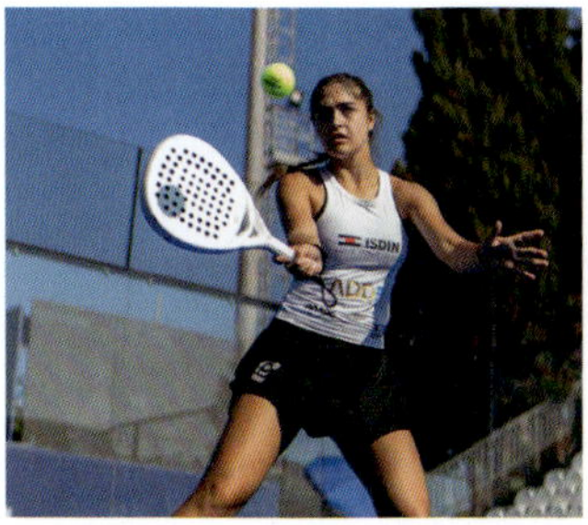

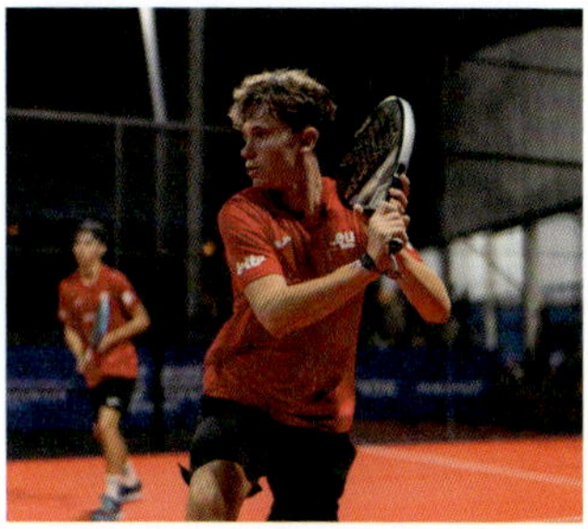

Meyer & Meyer Verlag

Faszination Padel

Bibliografische Information der Deutschen Bibliothek
Die Deutsche Bibliothek verzeichnet diese Publikation in der Deutschen Nationalbibliografie; detaillierte bibliografische Details sind im Internet über <https://www.dnb.de> abrufbar.

Auckland, Beirut, Dubai, Hägendorf, Hongkong, Indianapolis, Kairo, Kapstadt, Manila, Maidenhead, Neu-Delhi, Singapur, Sydney, Teheran, Wien
Member of the World Sport Publishers' Association (WSPA)
Druck: Print Consult GmbH, München

MIX
Papier | Fördert gute Waldnutzung
FSC® C106855

ISBN 978-3-8403-7928-4
E-Mail: verlag@m-m-sports.com
www.dersportverlag.de

INHALT

1 VORWORT UND GRUSSWORT

FASZINATION PADEL – DER SIEGESZUG EINER NEUEN SPORTART IN EUROPA

Der Titel dieses Buches kommt nicht von ungefähr. Faszination beschreibt exakt die Gemütslage beinahe aller, die aus Zufall, animiert durch Freunde oder weil sie im Urlaub staunend an einem Padel-Court zugeschaut haben, zum ersten Mal zwischen den Glaswänden stehen und Padel-Bälle schlagen. Die meisten Padel-Novizen sind „Rückschlag-Sportler", also Menschen, die bereits mit Tennis, Badminton oder Tischtennis Erfahrungen gemacht haben. Auch Fuß-, Hand-, Basket- oder Volleyballer fühlen sich oft magisch von dem schnellen Spiel zwischen den Glaswänden angesprochen und buchen eine spontane Probestunde. Ihnen allen ist gemein, dass sie zu beinahe 100 Prozent wiederkommen, ihrerseits Freunde animieren und Padel-Matches auf den persönlichen Aktivitätenplan setzen. Denn – diese Floskel sei gestattet – Padel macht von Beginn an süchtig, sofern man etwas Ballgefühl und ein Grundverständnis dafür im Gepäck hat, Bälle so zu platzieren, dass dem Gegenüber der Rückschlag möglichst schwerfällt.

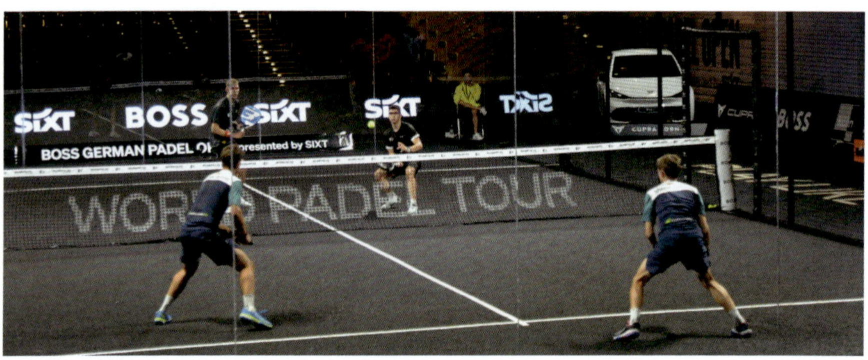

Vor allem Tennisspieler:innen und Tischtennisspieler:innen erfreut bereits nach den ersten Ballwechseln, dass beim Padel auch dann Ballwechsel zustande kommen, wenn nicht jeder Ball exakt getroffen und präzise platziert wird. Mit der oben genannten allgemeinen Ballerfahrung kommen schon nach Minuten einfache „Rallys" zustande, die Laufwege sind überschaubar und bereits nach einer halben Stunde gelingt es ballerfahrenen Anfängern, das Team auf der gegenüberliegenden Seite durch geschicktes Winkelspiel, einen Lob oder einen gut platzierten Volley auszuspielen. So lassen sich die ersten Sessions auf dem Padel-Court bereits mit spaßbetonten Matches gestalten, wobei die Lernkurve deutlich steiler ist als beispielsweise beim technisch sehr viel anspruchsvolleren Tennis.

Die erste echte Hürde eines Padel-Neulings ist die Einbeziehung der Glaswände ins Spiel, was ein gewisses Maß an Schlagkontinuität und Präzision erforderlich macht. Doch diese Hürde ist durchaus in Eigenregie zu nehmen, wenn die Grundschläge beispielsweise in der Viererkonstellation auf dem Platz paarweise unter Einbeziehung der hinteren Glaswände geübt werden.

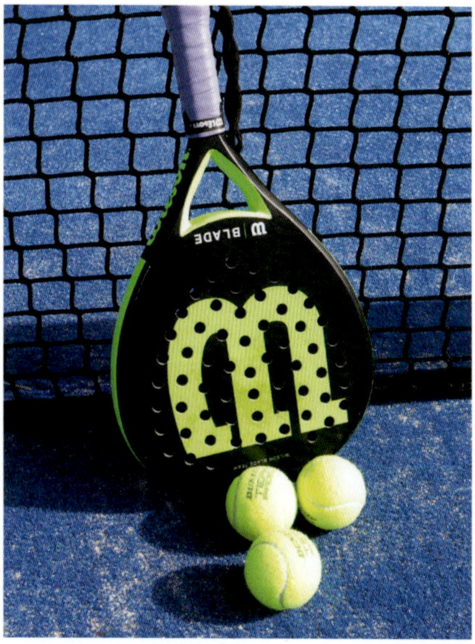

Selbstverständlich soll hier nicht der Eindruck entstehen, als sei der Padel-Sport ein Freizeitvergnügen, das ohne spezifische Kenntnisse auskommt. Auch erfahrene Tennisspieler erleben spätestens beim ersten Spaß-Turnier, wie viel facettenreicher, überlegter und auch technisch feiner die Schläge derer sind, die die Padel-Technik von der Pike auf gelernt haben und über jahrelange Spielerfahrung verfügen. Exakt zu diesem Zeitpunkt stellt sich Turnier-Neulingen die ernsthafte Frage, ob es nicht höchste Zeit dafür ist, ein paar Trainingseinheiten mit einem Padel-Coach zu absolvieren, sich generell mit der Technik der Basisschläge zu beschäftigen und sich taktische Grundkenntnisse anzueignen. Denn Padel ist als Wettkampfsport eine Disziplin, die auf feiner Technik, einem untrügerischen „Touch" (Ballgefühl) sowie der Fähigkeit beruht, das Balltempo in einer großen Bandbreite dosieren zu können. Dies lässt sich nur mit gezieltem Training und regelmäßigen Spieleinheiten bewerkstelligen. Wenngleich Padel auch auf dem Einstiegsniveau für lange Zeit sehr viel Spaß macht, erleben sehr viele diesen Übergang in die Welt der Fortgeschrittenen mit sogar noch mehr Begeisterung als die erste Stunde auf dem Padel-Court.

Die Lektüre dieses Buches soll Padel-Interessenten dabei helfen, alle wesentlichen Fakten der Sportart Padel kennenzulernen. Darüber hinaus gibt es Einblick in die Technik und Taktik, erläutert die Ausrüstung und beschreibt Padel als Wettkampfsport. Unabhängig vom persönlichen „Sucht-Level" des oder der Lesenden ist das Buch die perfekte Grundlage dafür, Padel als Hobby, als bereichernde Komplementär-Sportart oder in absehbarer Zukunft als Wettkampf- oder Leistungssport zu betreiben. Mit der Gewissheit: Die Faszination bleibt.

Christan Bonk

GRUSSWORT VON TRAINERLEGENDE HERNAN FLORES

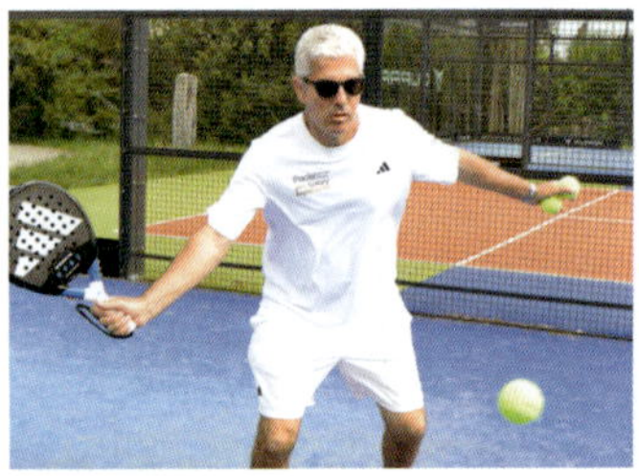

Ich war immer schon sehr begeistert von der Idee, alle meine Erfahrungen mit unserem geliebten Sport PADEL über die verschiedenen Phasen, die er in seiner kurzen Geschichte von fast 50 Jahren durchlaufen hat, bis zu seiner fabelhaften Gegenwart, die sich exponentiell fortsetzt, teilen zu können zugunsten eines gesunden Wachstums der Sportart auf der ganzen Welt. Daher freue ich mich über dieses Buchprojekt und die Tatsache, dass für den deutschsprachigen Raum mit „Faszination Padel" ein Medium entstanden ist, mit dem den deutschsprachigen Sportfans unsere einzigartige Sportart in allen Facetten nähergebracht wird.

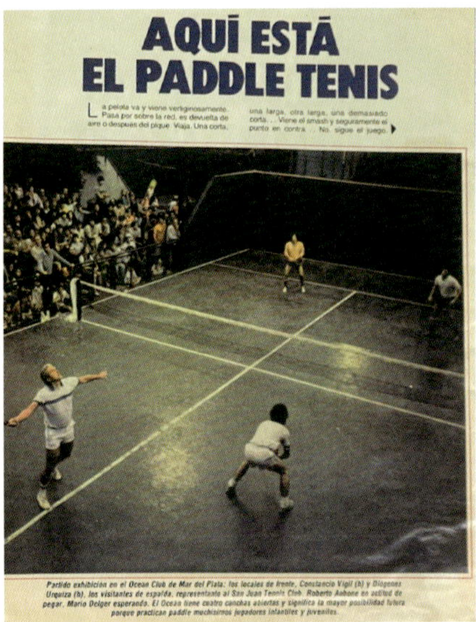

AQUÍ ESTÁ EL PADDLE TENIS

La pelota va y viene vertiginosamente. Pasa por sobre la red, es devuelta de aire o después del pique. Viaja. Una corta, una larga, otra larga, una demasiado corta... Viene el smash y seguramente el punto en contra... No, sigue el juego.

Partido exhibición en el Ocean Club de Mar del Plata: los locales de frente, Constancio Vigil (h) y Diógenes Urquiza (h), los visitantes de espalda, representante al San Juan Tennis Club. Roberto Aohone en actitud de pegar. Mario Dolger esperando. El Ocean tiene cuatro canchas abiertas y significa la mayor posibilidad futura porque practican paddle muchísimos jugadores infantiles y juveniles.

Der erste Padel-Court Argentiniens in Mar del Plata im Ocean Club im Jahr 1975/76. (© Mit freundlicher Genehmigung von Diogenes de Urquiza)

Ich bin davon überzeugt, dass wir in der Pionierphase durch die Verwirklichung unserer Träume, und fast ohne es zu merken, in

Argentinien einen Megatrend geschaffen haben, den wir uns nie hätten vorstellen können. Das war möglich durch die Leidenschaft einer Gruppe von Träumern, zu denen unternehmerische und visionäre Organisatoren sowie symbolträchtige Akteure mit enormem Potenzial zählten. Wir reisten durch ganz Argentinien und kämpften auf teils improvisierten Courts allein um den Ruhm (Preisgelder hatten symbolischen Charakter in den Anfangsjahren). Unser eigentliches Ziel war es, einen Samen auszubringen, der wuchs und schließlich zu einem echten Boom wurde. Im ganzen Land wurden Clubs eröffnet, wodurch dann das Phänomen Padel sich nach Uruguay und Südbrasilien ausweitete.

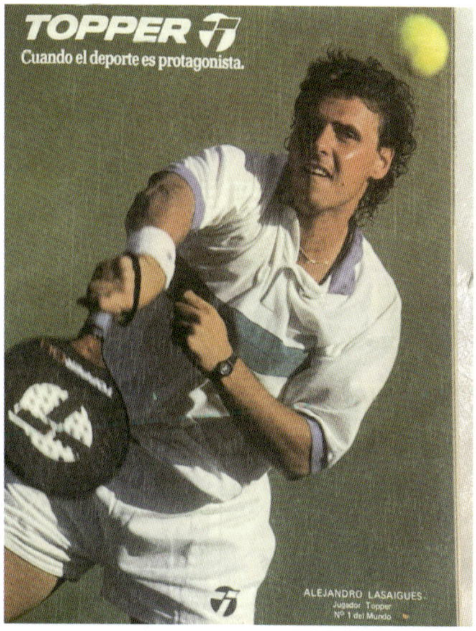

Alejandro Lasaigues, einer der erfolgreichsten und besten Spieler aller Zeiten in der Weltklasse. Er war viele Jahre lang Weltranglisten-Erster ab 1988. (© Mit freundlicher Genehmigung von Diogenes de Urquiza)

In den späten 1990er-Jahren begann in Spanien ein unglaublicher Boom, wo Padel schnell zur zweitbeliebtesten Sportart hinter Fußball wurde. Der Aufschwung erfolgte durch den ehemaligen spanischen Präsidenten José María Aznar, der in La Moncloa eine Turnierserie ins Leben rief und mit dafür verantwortlich ist, dass Padel sich als eine der beliebtesten Sportarten des spanischen Volkes etablierte.

Der Profi-Circuit erlebte seine Entstehung durch die „Opel Padel Tour", die später in PADEL Pro Tour umbenannt wurde, und ab 2013 die World Padel Tour ins Leben rief und organisierte. Im Juli 2013 erfolgte der Start der Serie in meinem Padel-Club Puerto Sherry (El Puerto de Santa María, Cádiz, Spanien). Schon die ersten Turniere fanden vor einem begeisterten Publikum statt, bis zu 4000 Fans fieberten mit den Athleten mit. Danach wuchsen die Turniere

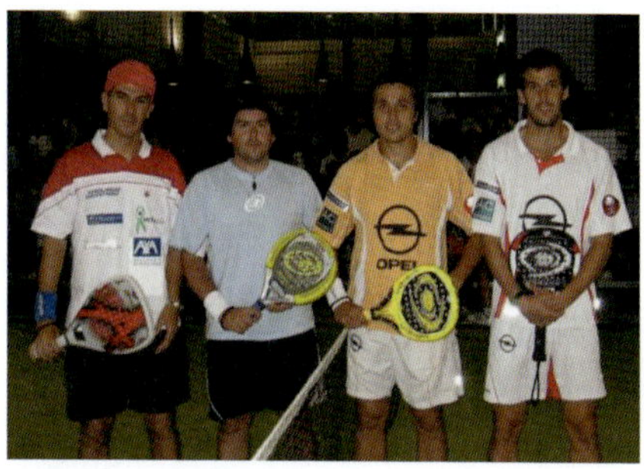

Eröffnungsturnier ACTIVA CLUB JEREZ 2006 mit Cristian Gutierrez gegen die damaligen Erstplatzierten der Weltrangliste Juan Martín Díaz und Fernando Belasteguín. © Hernan Flores/Privatarchiv

in jeder Beziehung und eine erste Internationalisierung fand statt, indem die Tour auf europäische Metropolen ausgedehnt wurde.

Die aktuelle Profi-Tour heißt „Premier Padel", das bereits an symbolträchtigen Orten wie Roland Garros oder dem Foro Italico beeindruckende Turnier-Events inszeniert hat, mit modernster Technik, TV-Streaming und einer Verbreitung in unzählige Länder auf unterschiedlichen medialen Kanälen. Padel wird erwachsen und präsentiert sich einem interessierten Publikum auf allen Kontinenten.

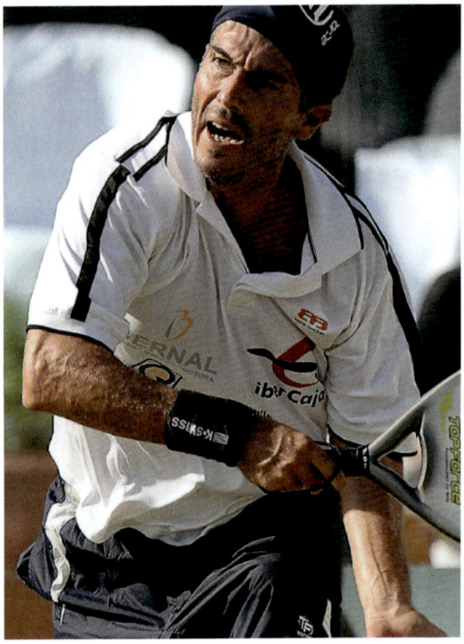

Hernan in Aktion bei einem Match der PPT-Tour 2007.

Derzeit sehe ich enormes Potenzial im Wachstum von Padel in Deutschland. Die große Tennis-Tradition in Deutschland schafft ein besonders großes Potenzial für Padel und die Deutschen sind hervorragende Sportlerinnen und Sportler. Mit unserem globalen Entwicklungsprogramm PADEL PRO LUXURY EXPERIENCE versuche ich, das Niveau der Trainer zu steigern und zu einem professionellen Ausbildungsniveau beizutragen. Denn die Trainer sind die wichtigsten Partner für alle Spielerinnen und Spieler, die sich weiterentwickeln möchten. Wir veranstalten diese Trainingslager bereits seit zwei Jahren in allen wichtigen Städten Deutschlands mit hervorragendem Erfolg (wir haben viele der aktuellen Topspieler sowohl der Damen- als auch der Herrenmannschaften ausgebildet).

Ich habe kürzlich viele Spieler der österreichischen Mannschaft in Wien trainiert, die an der Weltmeisterschaft in Alicante (Spanien) teilgenommen haben.

Ich denke, wir stehen vor einer einmaligen Gelegenheit, auch das deutsche Padel auf das höchste Niveau zu bringen. Aber wir müssen uns darüber im Klaren sein, dass wir alle zusammenarbeiten müssen, um dieses gewünschte Ziel zu erreichen, das betrifft den Verband, die Trainer, die Standortbetreiber und die Athleten. Deutschland ist auf einem guten Weg, eine echte Padel-Nation zu werden und dieses Buch wird hoffentlich dazu beitragen, Padel noch viel mehr Sportinteressierten in Deutschland näherzubringen.

Wenn ich dazu beitragen kann, diese globale Entwicklung auf einem Niveau fortzusetzen, von dem ich nie zu träumen gewagt hätte, sehe ich am Ende des Weges eine sehr reale Option, Padel zu einer olympischen Sportart zu machen, was eine wunderbare Nachricht wäre und wir alle wären stolz darauf, dieses Ziel zu erreichen.

Hernan Flores

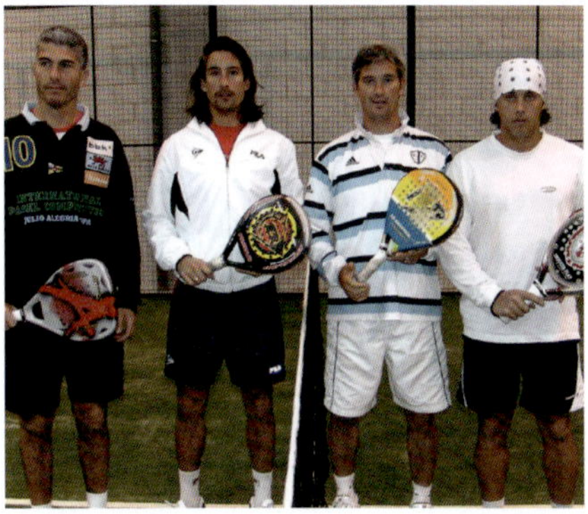

Pro Exhibition Turnier im Jahr 2007, Hernan Flores mit Guillermo Demianiuk erfolgreich gegen Mariano Lasaigues und Miguel Lamperti

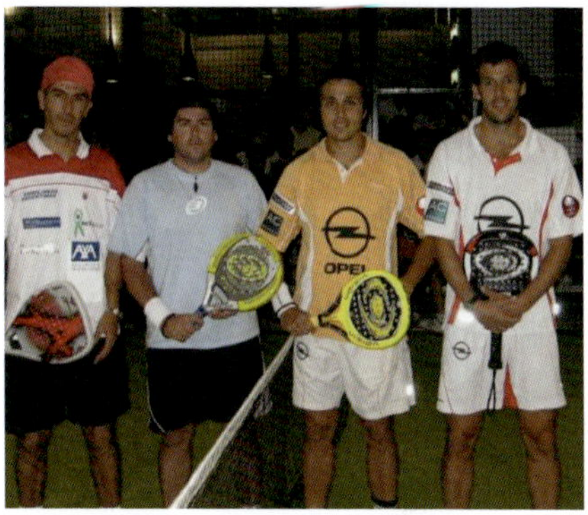

Pro Exhibition, Eröffnungsturnier im Activa Cup Jerez im Jahr 2006 mit Cristian Gutierrez gegen die damaligen Weltbesten Juan Martín Díaz und Fernando Belasteguín.

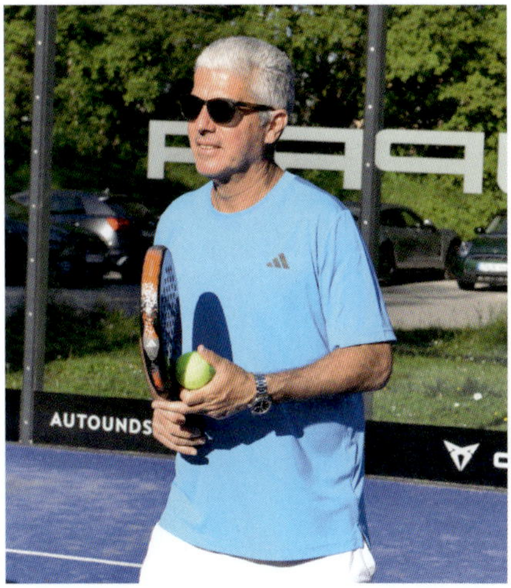

Hernan Flores beim Training in Starnberg 2024 ...

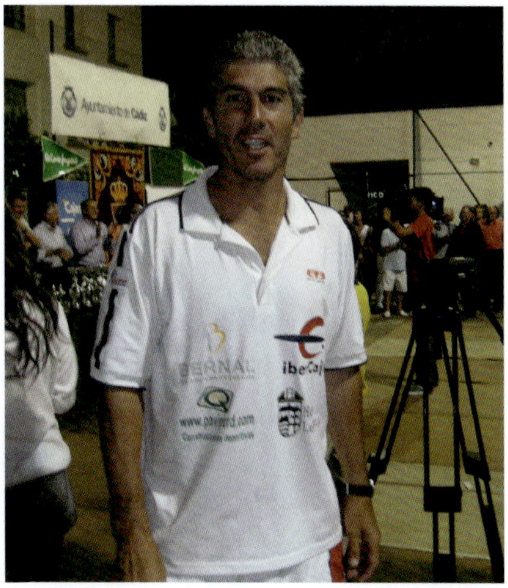

... und als Turnierteilnehmer am Profi-Turnier in Cadiz im Jahr 2008.

2

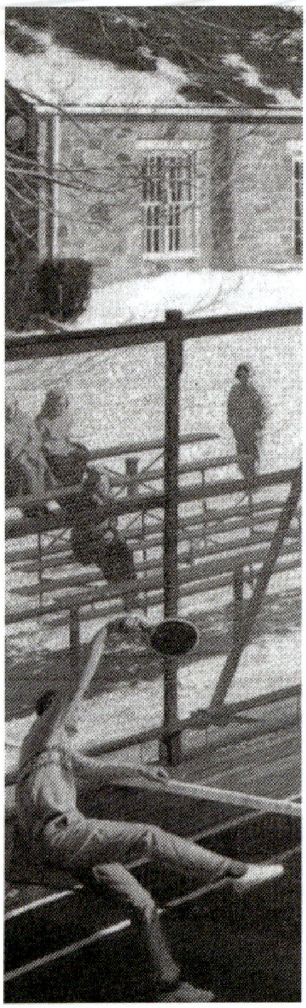

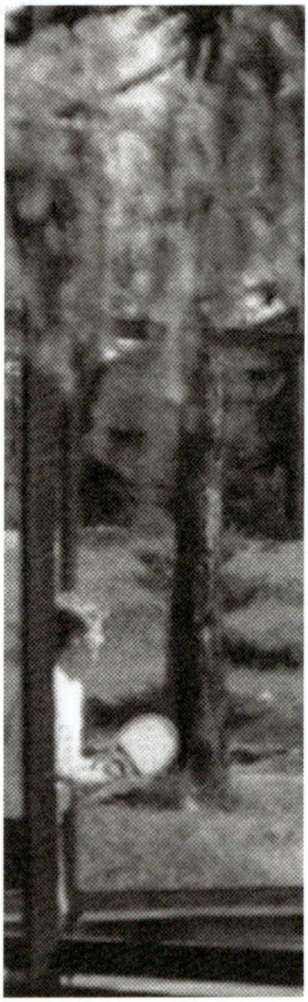

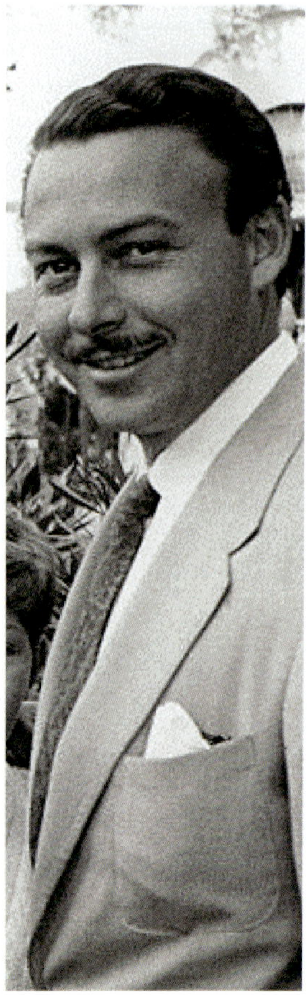

2 DIE HERKUNFT DER SPORTART PADEL

Die Ursprünge der heutigen Trendsportart Padel gehen auf das Jahr 1969 zurück und resultieren aus einer Mischung von Pioniergeist und Tennis-Leidenschaft. Der begeisterte Tennisfan Enrique Corcuera war dem Tennis verfallen und entdeckte auf einer seiner Reisen in den USA eine abgewandelte Variante des klassischen Tennisspiels namens „Platform Tennis", bei der auf einem kleineren Spielfeld, mit einem etwas niedrigeren Netz und kürzeren Schlägern aus Holz (Bezeichnung: Paddles) ohne Bespannung gespielt wurde. Es ist davon auszugehen, dass es Padel, wie wir es heute kennen, vermutlich nicht geben würde ohne die Entwicklung der Tennis-Variante „Platform Tennis" kurz vor der Jahrhundertwende vom 19. ins 20. Jahrhundert und wenn Enrique Corcuera die Idee nicht nach Mexiko importiert hätte.

Exkurs

Platform Tennis ist in den USA nach wie vor sehr populär. In einem Zeitschriften-Artikel in „Magglingen" beschreibt Curt H. Schibli nach seinen Recherchen die Historie des Platform Tennis:

„Man sagt, Platform Tennis sei 1898 als «Street Game» in Albion, Michigan USA, «erfunden» worden. Viel später, 1924, führte ein Pfarrer namens Frank P. Beal «Paddle»-Tennis als Freizeitbeschäftigung für Stadtkinder in New York City ein. Offiziell wurde das «Street Game» 1928 durch die Gründer Fessenden S. Blanchard und James J. Cogswell in Scarsdale, N. Y., sprichwörtlich zum eigentlichen, heute bekannten Platform Tennis «erhoben». Wenn man «Paddle»-Tennis mit Tennis vergleicht, ist das Spiel in der Vergangenheit sicher unter seinem möglichen Wert vermarktet worden. Viele Spielende sind stolz darauf, dass es sich nicht zum typischen Massensport entwickelt hat. Immer

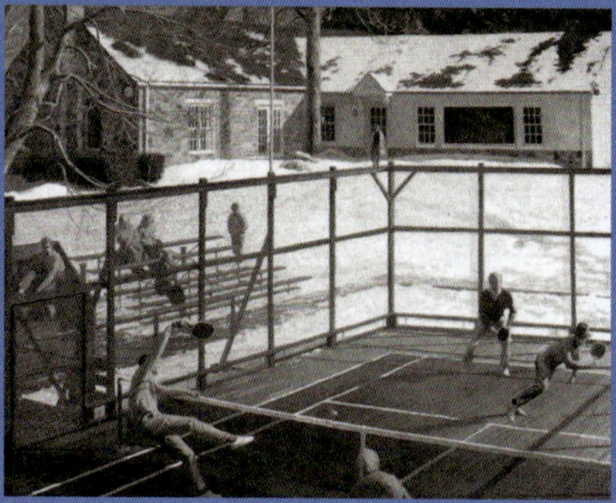

von einer gewissen Exklusivität umgeben, hat sich «Paddle»-Tennis auf einer bedeutend tieferen Stufe, mehr oder weniger parallel zum Tennis, entwickelt. Während sich die Platform als Spielfeld in den USA fest etabliert hat, entwickelte sich eine ähnliche Rückschlagsportart in viel größerem und populärerem Umfang in vielen Städten Südamerikas, zum Teil auch in Spanien. In diesen südlichen Gefilden spielt man «Paddle» – heute als Padel (Anm. des Autors) – wie zu Urzeiten in den USA einfach auf flachen Bodenbelägen – das Wetter dort erlaubt dies –, öfters eben auch in den Straßen und auf Hinterhofplätzen.

Es gibt in den USA mehrere tausend Platform-Tennisanlagen, nicht wenige auf Grundstücken von Eigenheimen. Es braucht eben wenig Platz!

Man schätzt die Anzahl der Platform-Tennisspieler in den USA auf annähernd eine Million. Es gibt eigentliche Platform-Tennisclubs und kommerziell betriebene Zentren. Aber viele spielen in den zahlreichen Country-Clubs und auch auf firmeneigenen Anlagen. Die Wettkampfszene beinhaltet verschiedene Turniere sowie Club-, Regional- und Landesmeisterschaften. Auch kleinere Profi-Turniere beleben die Szene.

Geographisch konzentriert sich Platform Tennis in den USA vor allem auf die Nordost- und Mittelweststaaten, aber auch in den Rocky Mountain Staaten und in Kalifornien gewinnt das Spiel vermehrt an Bedeutung. Gelegentliche Versuche, das Spiel auch in Europa und Japan bekannt zu machen, sind wahrscheinlich mangels Einsatz und genügenden Marktkenntnissen nicht über kleinere Anfangserfolge hinausgewachsen."

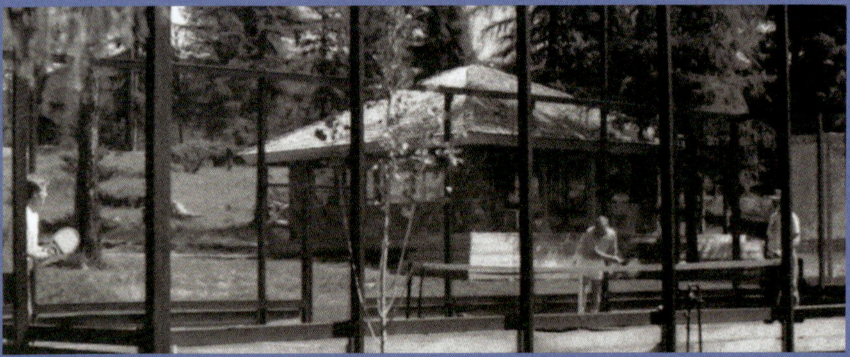

2.1 PLATFORM TENNIS ALS SCHLECHTWETTER-VARIANTE MIT HOHLRAUM UND UMZÄUNUNG

Diese Rückschlagsportart ist aus dem Bedürfnis erwachsen, in Perioden, wenn wegen der saisonbedingten, klimatischen Verhältnisse, bei feuchtnasser Witterung, Tennis auf den üblichen Freiluftplätzen stark eingeschränkt oder eingestellt werden musste, einem dem normalen Tennis ähnlichen Spiel weiterhin im Freien frönen zu können. Nach und nach nahm die Gestalt des Spiels die seit gut 60 Jahren heute noch geltende Form an. Anstelle des „Street Games" trat die vom Boden abgehobene Platform, die es ermöglichte, die Spielfläche (zirka ein Drittel eines regulären Tennisplatzes) immer trocken und sauber zu halten und leicht von Laub und Schnee zu befreien. Eine gespannte Drahtflecht-Umzäunung von fast vier Meter Höhe half, den Ball im Spielfeld zu halten und als Spielwand zu benützen. In den 1920er-Jahren wurde bereits der erste Paddle-Tennis-Verband gegründet, und seit 1963 wird der Fachverband offiziell als American Platform Tennis Association (APTA) geführt, in dem über 30.000 Mitglieder regelmäßig Platform Tennis spielen.

2.2 TENNISREGELN UND DAS SPIEL MIT DER WAND

Schon erwähnt wurde die Spielbarkeit über das ganze Jahr im Freien, fast bei jedem Wetter und bei jeder Temperatur. Eine sich im verkleideten Hohlraum unter der Plattform befindende, einfach zu bedienende Warmluft-Gebläseheizung erlaubt jederzeit ein schnelles Abtrocknen oder Abschmelzen von Frost und Schnee. Tatsache ist, dass man auch bei Temperaturen unter null Grad Freude und Spaß am Spielen hat. Platform Tennis ist ein Spiel mit vielfältiger Wirkung: „Allgemeine Fitness, Reaktionsvermögen, Spielgefühl, Konzentrationsfähigkeit, Schnelligkeit und Ausdauer. Es gleicht zu 80 Prozent dem Tennis, zu 20 Prozent dem Squash."[01]

01 Quelle: BASPO Magglingen/Curt H. Schibli. Platform Tennis – Monatsschrift der Eidgenössischen Sportschule Magglingen mit Jugend+Sport, Bd. 53 (1996), Nr. 8, S. 14f./(ETH Zürich, www.e-periodica.ch)

2.3 VOM PLATFORM TENNIS ZUM HEUTIGEN PADEL

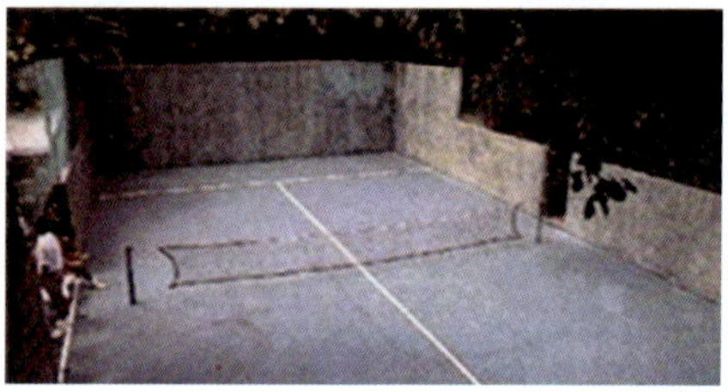

Der erste Padel-Platz von Enrique Corcueras in Acapulco, © DPV-Archiv

Auf seinem Grundstück in Acapulco entstand dann nach der Rückkehr Enrique Corcueras der erste Padel-Platz der Welt, wie wir ihn heute kennen, als Abwandlung des Platform Tennis in den USA. Corcuera baute ihn, indem er seine Hausfassade in den Courtbau integrierte und ein 20 x 10 Meter großes Spielfeld bauen ließ, das rundum von Mauern umgeben war. Einerseits sollten die Mauern verhindern, dass permanent Bälle aufs Nachbargrundstück flogen. Andererseits wollte der Tennisfan nachhaltig verhindern, dass die an der mexikanischen Pazifikküste üppige und agile Vegetation den Platz überwucherte.

Auch wenn Corcuera beim Bau seines Courts noch keine echte Idee vom Padel-Sport im Sinn hatte, setzte er auf eine ästhetisch bedingte Symmetrie und entschied sich für drei Meter hohe Mauern an den Stirnseiten des Courts, während die seitlichen Mauern lediglich zwei Meter hoch waren und Eingangsöffnungen und Türen an beiden Seiten aufwiesen. Später wurden die seitlichen Mauern modifiziert, indem die oberen Mauerteile durch Drahtgeflechte ersetzt wurden, was zu einer besseren Belüftung der Courts führte. Aus diesen Drahtgeflechten sind die heutigen Metallzonen der Seitenwände aktueller Padel-Courts hervorgegangen. Corcuera und seine Mitspieler trugen auf dem neuen Court zunächst Matches nach reinen Tennisregeln aus, integrierten dann aber – wegen des fehlenden Auslaufs, wie ihn ein regulärer Tennisplatz aufweist – die Mauer ins Spiel, indem Bälle erlaubt waren, die auf dem Feld aufprallten und dann vor dem Rückschlag die Rück- oder Seitenwand berührten.

2.4 EXPORT NACH SPANIEN UND ARGENTINIEN

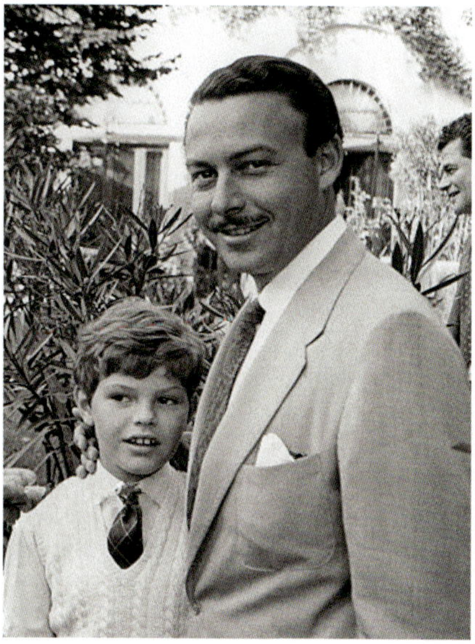

Egon vor Fürstenberg und Print Alfonso © https://commons.wikimedia.org/wiki/Category:Alfonso_of_Hohenlohe-Langenburg?uselang=de

Alfonso Prinz zu Hohenlohe hatte sich zu dieser Zeit einen weltweit wohlklingenden Namen als Party-Prinz von Marbella gemacht, auf seinen Gästelisten fanden sich klangvolle Namen wie Onassis, Rothschild und Kennedy. Diese machten Marbella zu einem Jetset-Hotspot der 1950er- und 1960er-Jahre. Bereits 1953 baute er das legendäre Hotel Marbella Club, in dem sich regelmäßig auch Hollywood-Größen, Künstler und Sportler tummelten. Als der Prinz von Hohenlohe auf die Sportanlage seines mexikanischen Freundes aufmerksam wurde, war er von der Idee so begeistert, dass er 1968 in seinem Marbella Club gleich zwei dieser neumodischen Sportanlagen errichten ließ. Die Wirkung auf die internationale Gästeschar des Hotels blieb nicht aus und schon kurze Zeit später errichteten begeisterte Argentinier die ersten Courts in Mar del Plata. Die Brücke nach Argentinien schlug Don Julio Menditeguy, ein argentinischer Millionär, der den Padel-Sport im Jahre 1975 in Hohenlohes Marbella Club kennengelernt und von dort nach Argentinien importiert hatte. Er errichtete zwei Plätze auf seinem Anwesen in Mar del Plata und binnen kürzester Zeit erfuhr der Padel-Sport große Popularität in der argentinischen Bevölkerung. Mittlerweile haben ihn längst viele weitere südamerikanische Länder wie Brasilien, Chile, Paraguay oder Uruguay übernommen. Heute ist Padel in Argentinien echter Nationalsport - und die Argentinier stellen neben den Spaniern die meisten Spielerinnen und Spieler in den Weltranglisten.

Exkurs

Die Erfolgsgeschichte von Padel in Argentinien

Obwohl ein Teil der argentinischen Bevölkerung stark von der Kultur (Kino, Fernsehen, Musik, Sport) der Vereinigten Staaten beeinflusst ist, gibt es auch einen Bevölkerungsanteil an Menschen, die sich anderen kulturellen Strömungen öffnen und sich eher an Geschichte orientieren, speziell der des alten Europas, einschließlich der von dort importierten Sportarten. Der Großteil der argentinischen Bevölkerung hat familiäre Wurzeln in Spanien und vor allem auch in Italien, zudem gab es auch Zuwanderung aus Deutschland, England, der Schweiz und anderen osteuropäischen Ländern. Im 19. und teilweise im 20. Jahrhundert gab es im Land eine öffentliche Politik, die die Einwanderung von Europäern begünstigte, und die Kolonisierung der großen Gebiete der Pampa wurde unterstützt, wodurch die ursprünglichen Einwohner aus ihren Territorien vertrieben wurden. Aufgrund der Einwanderung sind die Sportausübungen in Argentinien aufgrund der unterschiedlichen Herkunft der Bevölkerung und der Vielfalt des Klimas im Land, von den Tropen bis zu den schneebedeckten Bergen, vielfältig. Die Anfänge der Ausübung von Sportarten in Argentinien waren auf den Einfluss der britischen Gemeinschaft im Land zurückzuführen und waren zunächst Cricket (1831), Fechten (1833) und Pferderennen (1857), und gegen Ende des 19. Jahrhunderts kamen dann Polo dazu, Rugby und Fußball, wobei Letzterer eine schnelle und massive Verbreitung erlangte. Die Bedeutung der Sportförderung in Argentinien hängt mit der Tatsache zusammen, dass Argentinien das einzige Land in Lateinamerika und eines der insgesamt acht Länder war, die 1894 das Internationale Olympische Komitee gründeten.

(https://en.wikipedia.org /wiki/Sport_in_Argentina)

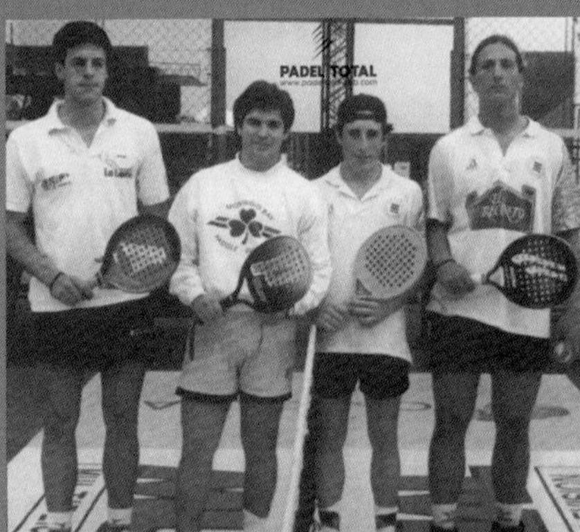

Sebastian Mocoroa (2. v. l.) und sein Team

Doch der Anstieg und Rückgang der Beliebtheit mancher Sportarten in Argentinien geht mit dem Auf und Ab der Wirtschaft einher. Wenn die Wirtschaft besser läuft, wenden sich die Argentinier viel stärker dem Sport zu, und wenn die Wirtschaft stagniert, verlieren andere beliebte Sportarten außer Fußball an Popularität, insbesondere die teureren Sportarten wie Tennis, wobei Padel in Argentinien deutlich günstiger zu spielen ist als Tennis. Tennis kam ab 1890 zu weltweiter Popularität und wurde Ende der 1970er-Jahre aufgrund der Leistungen von Guillermo Vilas im professionellen Tenniszirkus zur zweitbeliebtesten Sportart in Argentinien. Argentinien erlebte einen ähnlichen Tennisboom wie Deutschland nach 1985 mit Boris Becker und seinem Sieg in Wimbledon.

Doch warum ist Padel in Argentinien so beliebt? Es ist nicht verwunderlich, dass die Antwort auf das große Interesse der Bevölkerung am Tennis zurückzuführen ist. Allerdings äußert sich dieses Interesse nicht durch viele Aktive, wie man glauben könnte. Die Zahl an Clubs und Tennis-Courts ist an der Größe des Landes gemessen eher gering. Der Courtbau ist teuer und in vielen Landesteilen sind die Witterungsbedingungen ungünstig für Sandplatztennis. Gleichwohl ist die Anzahl an Topspielern, beispielsweise in der ATP, außerordentlich hoch und liegt derzeit bei knapp zehn Prozent im Ranking der Top 100. Argentinien ist neben Russland das einzige Schwellenland, das so viele erfolgreiche Tennisprofis hervorbringt. Und damit einher geht ein unglaublich hohes mediales Interesse rund um diese Tennis-Stars. Nach dem Fußball sind die Leistungen argentinischer Tennisspieler in den Nachrichten von Zeitungen, Radio und Fernsehen regelmäßig vertreten, aber es ist eine Tatsache, dass die überwiegende Mehrheit dieser Leser, Zuhörer und Zuschauer noch nie einen Fuß auf einen Tennisplatz gesetzt hat. Da Tennis ein exklusiver Sport ist, den man nur ausschließlich durch teure Kurse sauber erlernen kann, können sich die meisten Menschen in Argentinien einen Einstieg ins Tennis nicht leisten. So entschließen sich viele dazu, Tennis zwar medial zu verfolgen, selbst aber lieber zum deutlich verbreiteteren und erschwinglicheren Padel-Racket zu greifen.

Anfänge von Padel in Argentinien

Nachdem Alfonso de Hohenlohe 1974 Padel nach Spanien brachte, brachte ein Freund von ihm, der Argentinier Julio Menditegui, es 1975 nach Argentinien, wo sich der Sport im ganzen Land zu verbreiten begann, allerdings nicht so schnell wie Tennis ab 1977 aufgrund des Einflusses des bereits erwähnten Guillermo Vilas. Padel erfreute sich in den frühen 1980er-Jahren großer Beliebtheit und übertraf Ende der 1980er-Jahre das Tennis. Viele bauten private Padel-Courts, nicht nur, um den Sport mit Freunden auszuüben, sondern auch, um durch die Vermietung der Plätze an die Öffentlichkeit Einnahmen zu erzielen.

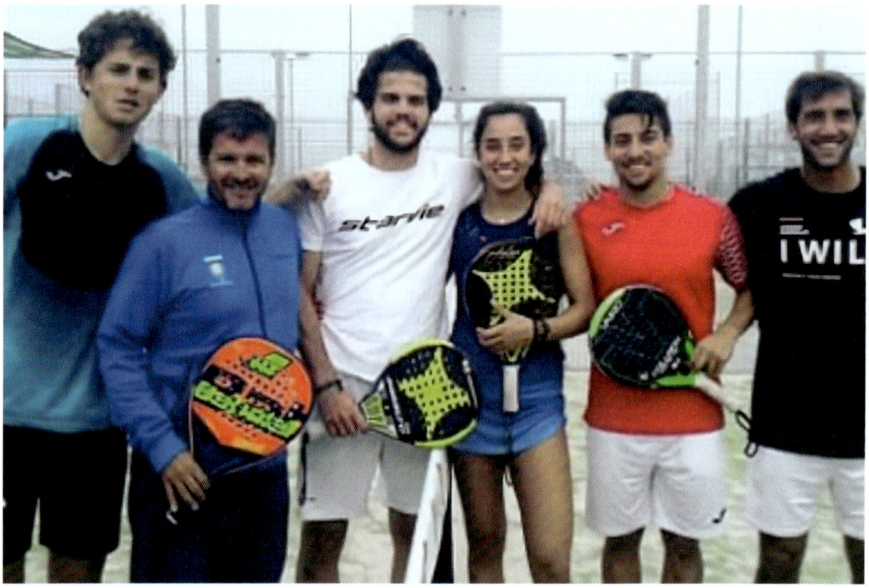

Mike Yanguas, Sebastian Mocoroa, Javi Garrido, Beatriz González , Martín di Nenno und ein Spieler der Academy.

Von den 1980er-Jahren über den Exodus nach Spanien bis heute

Seit 1985 ist die Zahl der Turniere und Spieler exponentiell gewachsen. Argentinien ist das Land, in dem weltweit am meisten Padel gespielt wird. Geldpreise, neue Sponsoren und Ausstellungen treiben die Professionalisierung des Sports voran.

Ende der 1990er-Jahre verlor Padel aufgrund des Wirtschaftsdebakels in Argentinien an Bedeutung im Land und es kam zu einer massiven Abwanderung argentinischer Spieler nach Spanien, und die wichtigsten Turniere wurden dort ausgetragen.

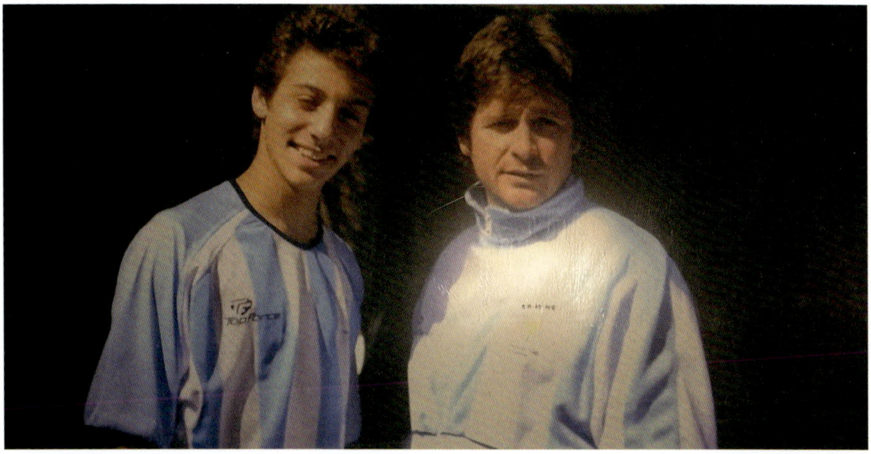

Martín die Nenno und Sebastian Mocoroa (als Nationaltrainer der argentinischen Junioren).

Seit dem Ende des obligatorischen Lockdowns aufgrund der Covid-19-Pandemie gibt es in Argentinien einen neuen Padel-Boom, doch dieses Mal scheint das Phänomen nichts mit den Wechselfällen der argentinischen Wirtschaft zu tun zu haben, die seit 2011 nicht mehr wächst. Aktuell herrscht in Argentinien echte Padel-Euphorie. Beide Court-Arten, die teuren und modernen Glasplätze und die traditionellen Ziegel- und Zementplätze, werden überall im Land gebaut.

Argentinische Phänomen: Ziegel- und Zementplätze

Erfahrene Spieler, die sich nach den alten Wall-Courts sehnen, weisen auf einige Unterschiede zu ihren Gunsten hin. Bei leichtem Regen oder Nebel wirkt sich Wasser weniger auf die Wände von Wall Courts aus, da diese Feuchtigkeit absorbieren, während das Glas moderner Courts Abpraller rutschig macht. Da die Betonwände undurchsichtig sind, gibt es deutlichere Hinweise auf die Grenzen des Platzes. Der Abprall von den Ziegelwänden verlangsamt die Geschwindigkeit des Balls und erleichtert so weniger fitten und/oder älteren Menschen das Spielen. Die Reibung, die die Wand ausübt, da sie rauer als Glas ist, sorgt dafür, dass der Ball beim Auftreffen auf die Wand eine größere Wirkung hat, was das Spiel für diejenigen, die es gewohnt sind, gemauerte und zementierte Spielfelder zu spielen, einfacher macht.

Interview

Padel in Argentinien
Interview mit Trainer-Legende Sebastian Mocoroa

Warum Padel und Argentinien untrennbar miteinander verbunden sind

Der argentinische Padel-Pionier Sebastián Mocoroa hatte über Jahrzehnte enormen Einfluss auf die Entwicklung von Padel in Argentinien – dem Land, das heute neben Spanien die meisten Spielerinnen und Spieler in den Top 100 der Weltrangliste stellt.

Im Kompaktinterview erläutert die Padel-Legende Sebastián Mocoroa, wie sich Padel in Argentinien zum Nationalsport entwickelt hat, warum Padel auch heute noch so populär ist und wie er das Entwicklungspotenzial in Deutschland beurteilt.

Sebastián Mocoroa hat Padel in den frühen 1980er-Jahren für sich entdeckt. Ursprünglich kam er vom Tennis, aber Padel übte eine Faszination auf ihn aus, die sein Leben grundlegend verändern sollte. Nachdem er mit Padel als Wettkampfsport begonnen hatte, stellten sich schnell erste Erfolge ein. Über viele Jahre gehörte der auf der rechten Seite spielende Padel-Pionier zu den zehn besten argentinischen Padelleros. Im Jahr 2006 wurde er zum Nationaltrainer berufen und übte dieses Amt bis 2023 aus. Seine größten Erfolge waren der Weltmeistertitel mit der argentinischen Jugend-Nationalmannschaft, den er kommentiert: „Der Erfolg, den ich dem Ganzen beimesse, ist der Weg dahin: Wir haben die Spieler von jung auf ausgebildet, sind mit ihnen dann zweimal Jugendweltmeister geworden und dann habe ich sie auch als Nationaltrainer weiter begleiten dürfen, wo wir uns auch wiederum zweimal mit dem Weltmeistertitel krönen durften."

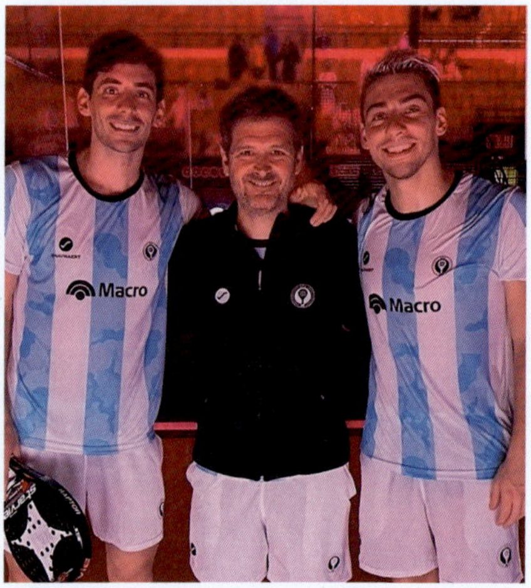

Franco Stupaczuck, Sebastian Mocoroa (als Nationaltrainer Argentiniens der Herren), Martín di Nenno

Zu Beginn seiner Zeit als Nationaltrainer gründete Sebastián Mocoroa eine Padel-Akademie unter seinem Namen. Die Akademie gehört zu den angesehensten in Argentinien und weltweit, weil sie sehr viele professionelle Spieler hervorbringt. In Argentinien ziehen Talente oft schon im Alter von zwölf Jahren aus den entferntesten Regionen wie dem Norden Argentiniens, Brasilien, Paraguay oder Chile zu uns nach La Plata, nur um hier ihre Ausbildung zum Padel-Profi abzurunden. Es sind Spieler aus der Akademie hervorgegangen wie Agustin Gomez Scilingo, Ramiro Moyano, Martín di Nenno, Franco Stupaczuk, Federico Chiostri und viele weitere, die heute auf internationalen Turnieren rund um den Globus Padel spielen.

Sebastián Mocoroa im Interview

Sebastián, Sie haben den Aufschwung der Sportart Padel in den 1980er-Jahren erlebt und mitgestaltet. Was waren die größten Unterschiede im Vergleich zu heute, sowohl in Argentinien als auch weltweit?

Der Sport war damals sehr anders. Die Plätze und Schläger waren anders und einfacher, das Spiel war langsamer und bedachter, und es war nicht so einfach, Punkte zu beenden.

Wie viele Anlagen gab es Anfang der 1980er-Jahre in Argentinien?

Die genaue Anzahl ist nicht bekannt, aber es waren deutlich weniger als heute.

In welchem Jahr war Padel in Argentinien am beliebtesten und wie viele Menschen spielten es regelmäßig?

Die Popularität erreichte ihren Höhepunkt in den 1990er-Jahren, mit Millionen von Spielern. Es fehlte damals an Verbandsstrukturen, die genaue Erhebungen von Spielern durchgeführt hätten.

Wo konnte man damals Padel spielen? Nur in Vereinen?

Das Spiel war hauptsächlich auf Vereine beschränkt. Öffentliche Anlagen, auf denen man kostenlos spielen konnte, gab es kaum.

Seit wann gibt es internationale Turniere?

Internationale Turniere gibt es seit Anfang der 1990er-Jahre.

Mit welchen Schlägern spielten die Spieler damals und wer waren die Hersteller?

Die Schläger hatten einen Aluminiumrahmen und Glasfaseroberflächen. Bekannte Hersteller waren Coast, Dash und Marcraft.

Seit wann gibt es spezielle Padel-Bälle, die sich von Tennisbällen unterscheiden?

(lacht): Genau kann man das nicht sagen.

Wann wurden zum ersten Mal internationale Regeln festgelegt?

Die Regeln wurden im Laufe der Zeit mit der Entwicklung des Sports angepasst. Es ist natürlich unmöglich, dass alle immer zufrieden sind. Aber das offizielle Regelwerk der FIP berücksichtigt zahlreiche nationale Regelungen und bietet einen weltweit nachvollziehbaren und anwendbaren Rahmen als Regelwerk.

Ist Padel in Argentinien heute noch ein populärer Sport?

Ja, absolut! Padel gehört in Argentinien zu den beliebtesten Sportarten.

Deutschland befindet sich im Hinblick auf Padel noch in der Entwicklungsphase. Glauben Sie, dass Padel auch hierzulande sehr beliebt werden kann? Wenn ja, warum?

Ja, ich bin fest davon überzeugt! Deutschland hat alle Voraussetzungen, um zu einem Padel-Mekka zu werden. Der Sport ist einfach zu erlernen und macht großen Spaß, und die Begeisterung dafür wächst europaweit rasant.

Welche Tipps würden Sie Anfängern für ihre ersten Gehversuche auf dem Padel-Platz geben?

Spaß haben! Nehmen Sie am Anfang lieber mehr Trainerstunden, bevor Sie mit Turnieren anfangen. Denn eine saubere Technik und ein guter Touch sind das beste Erfolgsrezept.

Sebastián Mocoroas Einblicke in die Geschichte des Padel-Sports und seine Einschätzung des Potenzials für ein Wachstum in Deutschland belegen eine sehr wahrscheinliche Erfolgsgeschichte für Padel in Europa. Seine Leidenschaft und Expertise machen ihn zu einem Padel-Botschafter, der Menschen aller Alters- und Leistungsklassen für diese rasante Sportart begeistern kann. Für die nächsten Jahre plant seine Akademie zahlreiche Trainings-Events auch in Europa.

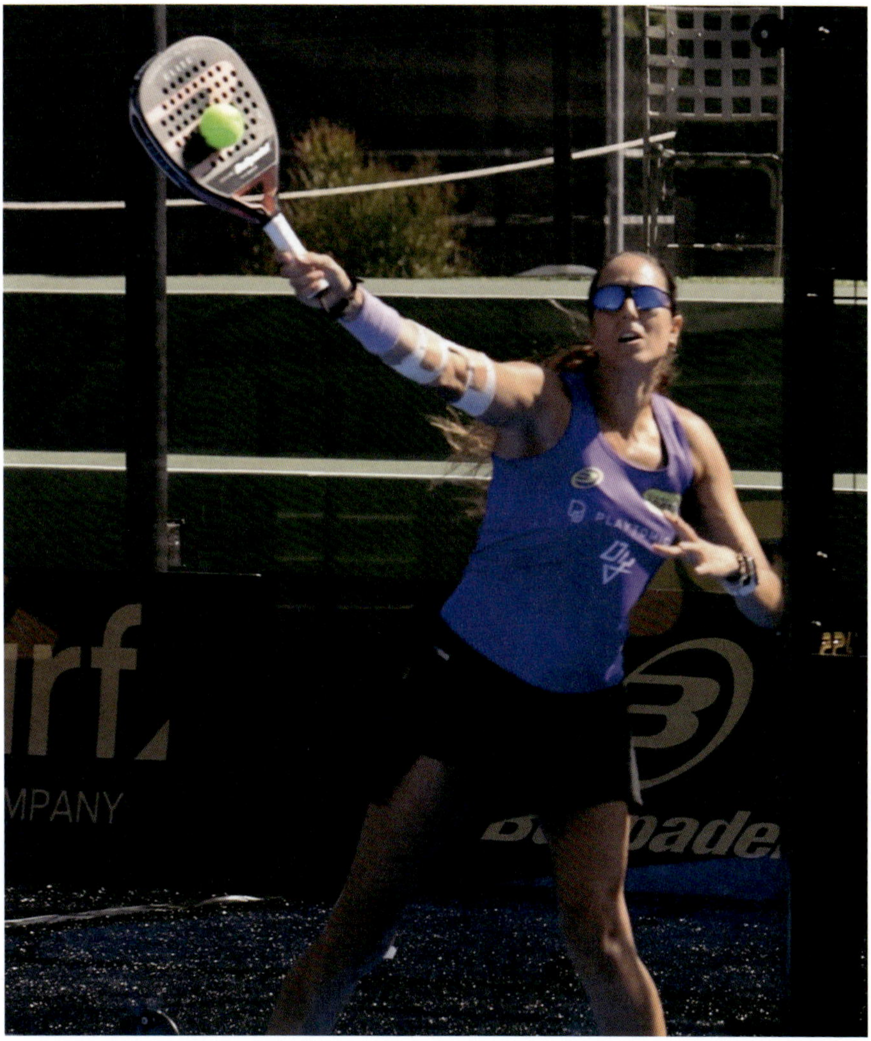

3

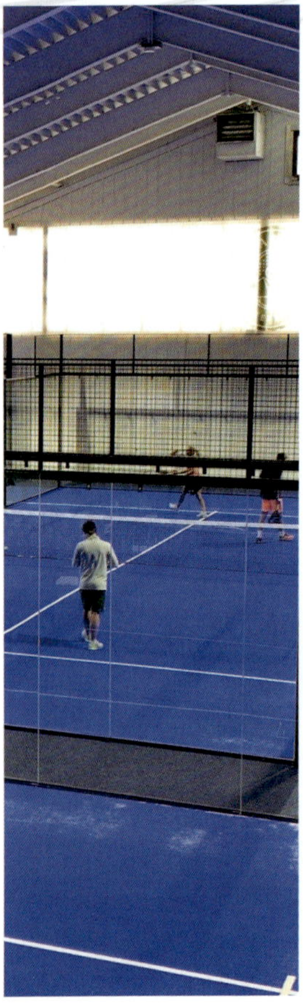

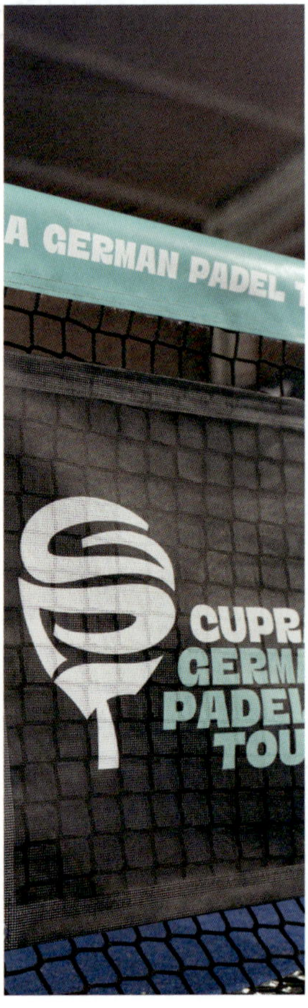

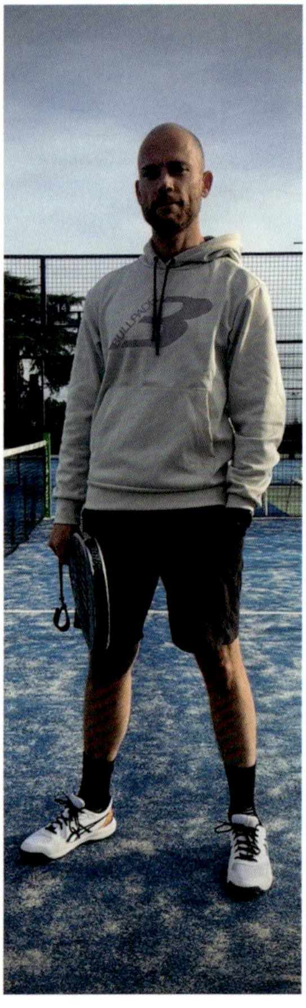

3 IST PADEL WIRKLICH EINE TRENDSPORTART?

3.1 RASANTE ENTWICKLUNG DER SPORTART PADEL WELTWEIT UND IN EUROPA

Padel ist inzwischen ein echtes Weltphänomen geworden. Nicht nur, dass der neu gegründete Weltverband Padel FIP mit Hauptsitz in Katars Hauptstadt Doha sich anschickt, die Präsenz der Profiliga „Premier Padel" auf allen Kontinenten und in den relevanten Sportmedien zu verstärken. Auch das große Interesse von Mega-Stars anderer Sportarten für den trendigen Rückschlagsport Padel verdeutlicht, dass Padel weit mehr ist als eine nette Abwandlung des großen Tennis. Ob Jürgen Klopp, Robert Lewandowski, Lionel Messi oder Zinédine Zidane – bei Weltfußballern ist Padel ebenso angekommen wie bei ehemaligen Tennis-Superstars. So gelten Andy Murray, Rafael Nadal, Juan Martín del Potro, Tommy Haas und Patrick Rafter als glühende Verehrer des Padel-Sports, die teils eigene Teams in Liga-Wettbewerbe schicken oder Padel-Anlagen mitbetreiben, aber auf jeden Fall auch selbst regelmäßig zum Padel-Racket greifen.

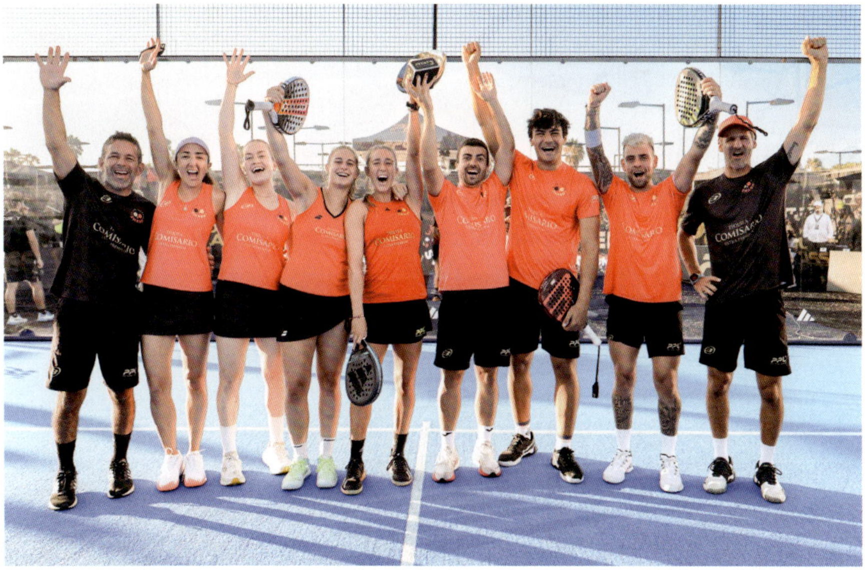

Doch nicht nur in der illustren Sportwelt scheint Padel um sich zugreifen, längst ist der Rückschlagsport zwischen Glaswänden auch zu einem wirtschaftlichen Phänomen herangewachsen, dem beispielsweise der weltweit tätige Beratungskonzern Deloitte seit zwei Jahren einen jährlichen „Global Padel Report" (GPR) widmet. Im Schulterschluss mit Playtomic, einer ebenfalls weltweit präsenten Community-App für angesagte Sportarten, analysieren die Spezialisten beider Häuser die wirtschaftlichen Details dieses wachsenden Marktes mit teil erstaunlichen Prognosen und Aussichten, hier die verblüffendsten Beispiele aus dem Report:

- Im Jahr 2022 sind weltweit 8.200 (+ 28 %) Padel-Courts neu gebaut worden.
- Im gleichen Zeitraum wurden weltweit 1 914 neue Clubs (+ 24 %) gegründet.
- Weltweit werden Jahr für Jahr über 20 Prozent mehr Courts im Vergleich zum Vorjahr gebaut (siehe Grafik 2).
- 1,2 Milliarden Euro haben Clubs und Padel-Anlagen im Jahr 2022 durch Court-Vermietung erwirtschaftet.
- Das Geschäft mit Padel-Rackets brachte den Herstellerfirmen 2022 370 Millionen Euro ein; 80 Millionen wurden für Padel-Bälle ausgegeben und 100 Millionen Euro für Bekleidung.
- Insgesamt belief sich der weltweite Umsatz durch Padel 2022 auf zwei Milliarden Euro.
- Die daraus resultierenden Wachstumsprognosen sind beeindruckend: Die Autoren des GPR von Deloitte und Playtomic prognostizieren bis zum Jahr 2026 eine Verdreifachung des aktuellen Wertes des weltweiten Gesamtpadelmarkts auf sechs Milliarden Euro.

Dass vor allem Deutschland noch zu den Ländern gehört, in denen die echte Padel-Boom-Phase noch nicht mal eingesetzt hat, belegt eine Grafik des GPR, die Wachstumsprognosen beinhaltet und den Status der erfassten Länder in die Phasen Anfang, fundiertes Interesse, Boom-Phase und Sättigung einteilt. Nach Auswertung der entscheidenden Parameter gehören Deutschland wie auch die USA und Großbritannien zu den Ländern mit den besten Wachstumsaussichten, wie die Grafik auf der Folgeseite verdeutlicht.

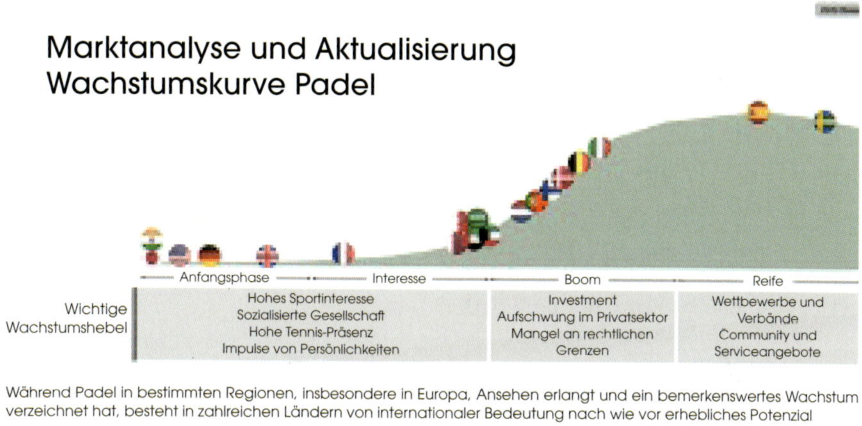

Abb. 1: Wachstumsprognosen des Padel laut Global Padel Report (modifiziert nach https://www2.deloitte.com/es/es/pages/strategy/articles/global-padel-report.html)

Auch die Wachstumskurve, die den weltweiten Neubau von Courts beschreibt, vor allem in den ausgewiesenen Padel-Boom-Ländern, ist beeindruckend. Wurden im Jahr 2016 weltweit noch knapp über 10.000 Courts gezählt, gehen die GPR-Macher von über 84.000 Plätzen aus, die es am Ende des Jahres 2026 weltweit geben wird. Das entspricht einem jährlichen Wachstum von 22 Prozent im Betrachtungszeitraum 2016 bis 2026. Signifikant ist das Wachstum dabei in den Ländern, in denen Padel als Sportart noch in den Startlöchern steht, wie beispielsweise Deutschland, Großbritannien und Japan.

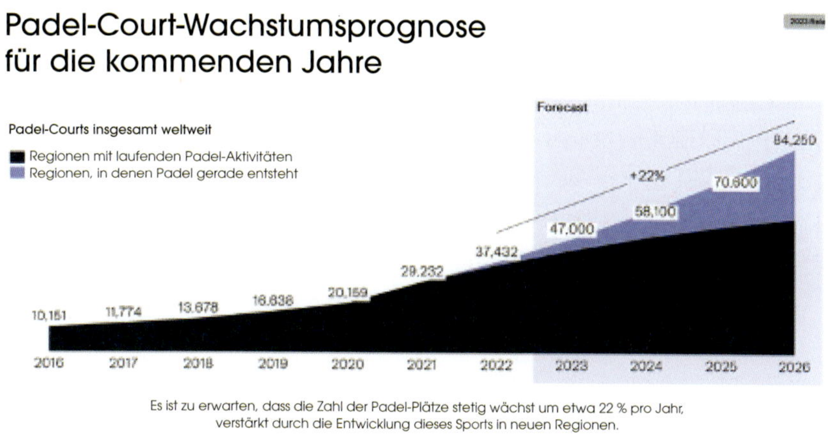

Abb. 2: Die voraussichtliche Entwicklung der Padel-Courts in den kommenden Jahren (modifiziert nach https://www2.deloitte.com/es/es/pages/strategy/articles/global-padel-report.html)

Allein Jahr 2022 sind laut GPR allein in den europäischen Padel-Kernländern 6.000 neue Courts gebaut worden. Dabei haben Großbritannien und Deutschland mit einem Wachstum von 100 beziehungsweise 92 Prozent zwar die deutlichsten Zuwächse verzeichnet, bildeten jedoch am Jahresende 2022 bei der Gesamtanzahl von Padel-Courts noch immer weit abgeschlagen hinter Norwegen, Finnland und Dänemark die Schlusslichter im europäischen Padel-Platz-Ranking.

Tabelle 1: Entwicklung der Courts in einzelnen Ländern 2022/2023

LAND	COURTS GEBAUT IN 2022	COURTS TOTAL 2023
Spanien	1300 + 10 %	15.300
Italien	1800+ 39 %	6.470
Schweden	1300+ 37 %	4.200
Frankreich	320+ 27 %	1.506
Niederlande	477+ 49 %	1.445
Belgien	341+ 32 %	1.395
Portugal	324+ 47 %	1.010
Dänemark	156+26 %	766
Finnland	150+ 25 %	750
Norwegen	220+ 122 %	350
Deutschland	120+ 92 %	250
Großbritannien	120+ 100 %	250

3.2 PADEL IN DEUTSCHLAND AUF WACHSTUMSKURS

Deutschland beherbergt den größten Tennisverband der Welt mit derzeit über 1,4 Millionen Mitgliedern – da könnte man meinen, dass Deutschland auch bei einer modernen Racketsportart wie Padel bereits eine gewichtige Rolle in Europa spielt. Aber noch ist das Gegenteil der Fall. Deutschland hinkt im europäischen Vergleich noch etwas hinterher, allerdings findet hierzulande gerade ein rasantes Wachstum statt, was die Zahlen des Deutschen Padel Verbandes eindrucksvoll belegen, beispielsweise an lizensierten Spielerinnen und Spielern. Waren im Jahr 2022 noch 1100 Athleten durch eine Lizensierung für offizielle Turniere spielberechtigt, sind es aktuell bereits über 4000 – ein Zuwachs auf das Vierfache in einem guten Jahr. Auch was die offiziellen Turniere der „Cupra German Padel Series" des Deutschen Padel Verbandes angeht, ist ein enormer Anstieg von 180 Turnieren im Jahr 2022 auf ca. 1000 im aktuellen Jahr zu verzeichnen. Die Anzahl der Mannschaften in den verschiedenen Padel-Ligen des DPV stieg ebenfalls deutlich von 198 auf 325 (2023/2024) an.

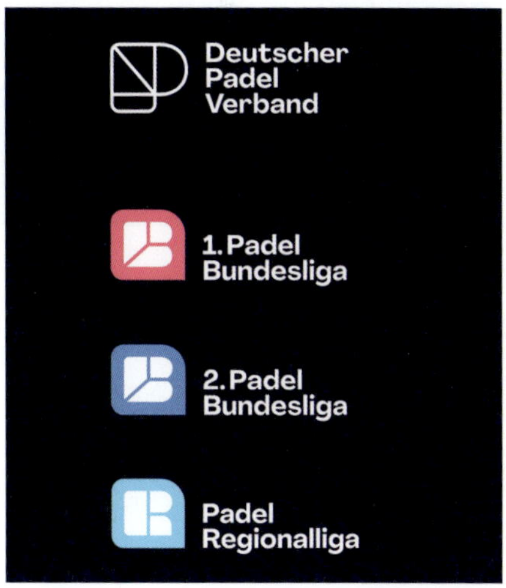

Neue Logoserie der Padel-Ligen des DPV

Vor allem der Direktvergleich zu Spanien macht deutlich, welches Potenzial Padel in Deutschland noch hat. Den etwa 600 Padel-Courts in Deutschland (Stand Juni 2024) stehen knapp 15.500 in Spanien gegenüber (Stand 2023). Während in Spanien lediglich mehr Sportbegeisterte Fußball spielen als Padel, ist die Zahl der Aktiven, die in den Ligawettbewerben des Deutschen Padel Verbandes um Ranglistenpunkte kämpfen, noch überschaubar. Zum Vergleich: Spanien hatte im Jahr 2023 über 100.000 Spielerinnen und Spieler, die Inhaber einer Lizenz sind, die zur Teilnahme an Ligaspielen und ranglistenrelevanten Turnieren berechtigt. Dabei zählt Deutschland doppelt so viele Einwohner wie Spanien. Allerdings melden nach und nach die Anlagenbetreiber in Deutschland schnell wachsende Zahlen an Padel-Begeisterten, die regelmäßig spielen, sich in Clubs organisieren und auf selbst organisierten Social-Media-Plattformen Communitys bilden. Daher ist die Anzahl aktiver Spielerinnen und Spieler in Deutschland nur schwer zu beziffern, aber sicher sind es bereits mehrere Zehntausend, Tendenz steigend.

Courts suchen, finden und bezahlen in Deutschland

Eine in den Medien oft zitierte Quelle für die Anzahl an Padel-Courts in Deutschland ist eine der typischen Communitys, über die Padel-Aktivitäten, Turniere und News regional kommuniziert werden: padelmuenster.de. Mitbetreiber Andreas Wulf stellt Padel-Interessierten in Münster und Umgebung über WhatsApp und Instagram Plattformen zur Verfügung, auf denen sich die täglich wachsende Community organisieren kann. Von Turnierteilnahmen bis zur Partner-Suche für einzelne Matches findet der Padel-Fan in den Kanälen von padelmuenster.de die verschiedensten Optionen, aktiv zu werden und einfach mehr Spaß und Kontakte zu finden.

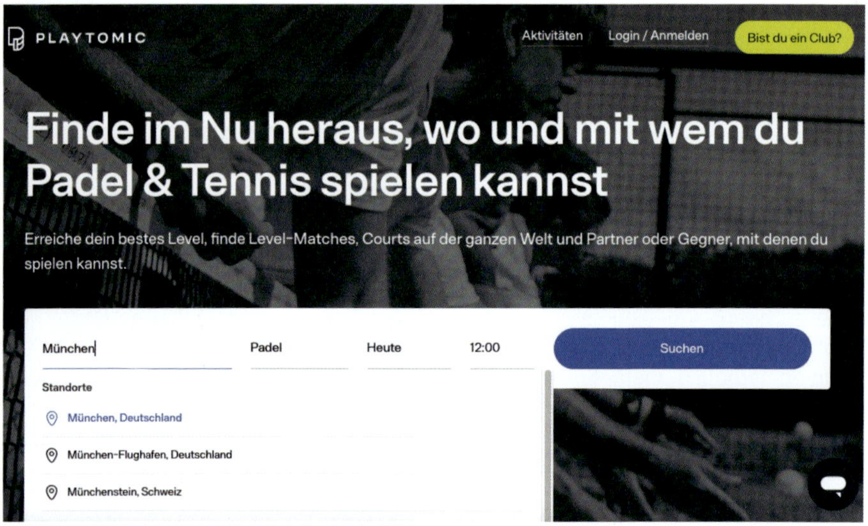

Andreas Wulf und sein Team recherchieren regelmäßig allgemeine Zahlen rund um den Padel-Sport und verfügen über ein dichtes Netzwerk zur Erfassung neuer Padel-Anlagen, die auf der Community-Webseite auf einer Übersichtskarte inklusive Court-Suchfunktion verzeichnet sind. Weitere Infos aus der Dauer-Erhebung: Zum Jahreswechsel gab es in jedem Bundesland außer in Mecklenburg-Vorpommern die Möglichkeit, Padel zu spielen. Die meisten Courts haben die Bundesländer Nordrhein-Westfalen, Baden-Württemberg und Bayern zu bieten. Das bundesweite Court-Wachstum im Nach-Coronajahr 2023 betrug satte 60 Prozent. Die durchschnittliche Padel-

Court-Miete für Deutschland beziffert das Zahlenwerk der Münster-Community auf knapp über 28 Euro pro Stunde in den Hauptzeiten. Die meisten Anlagen vermieten ihre Courts über Buchungssysteme mit Bezahloption wie Playtomic oder Bookandplay.

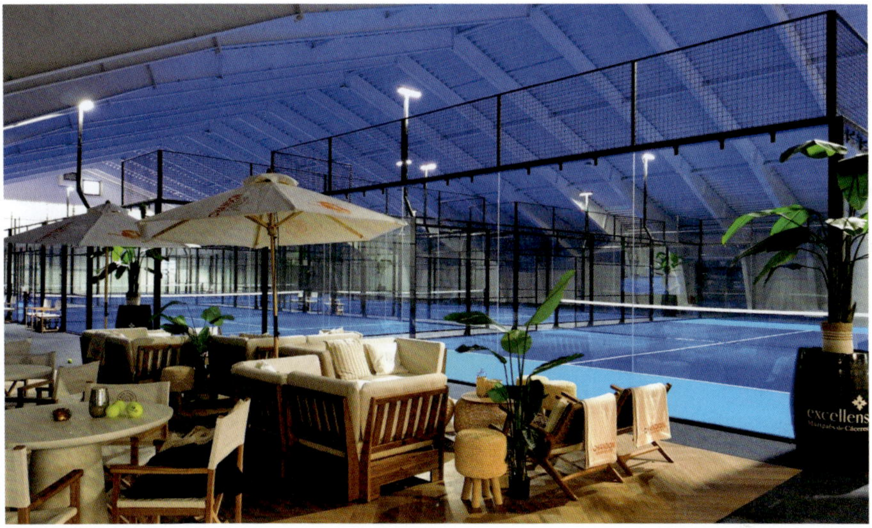

Zurück zur Padel-Court-Dichte in europäischen Nachbarländern, die Aufschluss über den Entwicklungsstand der Sportart Padel im jeweiligen Land gibt. Hinter den uneinholbaren Spaniern hat sich Italien mit weit über 5.000 Courts auf dem zweiten Platz etabliert. Auf dem dritten Platz folgt erstaunlicherweise Schweden mit sage und schreibe mehr als 4.000 Courts, die Ende 2022 offiziell gemeldet wurden. Auch Schwedens Nachbarn Finnland und Dänemark mit jeweils über 1.000 Padel-Courts gehören zu den sehr aktiven Padel-Nationen Europas. Belgien (über 1.300 Courts) und die Niederlande (1.700 Courts) sind ebenfalls im Direktvergleich zu Deutschland große Padel-Nationen, während die Briten sich etwa auf dem Niveau Deutschlands bewegen. Die Zahlen stammen aus jährlich aktualisierten Zahlen der Landesverbände, die das Unternehmen padel-court.de erhebt und auf seiner Webseite (www.padel-court.de) Jahr für Jahr aktualisiert zur Verfügung stellt.

Interview

Padel in Deutschland: Ein nachhaltiger Trend?

Wir haben den Gründer von REAL PADEL (www.realpadel.de, ehemals padel-court.de) Thomas Dzuban, der jährliche Wachstumsprognosen aufgrund empirisch ermittelter Zahlen erstellt, zum Thema „Ist Padel wirklich ein Trendsport mit wirtschaftlichem Potenzial?" gesprochen. Hier seine Prognose für die kommenden Padel-Jahre in Deutschland.

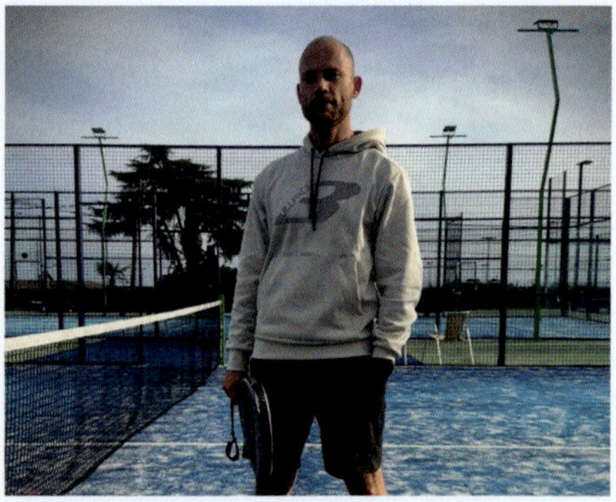

Herr Dzuban, seit wann sind Sie professionell in der Padel-Branche aktiv?

Professionell seit drei Jahren und als Beobachter wesentlich länger. In einem vergleichsweise sehr jungen Sport konnte man in dieser kurzen Zeit bereits eine enorme Entwicklung und Professionalisierung beobachten. Neben dem sportlichen und organisatorischen Bereich hat sich v. a. der geschäftliche Bereich von Padel deutlich weiterentwickelt – die schiere Anzahl an Industry Playern ist enorm, da die meisten den wirtschaftlichen Boom (hierzulande zeitlich verzögert) erwarten.

Wie viele Court-Projekte haben Sie seit Ihrem Einstieg bereits realisiert?

Angefangen habe ich damit, Courtbau-Projekte in Spanien zu begleiten, um die nötige Erfahrung für das Management von Projekten in Deutschland, Österreich und der Schweiz zu sammeln. Unter meiner Verantwortlichkeit haben wir bis zum Frühjahr 2024 68 Padel-Courts in Deutschland, Österreich und der Schweiz realisiert – Tendenz steigend. In der Schweiz sind wir mit der Marke PADEL SWISS mittlerweile die Nr. 1. Durch unseren Courtbau-Partner PADEL10 aus Barcelona, mit dem wir exklusiv zusammenarbeiten, können wir auf die Erfahrung von 5.000 gebauten Courts weltweit zurückgreifen, was das Ganze wesentlich erleichtert. Qualität und Service im Padel-Courtbau konnten so in einem nachhaltigen Rhythmus perfektioniert werden.

Wie beziehen Sie die Zahlen, die Sie auf Ihrer Webseite jährlich veröffentlichen?

Wir beziehen die Zahlen von den nationalen Padel-Verbänden. Da diese Ihre Padel-Court-Zahlen nicht immer veröffentlichen, geschieht dies oft auf aktive Anfrage durch uns. Außerdem verfügen wir über ein internationales Netzwerk, das teilweise in Eigenregie die Court-Anzahl recherchiert - diese Zahlen dienen uns zur Verifikation.

Wie schlägt sich Deutschland im europäischen Vergleich als Padel-Land?

Wir machen als Courtbauer die Entwicklung von Padel zugegeben hauptsächlich an der Infrastruktur fest. Die Anzahl der Padel-Courts ist ein guter Indikator für die Infrastruktur. Das ist die Basis, auch für die sportliche Entwicklung und die Etablierung eines Breitensports.

Um ehrlich zu sein, sind uns die meisten wirtschaftlich hoch entwickelten Länder in Europa hier zeitlich voraus. Und mit „uns" meine ich Deutschland, meine Heimat Österreich und die Schweiz, die alle eine durchaus vergleichbare Padel-Entwicklung erleben. Auch UK wird gerne mit Deutschland verglichen, da die Entwicklung und das Wachstum fast identisch sind.

Neben den Padel-Hochburgen Spanien, Schweden und Italien, haben auch Länder wie Belgien, die Niederlande, Dänemark und Finnland eine unglaubliche Entwicklung mit durchwegs vierstelligen Court-Anzahlen hingelegt. Wir sind aber davon überzeugt, dass wir die kommenden Jahre aufholen können - Optimisten sagen, das zeichne sich jetzt schon ab.

Sie sind von einer perfekten Symbiose zwischen Tennis und Padel überzeugt, warum?

Weil das alle internationalen Daten und Erfahrungsberichte zeigen. Man kann dies aus einer sportlichen und aus einer demografischen Perspektive gut nachvollziehen.

Aus sportlicher Sicht hat Padel eine niedrigere Einstiegshürde als Tennis, da es wesentlich leichter zu erlernen ist. Menschen ohne Erfahrung im

Racket-Sport haben so schnell Erfolgserlebnisse und finden dann über Padel nicht selten den Weg zum Tennis.

Aus demografischer Sicht haben viele Tennisvereine weltweit einen immer höheren Altersschnitt. Padel zieht Menschen aus allen Altersgruppen und v. a. auch die Jungen an, was vielerorts zu einem guten und nachhaltigen Altersmix führt. Tom Murray, ***Head of Padel*** *vom britischen Tennisverband und Verwandter von Tennislegende Andy Murray, hat dazu viel geforscht und bestätigt diesen signifikant positiven Effekt. Dieser sportliche und strukturelle gegenseitige Nutzen zwischen Tennis und Padel ist wahrlich eine Symbiose.*

Was fehlt in Deutschland im Vergleich zu anderen europäischen Ländern, die bereits weiter sind?

Die Bürokratie und Verwaltung sind strukturkonservativ. Das gilt für Entscheidungsgremien in Vereinen und noch mehr für hiesige Behörden und Bauämter. Kommerzielle Betreiber stehen zusätzlich vor dem großen Hindernis, dass freie Flächen und Hallen rar oder oft zu teuer sind.

Da unser Beitrag zur Padel-Entwicklung der Courtbau und somit die Infrastruktur ist, kann ich sagen, was sich in diesem Bereich verbessern muss: Einerseits braucht es vereinfachte, am besten bundesweite, Normen und Vorgaben zum Padel-Courtbau aus baurechtlicher und genehmigungstechnischer Sicht. Dazu gehört auch die einfachere Nutzungsänderung für kommerzielle Betreiber, wenn z. B. eine leerstehende Industriehalle zu einem Padel-Club umgewidmet werden soll. Andererseits muss v. a. für Vereine die Finanzierungs- und Förderlandschaft harmonisiert und aktiv an die Vereine kommuniziert werden, damit diese eine klare Vorstellung davon haben, wie ein Padel-Projekt finanziell umgesetzt werden kann.

Für die Publicity, die sich der schnellst wachsende Sport der Welt verdient, brauchen wir außerdem die Aufmerksamkeit der großen Medien. An prominenten Padel-Fans mangelt es ja nicht – siehe das DFB-Team, Jürgen Klopp, Hansi Flick, Zidane, Ibrahimovic & Co.

Was empfehlen Sie Sportvereinen, die mit einer eigenen Padel-Anlage als Erweiterung liebäugeln?

Padel ist wohl der weltweit schnellst wachsende Sport. Da der Boom hierzulande mit ein wenig Verzögerung eintritt, könnte das Timing für ein Padel-Projekt gerade kaum besser sein. Wenn Sie den Platz haben und Ihre Mitglieder überzeugen können, bauen Sie mindestens zwei Padel-Courts. Warum? Padel lebt vom Community-Faktor und mit zwei oder mehreren Plätzen ist es wesentlich leichter, Turniere, Americanos und Events zu veranstalten und eine Gemeinschaft aufzubauen. Zwei wesentliche Hürden gibt es dafür meistens zu überwinden: die Finanzierung und die Baugenehmigung. Beide Belange sollten sehr früh im Planungsprozess abgesteckt werden. Wir können dabei mit unserem Netzwerk gerne unterstützen und möglichst früh ein (zeit-)effizientes Vorgehen sicherstellen.

Lohnt sich eine Padel-Anlage auch als wirtschaftliches Unternehmen?

Natürlich. In vielen Ländern wird Padel vorwiegend in kommerziell betriebenen Padel-Clubs betrieben, weil der Business Case und die Court-Auslastung sehr gut sind. In Deutschland, Österreich und der Schweiz hält sich die Waagschale zwischen kommerziellen Clubs und Vereinen noch – obwohl wir in letzter Zeit einen Vormarsch der kommerziellen Betreiber erkennen können. Die meisten kommerziellen Betreiber sind auf der Suche nach einer Indoor-Location, also einer Halle. Der Mietzins oder Kaufpreis von Objekten muss sich natürlich in einem vernünftigen Rahmen bewegen. Außerdem hängt die Rentabilität von weiteren unterschiedlichen Faktoren ab, aber generell gilt, dass es im Racket-Sport im Moment wohl keinen vielversprechenderen Business Case als Padel gibt.

Wir können hierzu gerne Erfahrungswerte teilen, da wir schon viele kommerzielle Padel-Clubs begleitet haben. Zusätzlich sollte immer ein Unternehmens- und/oder Finanzberater den einzelnen Case überprüfen.

Outdoor oder Indoor? Kann in Deutschland eine reine Outdoor-Anlage funktionieren?

Bis zuletzt gibt es in Deutschland noch immer mehr Outdoor-Courts als Indoor-Courts. Ich würde das Verhältnis im Moment auf 55 Prozent outdoor und 45 Prozent indoor schätzen. Also ja, gerade für Vereine ist der Klassiker Outdoor-Padel-Courts zu bauen. Das funktioniert auch gut, weil der Kunstrasen im Padel bei Weitem nicht so wettersensibel ist wie der Ascheplatz im Tennis. Bei einem klatschnassen Boden ist der Bounce des Balles natürlich alles andere als optimal, trotzdem gibt es viele Spieler, die einfach nicht aufhören können zu spielen und auch widrige Bedingungen in Kauf nehmen – das ist dann fast eine Frage der individuellen Befindlichkeit.

Trotzdem muss man anerkennen, dass in den letzten Jahren der Trend eher in Richtung Indoor-Clubs geht, da, wie vorhin erwähnt, der Business Case für einen kommerziellen Padel-Club, der 365 Tage im Jahr bespielbar ist, sehr attraktiv ist. Außerdem bauen solche Anlangen meist gleich mehrere Padel-Courts.

Ihre persönliche Einschätzung bitte: Wie viele Padel-Courts haben wir in Deutschland Ende 2027 zur Verfügung?

Meine persönliche Einschätzung: 3.000 Padel-Courts bis Ende 2027 und über 6.000 ab 2030. Bedenkt man, dass Deutschland ca. 45.000 Tennisplätze hat und es in Italien, Finnland und Dänemark ungefähr halb so viele Padel-Courts wie Tennis-Courts gibt und in Spanien sogar die Anzahl der Padel-Courts jene der Tennis-Courts überholt hat, ist das eine sehr konservative Schätzung. Aus einer optimistischen Perspektive sind langfristig auch 20.000 Padel-Courts durchaus drin. Das wären dann in Relation auch knapp halb so viele Padel-Courts wie Tennisplätze. Wenn das bei uns etwas länger dauert, kein Problem. Wir bevorzugen ein stetiges und nachhaltiges Wachstum anstatt eines kurzfristigen Mega-Booms. So können auch die Strukturen in Vereinen und Trainings- und Ausbildungsmaßnahmen Schritt halten und den Padel-Sport nachhaltig professionalisieren und in einen Breitensport verwandeln.

Padel als Ganzjahres-Sportart?

Erstaunlich ist vor allem die Euphorie skandinavischer Rückschlag-Fans für Padel, obwohl hier im Vergleich zu Spanien und Italien vor allem für Padel als Outdoorsport alles andere als günstige klimatische Bedingungen vorzufinden sind. Ein Faktor, der auch in Deutschland Investoren grübeln lässt. Denn angesichts astronomischer Grundstückspreise vor allem in den deutschen Ballungszentren gerät so manche Wirtschaftlichkeitsberechnung für eine Outdoor-Padel-Anlage ins Wanken, wenn statistisch lediglich sechs bis sieben Vermiet-Monate mit einer guten Tagesauslastung zu kalkulieren sind. Gleichwohl profitieren Padel-Fans, die lediglich eine Outdoor-Anlage zur Verfügung haben, von der Tatsache, dass der Padel-Court großflächig von Scheiben umgeben ist. Das macht die Courts, die meist schon in der Erstausstattung mit Flutlicht ausgestattet sind, nämlich bei gutem Winterwetter mit langer Sportkleidung problemlos bespielbar, solange es nicht regnet. Neben Regen schmälert lediglich hohe Luftfeuchtigkeit den Outdoor-Padel-Spaß, da beschlagene Glasscheiben ihre Feuchtigkeit an die Bälle abgeben und die textilen

Oberflächen der Courts bei Feuchtigkeit sehr rutschig werden. Jedoch ist an einem trockenen Wintertag mit Temperaturen oberhalb der Fünf-Grad-Grenze ein Padel-Match auf dem Outdoor-Court ein 100-prozentiges Vergnügen. Somit sind viele Padel-Communitys auch in den Wintermonaten äußert aktiv und tragen auch in den vermeintlichen „Leermonaten" erheblich zum Ganzjahresumsatz ihrer Anlagenbetreiber bei. Gleichwohl steigt auch die Anzahl von Indoor-Courts, mit den stärksten Buchungsmonaten in der kalten Jahreszeit – Ende 2023 waren das in Deutschland knapp 200 im Vergleich zu knapp 260 Outdoor-Courts.

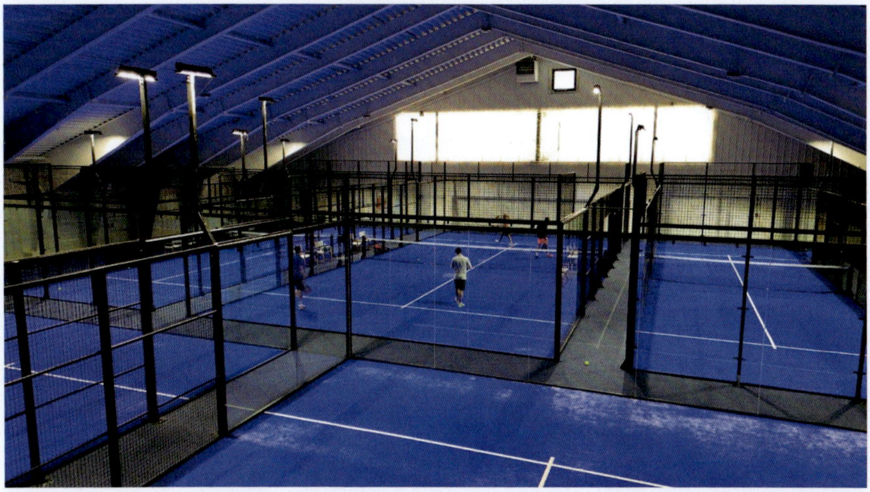

4

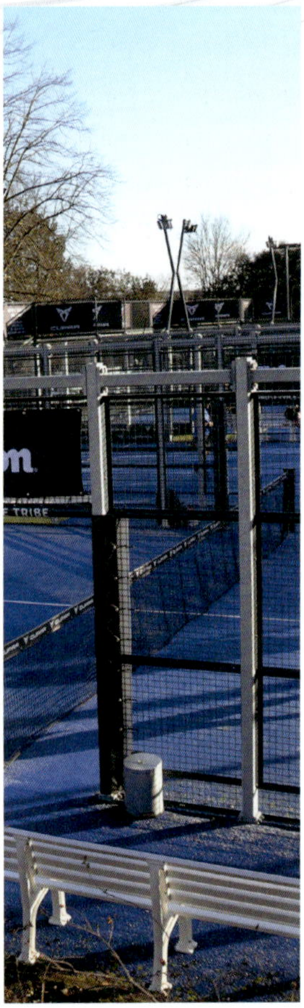

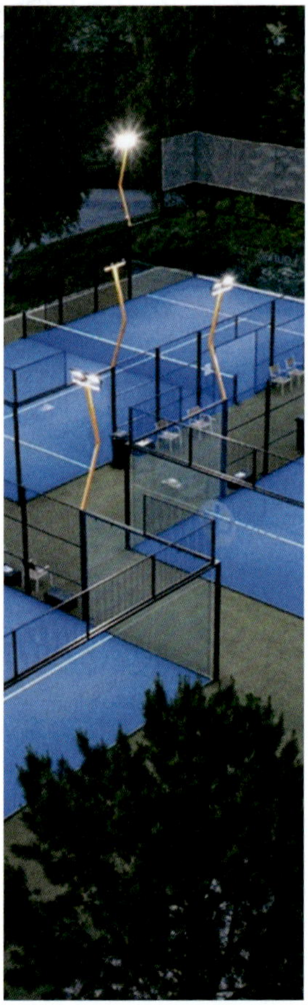

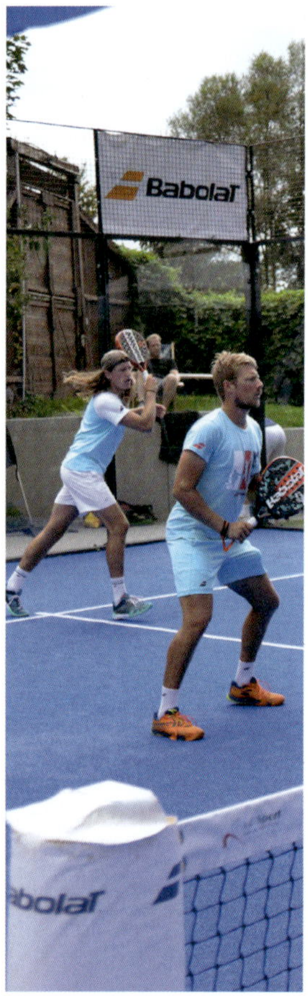

4 DER PADEL-COURT

4.1 AUFBAU, DIMENSIONEN UND MATERIALIEN

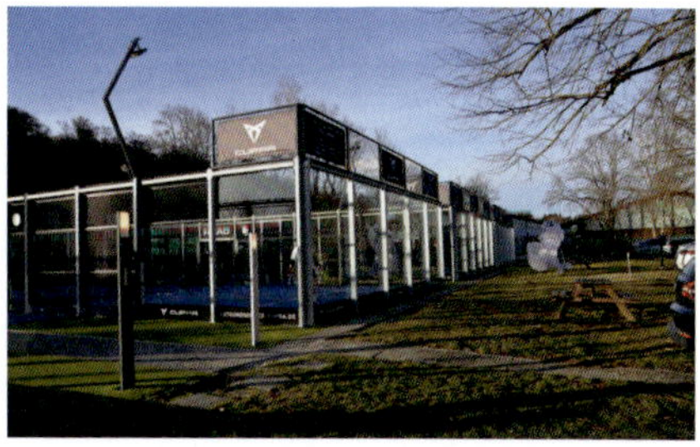

Wie im vorherigen Kapitel geschildert, ist „die Erfindung" des Padel-Courts eher durch das Bedürfnis entstanden, auch unter widrigen Witterungsbedingungen Tennis spielen zu können. Das erklärt die Wände beziehungsweise Scheiben, die die Spielfläche umgeben, die neben einem guten Witterungsschutz auch den Vorteil mitbringen, dass die Bälle nicht vom Spielfeld rollen können. Seit der Professionalisierung des Padel-Sports in den 70er-Jahren des 20. Jahrhunderts haben sich aus den unterschiedlichen Ansätzen des Platform Tennis und des „Padel-Court-Prototyps" Enrique Corcueras offizielle Maße für Padel-Courts ergeben, über die zwischen dem Weltverband, den Landesverbänden sowie offiziellen Turnierausrichtern ein Konsens besteht. Der Weltverband FIP hat in seinen Dokumentationen die exakten Anforderungen definiert, die ein Padel-Court erfüllen muss, wenn offizielle Wettkämpfe auf ihm ausgetragen werden sollen. Padel-Court-Baufirmen, die in Europa ihre Dienste anbieten, halten sich an diese Maße. Ferner sind sie auch Teil der bundesdeutschen Wettkampf-Regularien, über die der Deutsche Padel-Verband gemäß den FIP-Vorgaben wacht.

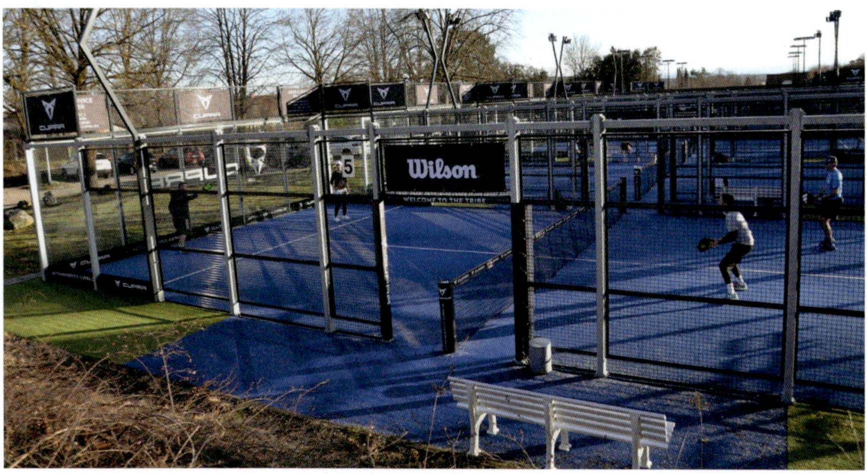

4.2 MASSE UND ABMESSUNGEN

Das Spielfeld ist ein Rechteck mit einer Breite von 10 Metern und einer Länge von 20 Metern (Innenmaße), dabei gilt eine Toleranz von maximal 0,5 Prozent.

Dieses Rechteck wird durch ein Netz in zwei Hälften geteilt. Auf beiden Seiten und parallel zum Netz befinden sich im Abstand von 6,95 Meter zum Netz die Servicelinien. Der Abstand zwischen dem Netz und den Aufschlaglinien wird durch eine senkrechte Linie, die sogenannte zentrale Servicelinie, in zwei Hälften geteilt.

Diese ragt 20 Zentimeter über die Servicelinie hinaus, was der Orientierung beim Aufschlag und der sicheren Positionierung der Aufschlägerin oder des Aufschlägers zugutekommt. Bei der Flächen- und Linienanordnung müssen die beiden Spielfeldhälften unbedingt symmetrisch sein.

Alle sichtbaren Linien müssen eine Breite von 5 Zentimeter aufweisen. Die Farbe der Linien ist vorzugsweise weiß oder schwarz, um einen deutlichen Kontrast zur Grundfarbe des Spielfeldes zu erzielen.

4.3 LICHTE HÖHE ÜBER DEM COURT

Da beim Padel-Spiel die Schlagart Lob eine sehr bedeutsame Schlagvariante ist, muss die lichte Höhe über der Spielfläche mindestens 6 Meter betragen, dies gilt selbstverständlich auch für Indoor-Padel-Plätze. Es dürfen auch keine Bauteile in die lichte Höhe hineinragen, wie etwa Teile der Flut-Beleuchtung, Spielstands-Anzeigen oder Kamerasysteme. Der Weltverband FIP rät für Neubauten von Padel-Courts, sogar 8 Meter lichte Höhe zu realisieren, was auf eine eventuelle Regeländerung in den kommenden Jahren hindeutet.

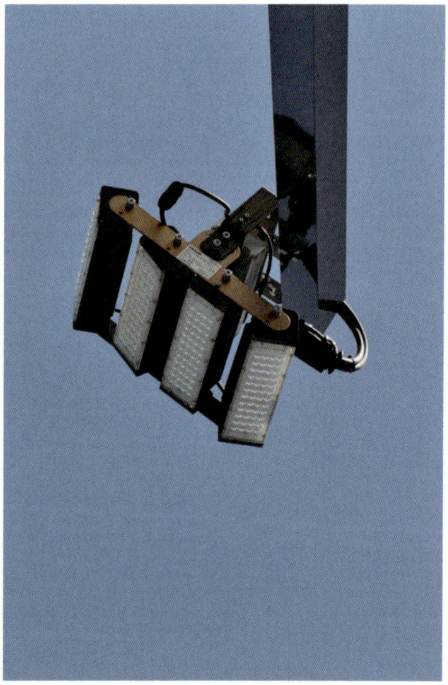

4.4 DAS NETZ DES PADEL-COURTS UND SEINE BESCHAFFENHEIT

Das Netz muss 10 Meter lang und in der Mitte 0,88 Meter hoch sein, an den Enden bis zu 0,92 Meter ansteigen, mit einer maximalen Toleranz von 0,005 Meter, das gilt für jeden Messpunkt. Das Metallseil, das in die Netzoberkante eingefädelt wird, darf maximal einen Zentimeter Dicke aufweisen. Eingehängt wird das Netz an zwei seitlichen Pfosten von 1,05 Meter Höhe, die exakt an den Spielfeldrand reichen, aber nicht Teil des Spielfeldes sind.

Die Netzpfosten dürfen in runder oder eckiger Bauweise gefertigt sein, müssen aber auf jeden Fall abgerundete Kanten aufweisen. Alternativ ist auch eine Netzaufhängung direkt an der Court-Konstruktion zulässig, wenn gewährleistet ist, dass das Netz über die gesamte Breite des Spielfelds gespannt ist und die obligatorischen Höhenmaße in der Netzmitte und an den Netzseiten eingehalten sind.

Die Netzoberkante ist mit einem 5,0 bis 6,3 Zentimeter breiten, weißen Streifen zu bedecken, der Werbeeindrucke beinhalten darf. Eine weitere Werbefläche mit bis zu 9 Zentimeter Breite unter der Netzoberkante ist zulässig. Die Maschen des Netzes müssen so beschaffen sein, dass auch hart geschlagene Bälle das Netz nicht durchdringen können.

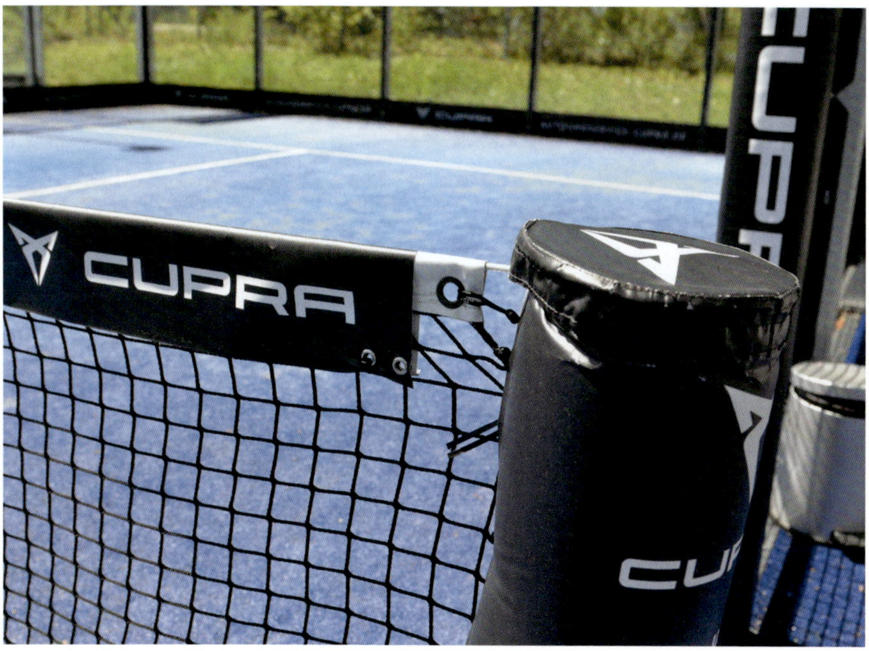

4.5 RÜCKWÄNDE UND SEITENWÄNDE

Die Spielfläche muss vollständig umschlossen sein. Die von innen gemessenen Enden müssen 10 Meter lang sein und die Innenlänge der Seiten 20 Meter lang.

Alle Bereiche mit Verbindungen müssen aus Materialien gebaut sein, die einen gleichmäßigen Absprung des Balls ermöglichen, außer in den mit Metallgittern ausgestatteten Wänden, von denen die Bälle sehr unregelmäßig abspringen. Das heißt, theoretisch sind auch Rück- und Seitenwände zulässig, die aus intransparentem Material wie Ziegeln, Holz oder Metall bestehen und dann mit Metall-Gitter-Elementen ergänzt werden. Allerdings hat sich im modernen Padel-Courtbau bruchfestes Glas als Basis-Material durchgesetzt, ergänzt durch Gitterelemente. Das ist natürlich auch dadurch begründet, dass Padel eine Sportart ist, die Zuschauende magisch anzieht. Die Kombination Glas- und Gitterelemente bietet optimalen Blick aufs Spielgeschehen für Außenstehende.

Grundsätzlich sprechen wir also bei den zulässigen Court-Varianten von Glas- und Metallelementen, wie sie heute in der EU ausschließlich im Courtbau Verwendung finden.

Die hinteren Court-Begrenzungen weisen 4 Meter Höhe auf, davon 3 Meter Höhe als Glaswand; der letzte Meter nach oben muss als Metallgitter ausgeführt sein.

Die internationale Verordnung erlaubt vier Variationen der seitlichen Einfassungen:

Variante 1: Sie besteht aus aufeinanderfolgenden Wand-Glas-Elementen, von denen das erste, an der Rückwand beginnend, 3 Meter hoch und 2 Meter breit ist. Das anschließende Element ist ebenfalls 2 Meter breit, aber nur 2 Meter hoch. Über beiden Elementen folgt dann eine 1 Meter hohe Gitter-Konstruktion. Über die seitliche Court-Mitte erstreckt sich dann eine 16 Meter lange und 3 Meter hohe Metallkonstruktion, die die seitlichen Zugänge beinhaltet.

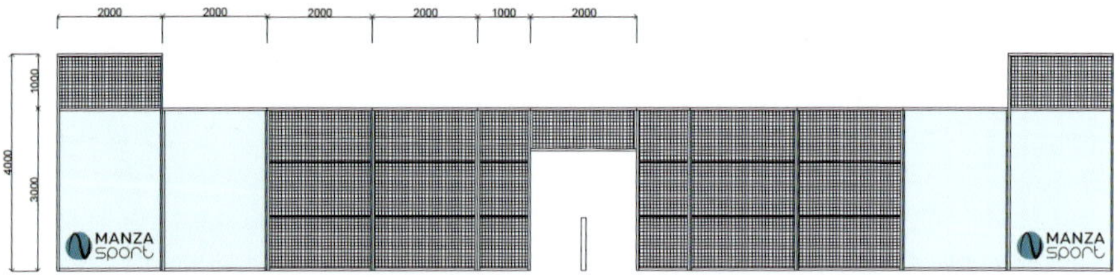

Variante 2: Diese Variante beinhaltet dieselbe Aufteilung der Glaselemente, allerdings ist die ergänzende Gitterkonstruktion formschlüssig und über die gesamte Court-Breite inklusive der Glaselemente 4 Meter hoch.

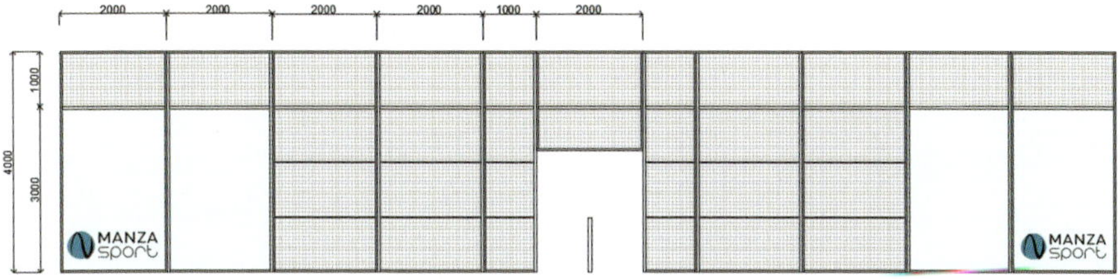

Variante 3: Bei dieser Version sind die beiden hinteren Glaselemente aus einem Stück gefertigt und 4 Meter lang beziehungsweise 3 Meter hoch. Über dem Glaselement wird Richtung Rückwand ein Gitterelement mit 2 Meter Breite und 1 Meter Höhe ergänzt. Zwischen den Glaselementen wird eine durchgehend 3 Meter hohes Gitterelement montiert, das die Türausschnitte enthält.

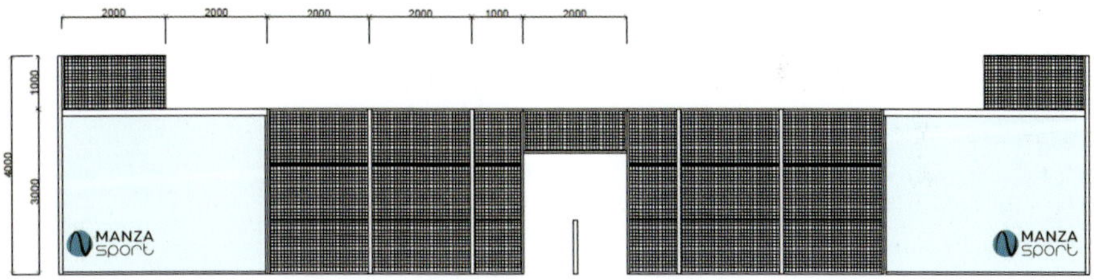

Variante 4: Hier kommen dieselben Glaselemente wie in Variante 3 zum Einsatz, allerdings wird wiederum formschlüssig ein 4 Meter hohes Gitterelement über die gesamte Court-Breite ergänzt, das ebenfalls die Türausschnitte beinhaltet.

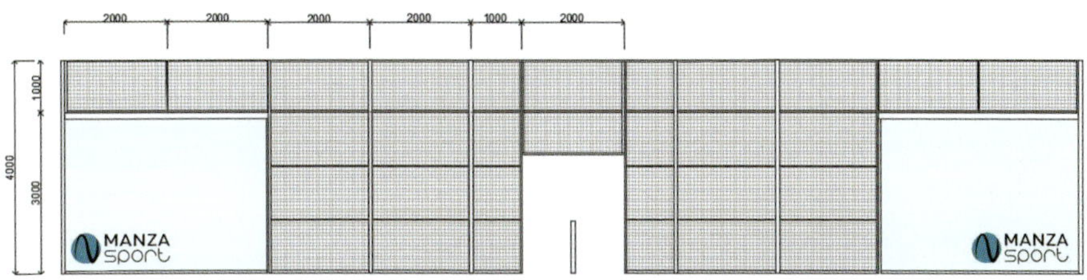

Darüber hinaus heißt es in der Verordnung der FIP:

- Der Metallzaun wird immer in einer Linie mit der Innenseite der Mauer platziert.

- Kommen Glaswände zum Einsatz, müssen sie den Standards für gehärtetes Glas/Flachglas in der jeweiligen Bauvorschrift des Landes entsprechen, in dem der Court errichtet wird. Für die Europäische Union definiert die Materialbeschaffenheit der Glaselemente die Euronorm EN 12150-1.
- Der Metallzaun sollte aus Rauten oder Quadraten bestehen, die einfach gedreht oder gelötet sind, jedoch immer diagonale Löcher aufweisen, die nicht kleiner als 5 Zentimeter und nicht größer als 7,08 Zentimeter im Durchmesser sind. Die empfohlene Drahtstärke liegt zwischen 1,6 und 3 Millimeter. Bei Verwendung eines Lötzauns müssen alle Lötstellen auf beiden Seiten geschützt werden, um Spielerinnen und Spieler vor Schnitten oder Kratzern zu schützen.

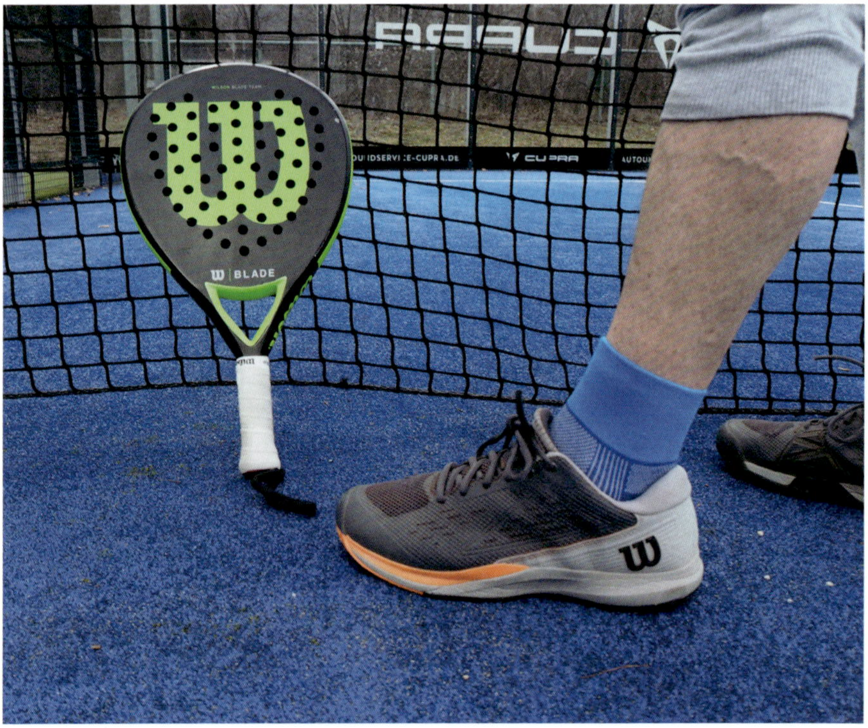

4.6 BESCHAFFENHEIT DER SPIELFLÄCHE

Bei Courtbauten in Europa hat sich Kunstrasen als Material für die Ausstattung des Spielfeldes durchgesetzt. Allerdings erlaubt die internationale Wettspielordnung auch alternative Bodenbeläge: „Die Oberfläche des Spielfelds darf aus porösem Beton oder Zement, synthetischem Material oder Kunstrasen bestehen, sofern gewährleistet ist, dass die Bälle regelmäßig und einheitlich abspringen. Des Weiteren muss gewährleistet sein, dass Regenwasser durch die Oberfläche nach unten abgeführt wird, um eine Bildung von Pfützen auf der Spielfläche zu vermeiden. Zulässige und bevorzugte Farben der Oberfläche sind Grün, Blau oder Terrakotta und Varianten dieser Farben. Grundsätzlich muss sich die farbliche Gestaltung der Wände deutlich von der Farbe des Bodenbelags unterscheiden. Ein schwarze Bodenfarbe, wie sie beispielsweise bei den Profiturnieren der FIP gebräuchlich ist, darf ausschließlich bei Indoor-Courts Verwendung finden.

Für Kunstrasenflächen müssen folgende Voraussetzungen eingehalten werden:

- Europäische Union: Konform mit UNE 41958 IN. Sportoberfläche

Beim Padel-Courtbau in Europa hat sich Kunstrasen für die Spielfeldgestaltung durchgesetzt. Es gibt nur wenige praktikable Alternativen, die beispielsweise die Hersteller und Vermieter mobiler Padel-Courts bevorzugen. Im Gegensatz zu verbreiteten Kunstrasen-Konzepten, die bei anderen Outdoorsportarten wie etwa Fußball oder Hockey gebräuchlich sind, ist der Padel-Kunstrasen mit sehr kurzen Fasern ausgestattet, die in der Regel maximal 12 bis 13 Millimeter lang sind, davon nur der oberste Bereich als sichtbare Fasern. Längere Fasern würden das gleichmäßige Aufspringen der Bälle beeinträchtigen. Für bessere Gleiteigenschaften werden die Kunstfasern durch das Einstreuen von Sand komplettiert, der dazu beiträgt, dass bei sehr ausgeprägten, dynamischen Schritten ein leichtes „In den Ball Hineinrutschen" möglich ist, so entstehen Bedingungen, die an die Spielweise auf einem Sand-Tennisplatz erinnern. Das Einstreuen von Sand dämpft zudem sowohl den Aufprall der Bälle wie auch den Impact auf Füße und Gelenke der Spielerinnen und Spieler.

In den FIP-Regularien sind weitere physikalische Werte definiert, die für die Oberfläche des Padel-Courts verbindlich sind:

- Stoßdämpfung: mindestes 20 Prozent (RF ≥ 20)
- Reibungswert der Oberfläche: 0,4 bis 0,8 μ
- Vertikaler Ballabsprung: ≥ 80 Prozent der Höhe des Abwurfs

4.7 BESCHAFFENHEIT UND MASSE DER COURT-ZUGÄNGE

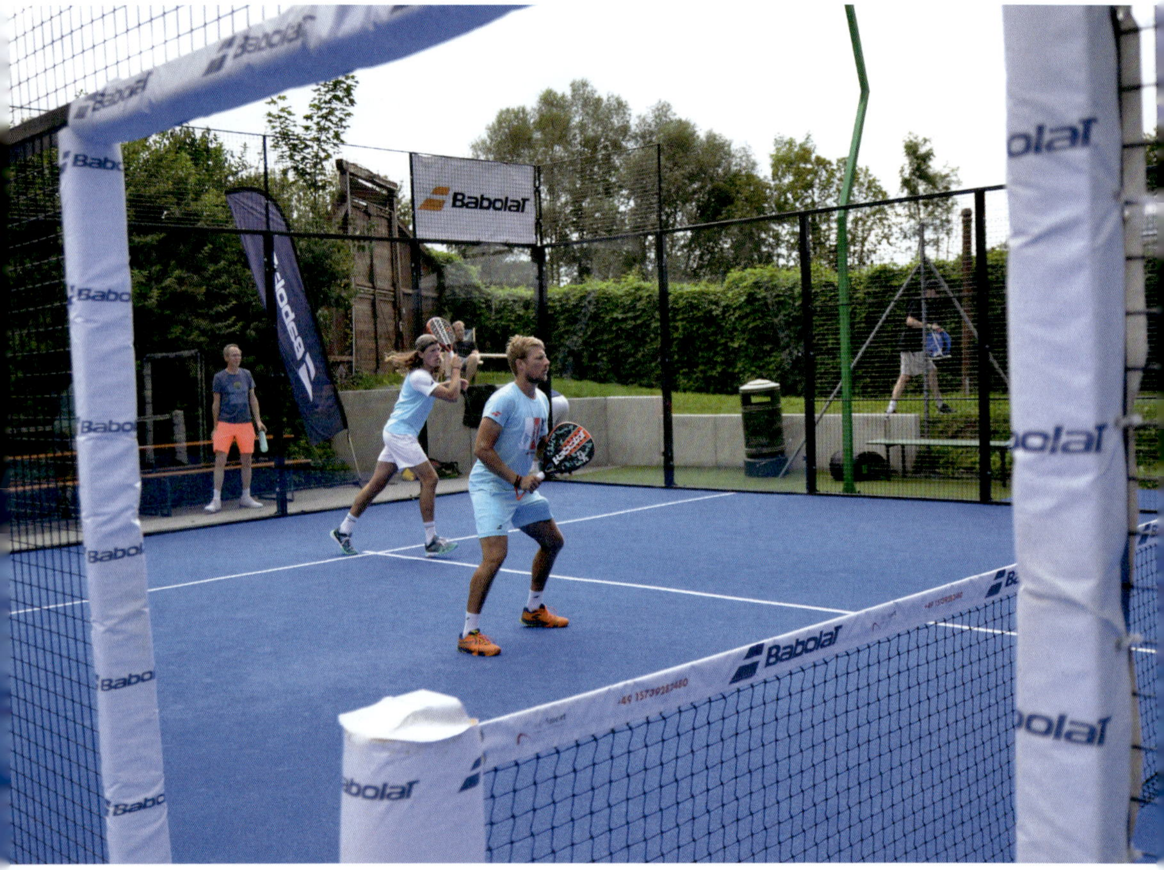

Der Zugang zum Spielfeld erfolgt an beiden Seiten oder nur an einer davon und muss symmetrisch zur Mitte sein. Dabei sind sowohl ein Zugang wie auch zwei auf jeder Court-Seite zulässig, die Zugänge dürfen auch durch Türen verschließbar sein.

Als Zugangsmaße sind vorgeschrieben:

- Bei einem seitlichen Zugang pro Seite muss die Öffnung mindestens 1,05 x 2,00 Meter und darf maximal 2,00 x 2,20 Meter betragen.
- Bei zwei seitlichen Zugängen pro Seite müssen die Öffnungen mindestens 0,72 x 2,00 Meter und maximal 1,00 x 2,20 Meter groß sein
- Bei vorhandenen Türen müssen die Griffe außen angebracht werden und dürfen nicht in den Spielfeldbereich ragen.

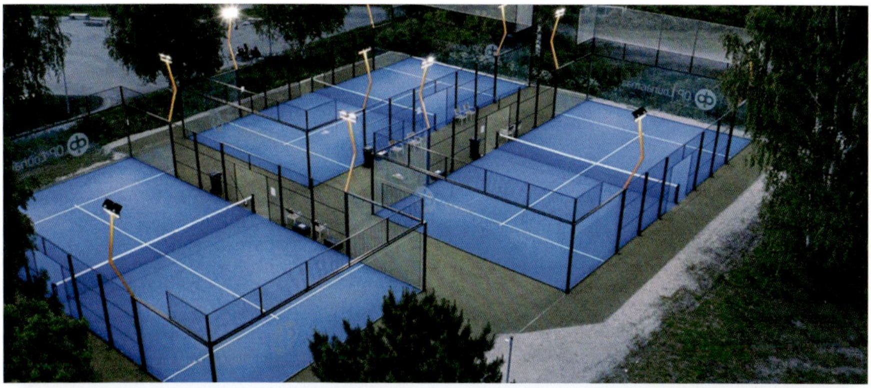

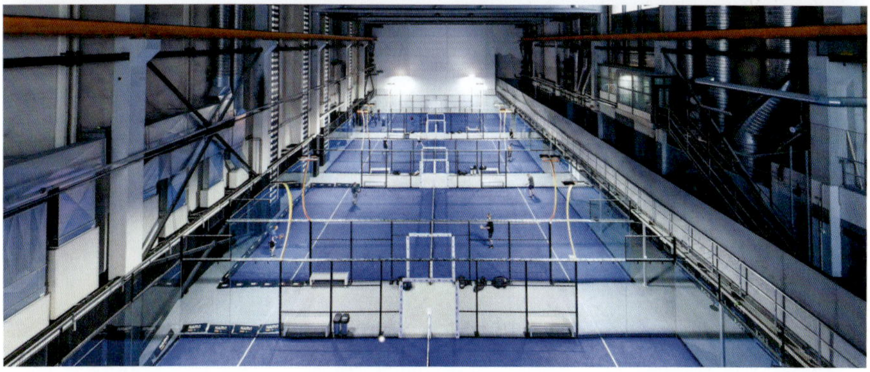

Jeweils ein Beispiel für eine regelkonforme Anordnung einer Outdoor- sowie einer Indoor-Padel-Anlage

4.8 SICHERHEITSBEREICH UND DAS SPIEL AUSSERHALB DES COURTS

Für das Spiel außerhalb des Spielfelds, das bei offiziellen Turnieren obligatorisch möglich sein muss, verfügt ein Court auf jeder Spielfeldseite über zwei Zugangspunkte. Auf der Court-Außenseite muss eine Mindestfläche zugänglich sein, die nicht von Hindernissen beeinträchtigt wird. Dies gilt für die Mindestfläche von 2 Meter Breite und 4 Meter Länge auf beiden Seiten sowie eine Höhe von 3 Metern.

Die beidseitigen Zugänge müssen mit Polsterungen versehen werden, die an den Türpfosten und an den Netzpfosten rundum anzubringen sind, die aus Materialien mit hoher Dämpfungswirkung wie Schaumgummi, Gummi oder Neopren bestehen und mindestens eine Materialstärke von 2 Zentimeter aufweisen.

5

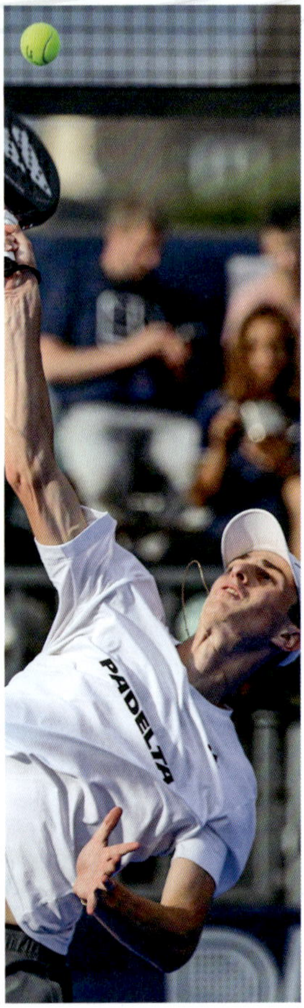

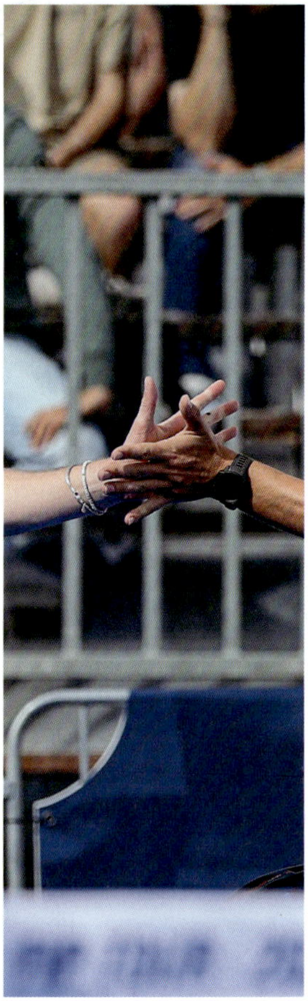

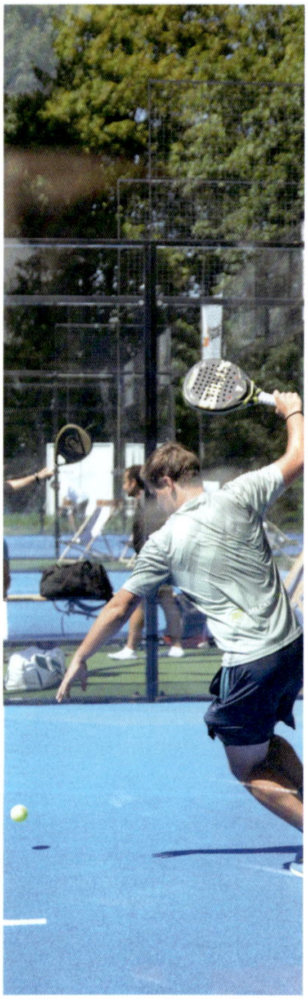

5 DIE REGELN – ALLES WIE BEIM TENNIS?

5.1 EINFÜHRUNG

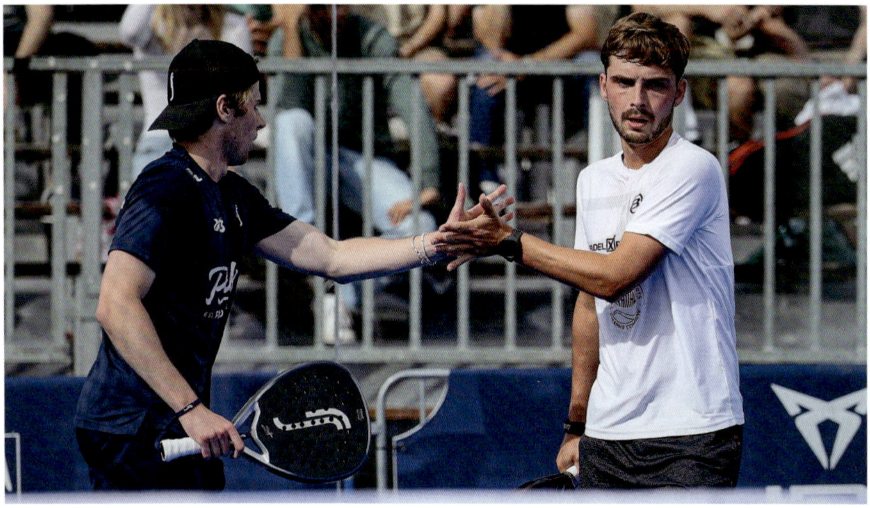

Padel hat seinen Ursprung ja nachweislich im Tennis, genauer gesagt dem Platform Tennis. Da es sich als direkte Abwandlung des klassischen Tennis versteht, wurden von Beginn an auch die Tennis-Regeln im weitesten Sinne übernommen. Der größte Unterschied ist die Tatsache, dass Padel grundsätzlich als Doppel gespielt wird. Es gibt auch Einzel-Padel-Courts, die dienen aber eher dem Training ohne die wettkampfrelevanten Spielformen. Unterschiede zu den Tennis-Regeln ergeben sich durch die Beschaffenheit des Padel-Courts, wobei die Zählweise beim Spiel um Punkte identisch zu der im Tennis ist. Hier die wesentlichen Padel-Regeln, die so international gelten und von der Weltorganisation FIP editiert worden sind.

Padel wird grundsätzlich als Doppel, also mit zwei Spielerinnen und/oder Spielern auf jeder Seite des Netzes gespielt. Wird um Punkte gespielt, darf jede Spielerin/jeder Spieler so oft hintereinander schlagen, wie es der Spielverlauf erfordert. (Zum Vergleich: Im Tischtennis beispielsweise besagt die Regel, dass die Akteure abwechselnd schlagen müssen).

Zu Beginn des Satzes wird die Seite festgelegt, auf der jeder für den gesamten Satzverlauf spielt. Ein Seitenwechsel ist erst nach Ablauf eines Satzes gestattet. Beide spielen auf dem gesamten Spielfeld unabhängig von der Entscheidung für eine der Hälften in der Grundaufstellung.

Aufgeschlagen wird immer im Wechsel, wobei die Akteure eines Teams in einem Satz immer in derselben Reihenfolge aufschlagen müssen. Diese Reihenfolge darf zu Beginn eines neuen Satzes geändert werden.

5.2 DIE ZÄHLWEISE

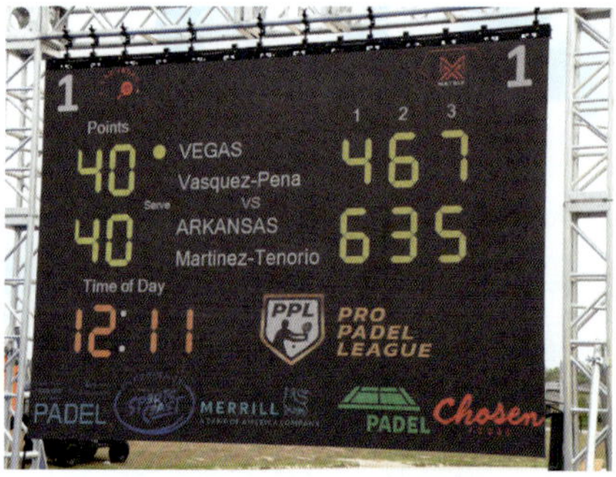

Gezählt wird beim Padel wie beim Tennis. Der erste Punkt wird aus Sicht des aufschlagenden Paars mit 15 gezählt, haben beide Paare einen Punkt gewonnen, steht es 15 : 15. Punkt zwei wird mit 30, der dritte mit 40 gezählt und gewinnt ein Team den vierten Punkt mit zwei Punkten Abstand, erfolgt der Spielgewinn. Besonderheit: In offiziellen Wettkämpfen wird beim Stand von 40 : 40 (dieser Spielstand wird als „Einstand" bezeichnet), der „Golden Point" ausgespielt. Für diesen entscheidet das rückschlagende Team, auf welcher Seite der nächste Aufschlag erfolgen soll. Der nächste Punktgewinn entscheidet über den Gewinn des Spiels.

Auch beim Padel gewinnt einen Satz das Team, das zuerst sechs Spiele für sich entscheidet, allerdings mit einem Abstand von mindestens zwei Spielen, also beispielsweise 6 : 4. Gelingt keinem Team ein Zwei-Spiele-Abstand, wird beim Stande von 6 : 6 wie beim Tennis ein „Tiebreak" gespielt.

5.3 DER TIEBREAK ALS SCHNELLE SATZENTSCHEIDUNG

Beim Tiebreak werden im Gegensatz zum „normalen Spiel" einzelne Punkte gezählt, wobei der Spielgewinn durch ein Team bei Erreichen von 7 Punkten erfolgt, sofern mindestens zwei Punkte Vorsprung erspielt wurden, beispielsweise 7 : 5. Beim Stand von 6 : 6 wird so lange weitergespielt, bis ein Team einen Zwei-Punkte-Vorsprung erzielt und damit den Satz für sich entscheidet.

Wichtig ist die Aufschlagfolge im Tiebreak. Den ersten Aufschlag im Tiebreak führt die Spielerin oder der Spieler aus, der in der normalen Spielfolge mit dem Service an der Reihe wäre. Sie oder er beginnt mit einem Aufschlag von der rechten Seite, um den ersten Punkt auszuspielen. Anschließend folgen zwei Aufschläge des gegnerischen Teams und zwar von der Spielerin oder dem Spieler, der nun im regulären Spiel an der Reihe wäre, beginnend mit einem Aufschlag von links und einem zweiten Aufschlag von rechts. Ist der Tiebreak beendet und ein weiterer Satz zu spielen, beginnt diesen das Team, das im Tiebreak den ersten Rückschlag absolviert hat. Dabei darf das Team eine zum vorherigen Satz geänderte Reihenfolge des Aufschlags festlegen.

5.4 KORREKTE BÄLLE UND FEHLERBÄLLE

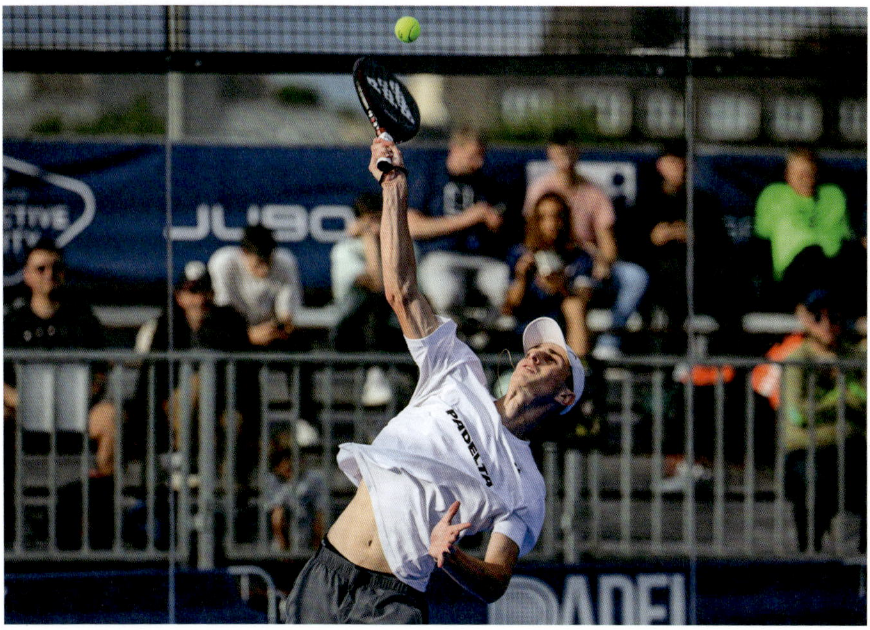

Das besondere beim Padel ist die Einbeziehung der hinteren und seitlichen Wände in das Spiel, woher auch die oft gebrauchte Definition von Padel als „Mischung zwischen Tennis und Squash" herrührt. Grundsätzlich wird der Ball beim Padel übers Netz geschlagen und vom rückschlagenden Team nach einmaligem Aufprall auf dem Spielfeld oder direkt als Volley oder Schmetterball ohne Aufprall über das Netz zurückgeschlagen. Berührt der Ball beim Überflug die Netzkante und landet trotzdem im Zielfeld, ist dies ein korrekt geschlagener Ball (Netzroller).

Nach dem Aufprall auf der Spielfeldhälfte des rückschlagenden Teams darf der Ball:

- die hintere und die seitlichen Glaswände mehrfach touchieren,
- die Gitterelemente seitlich und über der Rückwand mehrfach touchieren,
- die Rückwand und danach die Gitterelemente berühren,

... bevor er ohne ein erneutes Aufprallen auf dem Spielfeld über das Netz zurückgespielt wird.

Ein sofortiger Fehler und somit ein Punkt für das gegnerische Team wird gezählt, wenn der Ball

- im Netz landet,
- der Ball nicht getroffen wird und in der Folge zweimal auf dem Spielfeld auftrifft,
- der Ball mit dem Schläger nur berührt wird, seine Flugbahn jedoch fortsetzt,
- eine der Begrenzungen (Glas oder Metall) berührt, ohne vorher auf dem Spielfeld aufzuprallen,
- durch die Türöffnung auf der generischen Seite nach außen gespielt wird,
- seitlich oder über die hintere Glaswand aus dem Court geschlagen wird,
- eine Spielerin oder ein Spieler den Ball mit einem Körperteil berührt,
- der Ball vor der Netzüberquerung auf der eigenen Seite ein Metallelement berührt.

Zum sofortigen Punktgewinn führen Schläge, die

- unerreichbar mit Kontakt der Spielfläche aus dem Court geschlagen werden,
- unerreichbar durch die seitlichen Türen auf die Seite des gegnerischen Teams geschlagen werden,
- zweimal hintereinander auf der gegnerischen Court-Hälfte aufspringen,
- eine Gegenspielerin oder einen Gegenspieler am Körper treffen.

Einbeziehung der Glaswand ins Spiel

Die hinteren und seitlichen Glaswände und Metallgitter dürfen jederzeit ins Spiel mit einbezogen werden. Passiv geschieht dies, indem der Ball bewusst oder aus einer Notsituation heraus nach dem Aufprall auf das Spielfeld erst eine der Glaswände oder ein Gitterelement berührt. Die Glaswand (nicht die Gitterelemente!) dürfen auch aktiv ins Spiel mit einbezogen werden. Beispielsweise kann der Rückschläger einen winklig geschlagenen Ball so retournieren, dass er vor dem Flug über das Netz im spitzen Winkel an die seitliche Glaswand aufschlägt und von dort abprallt, um Richtung Netz weiterzufliegen.

Ebenso kann die hintere Glaswand dazu genutzt werden, einen Ball, der sehr nah an der hinteren Glaswand aufspringt und der nicht mehr „in Vorwärtsrichtung" zu kontrollieren ist, mit einem harten Schlag gegen die Glaswand übers Netz zu bugsieren.

Netzberührung und mit dem Schläger auf der anderen Netzseite agieren

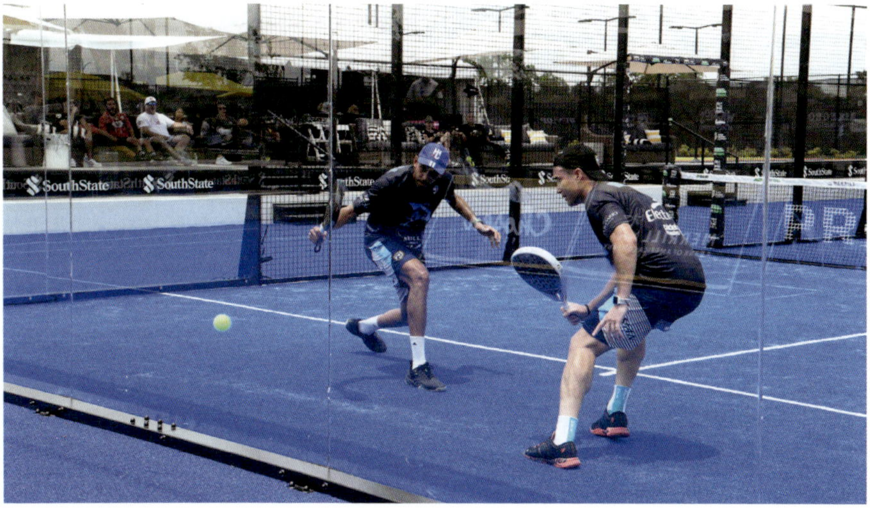

Wie auch beim Tennis ist die Netzberührung prinzipiell verboten und führt zum Punktverlust, solange der Ball sich regulär im Spiel befindet. Erzielt der angreifende Spieler einen „tödlichen" Schlag, beispielsweise einen Smash, der nach dem Aufprall über die hintere Glaswand fliegt, und berührt direkt im Anschluss das Netz, verliert er diesen Punkt nicht. Aber solange der Ball theoretisch noch spielbar wäre, ist eine Netzberührung absolut tabu.

Allerdings ist es in bestimmten Situationen erlaubt, den Ball auf der generischen Seite zu spielen, ohne allerdings dabei das Netz zu berühren. Dies ist beispielsweise der Fall, wenn Team A einen Stopp spielt, der so viel Rückwärtsdrall hat, dass er nach dem Aufprall auf der Spielhälfte von Team B auf die Hälfte von Team A zurückspringt. Ein Spieler aus Team B dürfte dann mit dem Schläger über das Netz greifen, um den Ball dort weiter zu spielen, etwa um ihn final ins Netz von Team A zu spielen und den Punkt so zu entscheiden.

Der Service im Padel: Der Aufschlag von unten

Ein weiterer wesentlicher Unterschied zwischen Padel und Tennis kommt beim Aufschlag zum Tragen. Dieser wird beim Padel nämlich „von unten" serviert. Im offiziellen Regelwerk der FIP wird definiert, wie ein regelgerechter Aufschlag zu erfolgen hat:

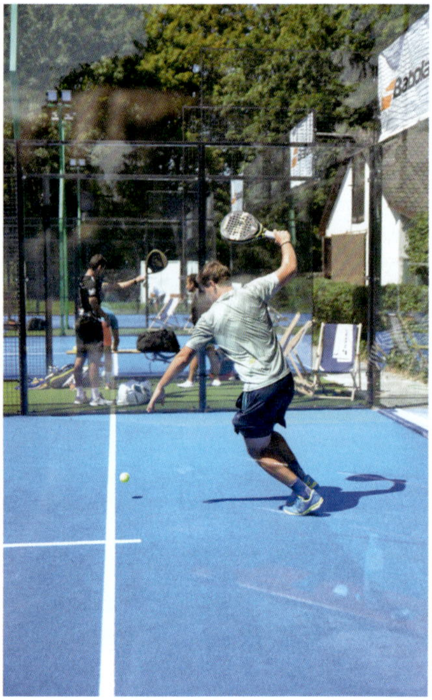

Zu Beginn des Aufschlags muss der aufschlagende Spieler mit beiden Füßen hinter der Aufschlaglinie und neben der imaginären Verlängerung der Aufschlagmittellinie und der seitlichen Glaswand seines Aufschlagfeldes stehen und dort verweilen, bis der Aufschlag korrekt erfolgt ist. Der Aufschläger darf mit seinen Füßen weder die Aufschlaglinie noch die imaginäre Mittellinie berühren oder übertreten.

Die Höhe des zu schlagenden Balls muss zum Zeitpunkt des Schlagens auf oder unter der Hüfthöhe des Aufschlagenden liegen und der Spieler muss diese Höhe durch ein sanftes Aufprallen des Balls erreicht haben. Beim Service muss mindestens ein Fuß Kontakt mit dem Boden haben. Wirft der Aufschläger den Ball so engagiert auf den Boden, dass er höher abspringt als die Hüfthöhe des Spielers, ist der Aufschlag irregulär und wird als Fehler gewertet.

Der erste Ball eines Spiels wird von der rechten Seite des Spielfelds aus serviert, danach immer im Wechsel links und rechts. Der Aufschläger hat zwei Versuche (wie beim Tennis).

Berührt der Aufschlag die Netzkante und landet danach korrekt im Aufschlagfeld, kommt es zur Wiederholung des Aufschlages.

Das spektakuläre Spiel außerhalb des Courts

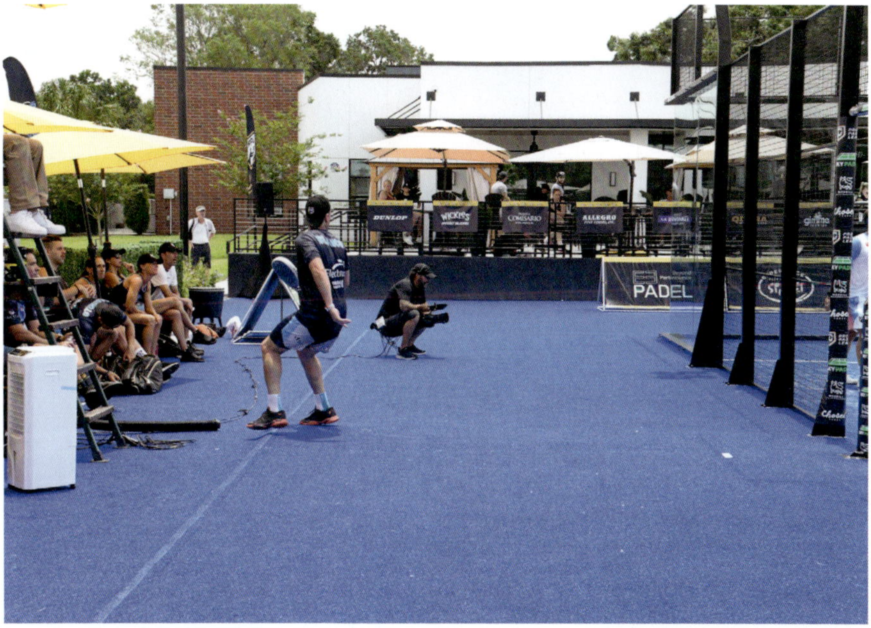

Wer Padel-Profis bei ihren Matches zuschaut, wird hin und wieder Zeuge von äußerst spektakulären Ballwechseln, bei denen ein Spieler den Court verlässt, um einen beispielsweise über die seitliche Wand geschlagenen Schmetterball in die Court-Hälfte des Schmetternden zurückzuspielen. Dies ist laut Regelwerk gestattet und vor allem die Top-Spielerinnen und -Spieler der Weltrangliste machen regelmäßig Gebrauch von dieser Regel. Im Idealfall gelingt es dem aus dem Court stürmenden Spieler, den Ball durch die seitliche Court-Tür zurückzuspielen und auf der gegnerischen Seite im Netz zu versenken, was zum sofortigen Punktgewinn führt.

6

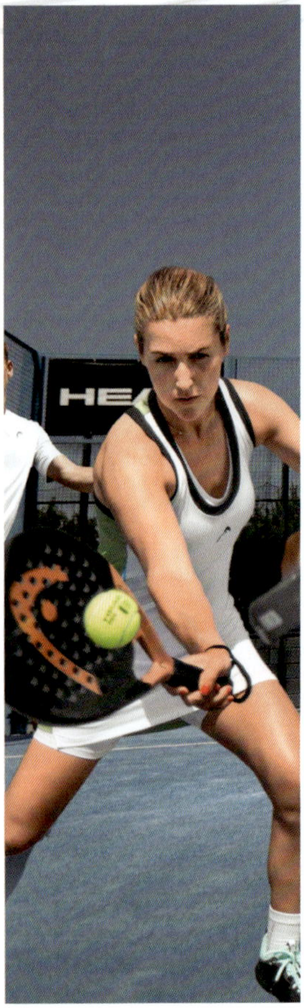

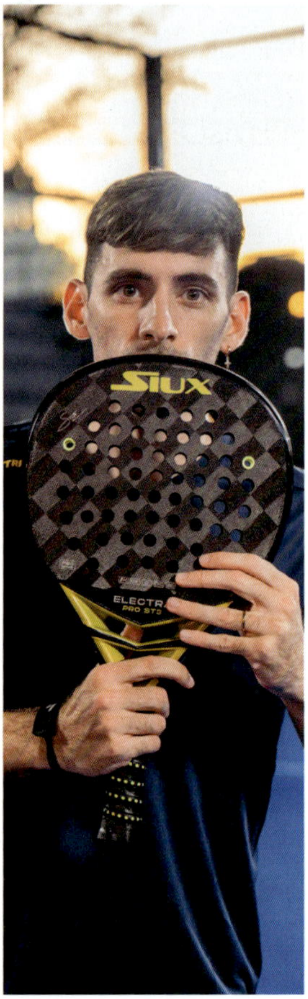

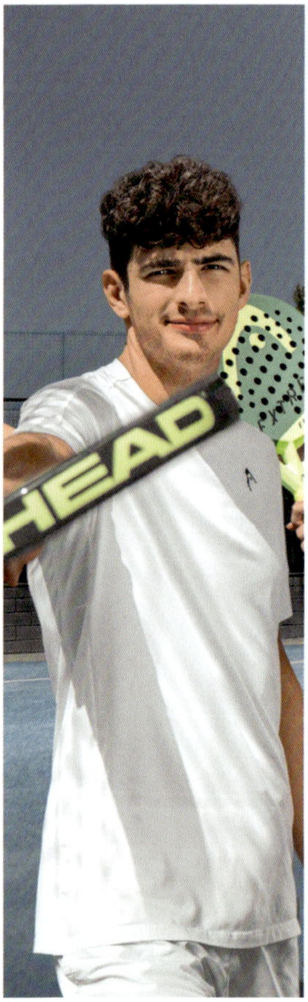

6 DIE AUSRÜSTUNG

6.1 SCHLÄGER, BÄLLE, SCHUHE UND TEXTILIEN

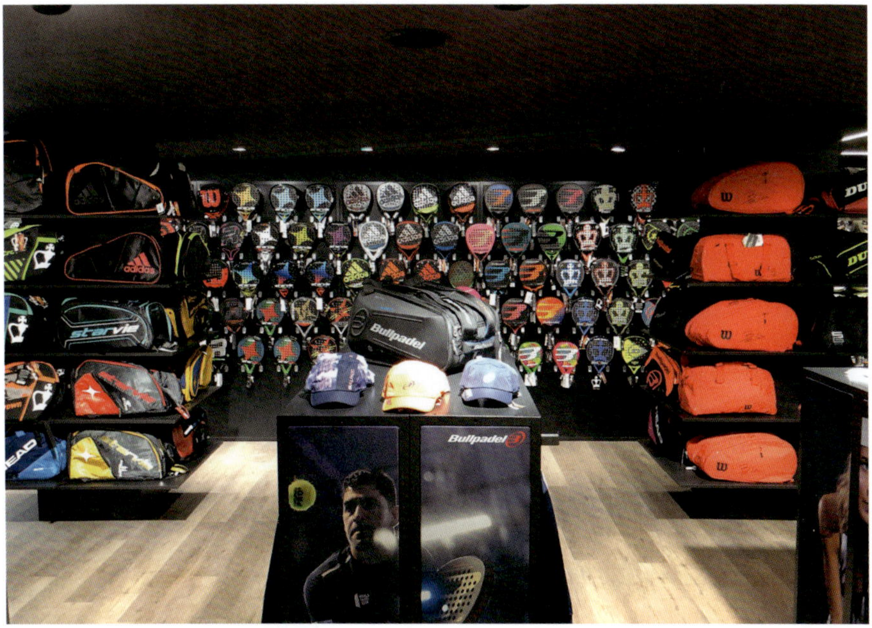

Einleitung

Wie bei allen Rückschlagsportarten ist die Ausrüstung, die Anfänger für die ersten Gehversuche auf dem Padel-Court benötigen, nicht sonderlich umfangreich. Neben dem Padel-Schläger, den regelkonformen Bällen und Schuhen mit einer für textile Spielfelder tauglichen Sohle und einer Sporttasche für Getränke, Handtuch und sonstiges Sport-Equipment brauchen Padel-Neulinge nichts Kostspieliges für ihre ersten Stunden auf dem Padel-Court. Wen das Padel-Virus packt, der wird natürlich früher oder später über den Kauf eines eigenen Schlägers nachdenken. Auch die Investition in eigene Padel-Bälle ist schnell eine Überlegung wert. Als drittes Ausrüstungsfeature sind dann Padel-Schuhe mit speziellen Sohlen empfehlenswert. Sohlen von Allround-Sportschuhen oder Hallensportschuhen sind auf Dauer nämlich nicht die beste Option für den Padel-Court.

Generell ist erfreulicherweise beim Padel an Textilien erlaubt, was gefällt. Strikte Bekleidungsempfehlungen, wie sie beispielsweise in wenigen Tennisclubs noch gang und gäbe sind, gibt es auf den Padel-Anlagen nicht. Luftige, sportive Outfits sind absolut ausreichend und die Padel-Community ist auch nicht so markenorientiert wie die Tennisgemeinde, bei der Fußballtrikots oder ärmellose Shirts für den Tennisplatz als nicht angemessen gelten. Als Tipp für Anfänger sei auf jeden Fall erwähnt, dass ein Rock oder eine kurze Hose mit seitlichen Taschen von Vorteil sind. Da der Aufschläger für sein Service ja zwei Versuche hat, sollte ein griffbereiter Ball in der Kleidung für den zweiten Aufschlag griffbereit sein.

Wer sich zum ersten Mal auf einen Padel-Platz begibt, wird vom lokalen Schläger-Vermiet-Angebot Gebrauch machen und auch Bälle entweder ausleihen oder für einen akzeptablen Preis als Dreierdose bei den Betreibern der Padel-Anlage kaufen. Wer in die Kaufphase kommt, sieht sich in den gängigen Shops einer riesigen Produkt- und Markenauswahl gegenüber. Zur Orientierung wird das wesentliche Padel-Equipment hier mit seinen Eigenschaften und der Zuordnung für Leistungsgruppen eingeordnet, um eine Kaufentscheidung zu erleichtern.

Das Padel-Racket – Hightech-Schläger mit sensiblem Innenleben

Auf den ersten Blick sehen Padel-Rackets eher aus, als seien sie für eine Beach-Rückschlag-Funsportart konzipiert. Die kompakte, geschlossene Form mit der Perforierung in der Schlägermitte und das Fehlen einer Bespannung geben dem Padel-Racket eine eher rustikale, beachtaugliche Anmutung statt der eines Schlägers, mit dem auf einem offiziellen Turnier-Court um Preisgeld gespielt wird. Wann Padel-Schläger in ihrer heutigen Form erstmalig zum Einsatz kamen, ist heute nicht mehr einwandfrei nachvollziehbar. Auf jeden Fall sollen schon beim Platform Tennis sowie in den Padel-Pionierjahren Holzschläger ohne Bespannung zum Einsatz gekommen sein. Denn die Wucht, die ein bespannter Tennisschläger auf den Ball transportiert, würde das heutige Padel-Spiel quasi unmöglich machen.

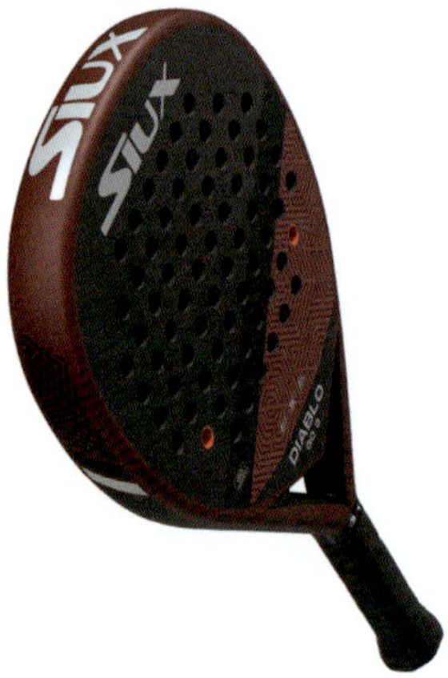

Auch mit Padel-Schlägern können geübte Spielerinnen und Spieler sehr hart und präzise schlagen. Aber im Vergleich zum Tennis fehlt die Beschleunigung des Balls, für die beim Tennis der „Trampolin-Effekt“ der elastischen Bespannung sorgt. Auch das Padel-Racket ermöglicht diesen Effekt in Ansätzen, aber sehr viel weniger vehement als das Tennis-Racket. Die „Füllung“ des Padel-Rackets besteht alternativ aus EVA (Ethylenvinylacetat) oder einem Schaum-Gummi aus einem Hightec-Schaum (Foam). Mit Schaummaterial gefüllte Schlägerköpfe gelten als weicher und armschonender, während EVA als Schlägermaterial durch die geringere Elastizität zu mehr Präzision verhilft, dafür aber den Aufprall des Balles weniger gedämpft in den Schlagarm ableitet. Das kann auf Dauer zu Beschwerden am Schlagarm und den beteiligten Gelenken führen.

Beide Füllungsarten unterstützen einen sanften Trampolineffekt, bei dem sich durch das Auftreffen des Balls auf die Schlagfläche das Material nach innen verformt und den Ball dank hoher Rücksprungkraft aktiv aus der Schlagfläche herausschleudert. Schaumstoff-Rackets eignen sich eher für Einsteiger bis Fortgeschrittene, EVA-befüllte Schläger erfüllen eher die Anforderungen sportlicher Spieler, die bereits über längere Padel-Erfahrung verfügen.

Schläger-Chassis aus Materialmixturen

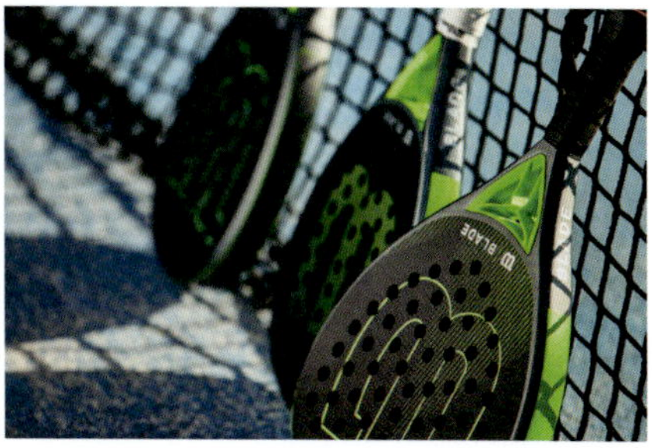

Neben dem Innenmaterial entscheidet auch das Material des Schlägerchassis, also die äußere Hülle des Rackets, über seine Performance. Am gebräuchlichsten sind die Materialien Carbon, Kevlar und Fiberglas, oft auch in Kombination miteinander. Fiberglas ist vor allem bei Einsteiger-Rackets weit verbreitet, weil dieses Material deutlich günstiger ist als Carbon und Kevlar. Carbon-Rackets überzeugen durch die Steifigkeit der Schlagfläche, was zu mehr Schlagkontrolle führt. Außerdem ist Carbon sehr haltbar, sofern es keinen mechanischen Belastungen mit scharfen oder spitzen Gegenständen ausgesetzt wird. Bei derartigen Beschädigungen kann die harte Außenhaut nämlich brechen und dadurch sofort an Stabilität verlieren. Kevlar ist in dieser Hinsicht belastbarer als Carbon, da es elastischer ist und dennoch eine hohe Festigkeit aufweist.

Einige Hersteller setzen auch auf Graphitfasern, einen bekannten Werkstoff aus der Tennisschläger-Produktion. Graphit wird vor allem dazu genutzt, die Padel-Rackets an den Stellen zu verstärken, auf die besonders viel Druck ausgeübt wird, also die Schlagfläche sowie der seitliche Rahmen, der oft mit der Scheibe oder der Gitterkonstruktion des Padel-Courts in Berührung kommt.

Ein weiteres Material, das bei den Padel-Racket-Herstellern häufig zum Einsatz kommt, ist Epoxid. Es basiert auf einer Reaktion von Harz und einem Härter und ist ideal für die Produktion einer homogenen, harten Oberfläche.

Generell gilt wie bei anderen Sportartikeln, Schlägern oder Fahrradrahmen, das ein hoher Carbon-Anteil den Kaufpreis beträchtlich in die Höhe treibt, während Fiberglas und Kevlar-Elemente auch in Rackets der Einstiegskategorie Verwendung finden.

Padel-Schläger: Drei Parameter definieren den Racket-Typ

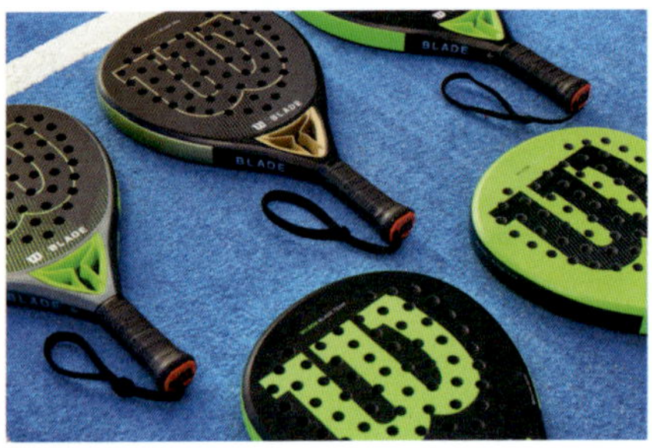

Wie auch bei Tennisschlägern sind die wesentlichen Parameter der Padel-Rackets durch das Schlägergewicht, die Rahmenbreite, die Balance und die Größe des sogenannten Sweetspot definiert.

Padel-Schläger sind laut internationalem Regelwerk bis zu 46 Zentimeter lang, maximal 38 Millimeter dick und ihr Gewicht bewegt sich zwischen 330 und 400 Gramm.

Wichtig: Grundsätzlich sind alle Padel-Rackets mit einer Handgelenkschlaufe ausgestattet, die locker ums Handgelenk der Schlaghand gelegt wird. Damit ist sichergestellt, dass selbst ein im Eifer des Gefechts beim Schwingen verlorener Schläger weder den eigenen Partner noch die Mitspieler auf der anderen Netzseite verletzt. Auf vielen Padel-Anlagen und generell bei offiziellen Turnieren ist das Anlegen der Fangleine obligatorisch. Inzwischen weigern sich auch viele Spieler, auf den Court zu gehen, wenn nicht alle Mitspieler die Fangleine einsetzen.

Die Schlagfläche der Padel-Rackets ist perforiert, weil ja keine Bespannung (wie beim Tennisschläger) zur Ausstattung gehört. Die Luftlöcher minimieren den Luftwiderstand beim Schwingen. Die Schlagfläche ist in der Regel glatt, es gibt aber auch strukturierte Oberflächen, die einerseits die Schlagfläche weniger empfindlich für Kratzer machen, andererseits für mehr Spin auf den Ball sorgen. Die harte Schale des Padel-Rackets birgt einen Hightech-Schaum, der den Ball quasi aus der Oberfläche hinauskatapultiert und dann sofort wieder sein ursprüngliches Volumen annimmt. Der Griff ist sehr kurz, weil beidhändige Schläge im Padel nicht vorkommen und die Größe der Schlagfläche im Vergleich zum Schaft den größten Teil des Schlägervolumens ausmacht.

Schlägerform: Drei Sweetspot-Grundtypen

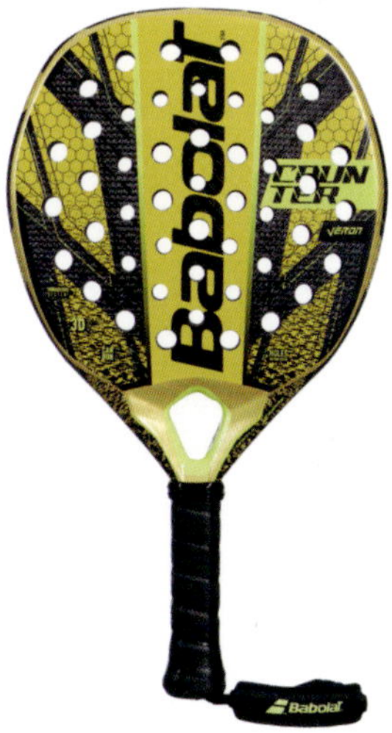

Schläger in runder Form für defensive Spieler-Typen.

Bei der Schlägerform unterscheidet man zwischen drei Formen: runde Form, Tropfenform und Diamantform. Ausschlaggebend für die Form ist der sogenannte Sweetspot des Schlägers, der bei den drei Schläger-Grundtypen unterschiedlich positioniert ist. Der Sweetspot beschreibt den Bereich der Schlägerfläche, der bei optimalem Treffpunkt den höchsten Wirkungsgrad auf den ausgeführten Schlag ausübt. Anfängerschläger haben in der Regel einen großen Sweetspot in der Mitte der Schlagfläche und verzeihen somit viele Fehler. Der Ball muss nicht immer perfekt in der Mitte des Schlägers getroffen werden, um ihn in die gewünschte Richtung zu schleudern. Je kleiner der Sweetspot, desto schwieriger ist der Schläger zu spielen, da ein „sauberer Schlag" einen sehr exakten Treffpunkt erfordert. Der Sweetspot des tropfenförmigen Schlägers befindet sich leicht oberhalb der Mitte, bei Schlägern in Diamantform rückt der Sweetspot noch näher an den oberen Schlägerrahmen. Je höher der Sweetspot positioniert ist, desto größer ist die Schwungkraft im Treffpunkt. Daraus resultiert, dass die runde Schlägerform weniger Beschleunigung, aber mehr Kontrolle auf den Ball auswirkt. Der tropfenförmige Schläger ermöglicht etwas schnellere, aber noch immer sehr kontrollierte Schläge, während der diamantförmige Schläger konsequent auf Tempo bei weniger Kontrolle setzt.

Das Gewicht des Padel-Schlägers

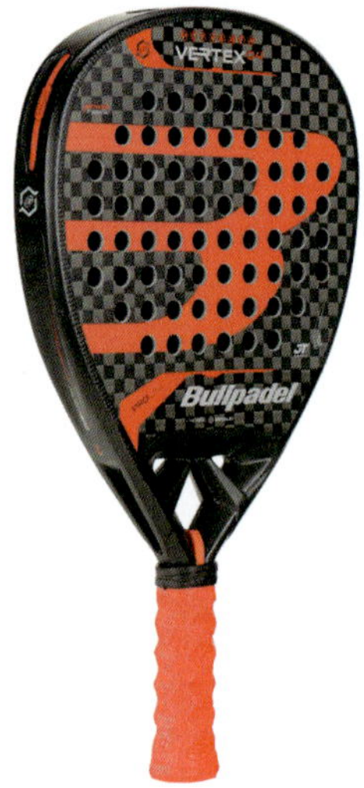

Diamantförmiger Schläger mit angerauhter Oberfläche für Turnierspieler

Viele Padel-Einsteiger kommen aus dem Tennis und sind daher längere Schläger gewohnt, die in klar definierte Schlägergewichtsklassen unterteilt sind. Während Tennisschläger zwischen 260 und 340 Gramm auf die Waage bringen, wiegen Padel-Rackets zwischen 330 und 400 Gramm. Je höher das Schlägergewicht, desto höher auch der Impuls auf den Ball im Treffpunkt. Leichtere Rackets sind einfacher zu manövrieren und erleichtern Anfängern das Erlernen einer stabilen Schlagtechnik. Könner bevorzugen schwerere Schläger, weil sie in der Regel über eine saubere Schwungtechnik verfügen und beim schwereren Racket von der höheren Schlagdynamik profitieren. Für Anfänger geeignete Padel-Rackets sollten unter 370 Gramm wiegen, Rackets mit über 370 Gramm Gewicht eignen sich eher für fortgeschrittene Spieler.

Die Balance des Padel-Rackets

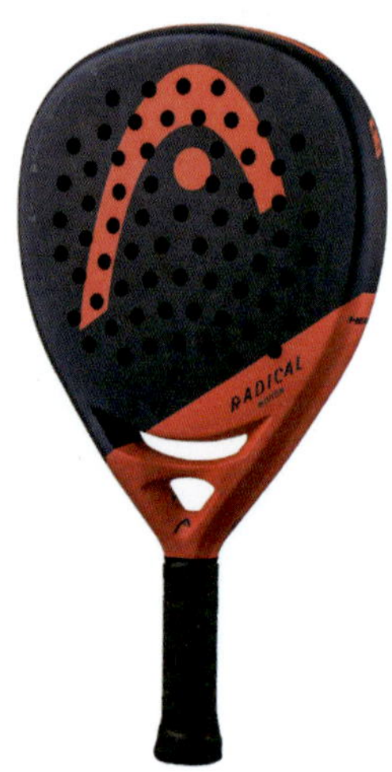

Tropfenförmiges Racket mit Carbonfaser-Schlagfläche

Bei Tennisschlägern ist der Balancepunkt ein wichtiges Kriterium, das bedingt auch beim Padel-Racket zum Tragen kommt. Ein schwererer Schlägerkopf beim Tennis hat zur Folge, dass der Schwung von unten nach oben beschleunigt wird, das verhilft zu mehr Topspin (Vorwärtsrotation des Balls). Die ist aber beim Padel durch die nicht vorhandenen Saiten, die sich beim Aufprall in den Ball krallen, irrelevant. Die Balance beschreibt, an welchem Punkt des Rahmens der Schläger im Gleichgewicht ist, wenn man ihn seitlich (Schläger in der Vertikale) auflegt. Das ist bei Padel-Rackets äußerst schwierig, denn logischerweise ist bei dem kurzen Griff die Schlagfläche schwerer als die Griffeinheit. Viele Schlägerhersteller sparen sich generell Angaben zur Balance. Ist überhaupt auf dem Rahmen eine Angabe dazu vermerkt, dann sind annäherungsweise folgende Parameter aussagekräftig: Unter 260 Millimeter spricht man von niedriger Balance, um die 270 Millimeter ist die Balance neutral und bei über 275 Millimeter sprechen wir von kopflastigen Rackets. Als Faustregel gilt, dass kopflastige Schläger die meiste Power auf den Ball übertragen, aber auch am schwierigsten zu manövrieren sind und vor allem Anfänger zu unsauberen, wenig kontrollierten Schlägen verleiten.

Der Griff des Padel-Rackets

Auch hier ein kurzer Exkurs zur Tennis-Ausrüstung: Tennisschläger werden von den Herstellern grundsätzlich in vier Griffstärken von 1 (105 Millimeter Griffumfang) bis 4 (114 Millimeter Griffumfang) verkauft. Diese Praxis hat sich bislang bei den Herstellern von Padel-Rackets nicht etabliert. Die Schläger der einzelnen Marken werden mit einem Einheitsgriff ausgestattet, der sich eher an der Tennisgriffstärke 1 orientiert. Das liegt zum einen daran, dass Padel grundsätzlich mit einem bevorzugten Griff gelehrt wird, ein permanentes Umgreifen also nicht notwendig ist. Zum anderen erleichtert es die Produktvermarktung erheblich, wenn potenzielle Kunden in puncto Griff keine Wahlmöglichkeit haben. Dennoch ist es auch fürs Padel ratsam, den Griff an die eigene Handgröße anzupassen. Eine ideale, unverkrampfte Führung des Padel-Rackets ist am ehesten möglich, wenn beim umgriffenen Griff des Padel-Schlägers zwischen Handfläche und Fingerkuppen ein kleiner Spalt zu sehen ist, in den der quer eingelegte kleine Finger passt.

Dies wird bei den meisten Rackets auf dem Markt lediglich bei Jugendlichen sowie bei vielen Frauenhänden der Fall sein. Erweist sich der Griff als für die eigene Hand zu klein, lässt sich dies am einfachsten (und günstigsten) mit sogenannten „Overgrips" regulieren, die im Padel- oder Tennishandel für faire Preise erhältlich sind. Mit Overgrip-Bändern lassen sich Griffe auf angenehme Art um Umfang erweitern, wobei sogar das originäre (Leder-)Griffband gut geschützt wird.

Zusammenfassung

Auswahl des geeigneten Padel-Schlägers

Padel-Rackets in runder Form: Einsteiger-Schläger

Den Einstieg in die Padel-Schläger-Auswahl markieren Schläger in runder Form. Sie weisen den größten Sweetspot auf, der sich im Zentrum der Schlagfläche befindet. Die runde Schlägerform erleichtert das Manövrieren des Schlägers, und die grifflastige Balance ermöglicht ein besseres Kontrollieren der Schläge bei guter Fehlerverzeihung.

Padel-Rackets in Tropfenform: Padel-Schläger für Fortgeschrittene

Der Sweetspot dieser Advanced Rackets liegt etwas oberhalb der Schlagflächenmitte. Damit lassen sich schnell, aber dennoch kontrollierte Schläge produzieren. Die Balance dieser Schlägerkategorie ist ausgewogen bis leicht kopflastig. Tropfenförmige Schläger sind für fortgeschrittene Spieler geeignet, aber auch viele Turnierspieler favorisieren sie.

Padel-Schläger in Diamantform: Turnier-Schläger

Ihre ausgeprägte Kopflastigkeit macht den Unterschied: Diese Schlägerkategorie fördert das schnelle Spiel mit aggressiven Volley- und Schmetterbällen. Die sollten allerdings recht präzise getroffen werden, weil die Fehlerverzeihung nicht sehr ausgeprägt ist.

Anmerkung: Wie auch beim Tennis hängt die Wahl des geeigneten Rackets ausschließlich von den eigenen Vorlieben ab. Die hier skizzierte Kategorisierung in Anfänger-, Fortgeschrittenen- und Turnierschläger dient lediglich als Anhaltspunkt. Vor allem versierte Tennisspieler, die Padel als zusätzliche Sportart für sich entdecken, können durchaus auch mit schwereren, kopflastigen Schlägern sehr gut zurechtkommen, da sie bereits viel Erfahrung bei der Schlagausführung und trainierte Schlagarme mitbringen. Dies gilt ebenso für Umsteiger oder Seiteneinsteiger aus anderen Rückschlagsportarten. Generell gilt natürlich auch bei der Padel-Schlägerwahl: Ausprobieren möglichst verschiedener Modelle aus den drei Schlägerkategorien ist die sicherste Methode, den persönlichen Schläger- Favoriten zu finden.

Padel-Schuhe – Hightech-Sohlen für maximale Beweglichkeit

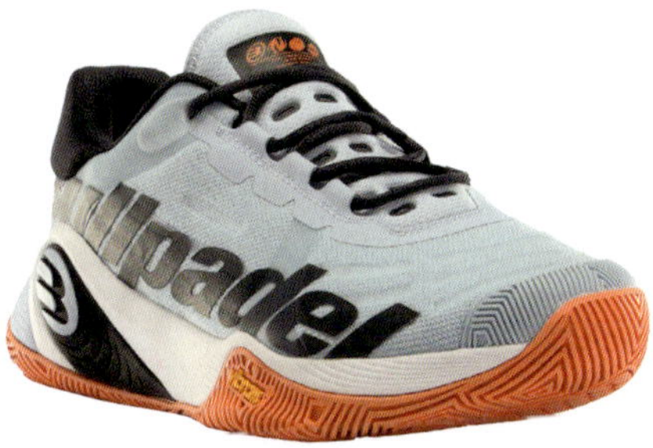

Padel ist eine sehr dynamische Rückschlagsportart, vor allem wird die Laufarbeit auf dem Court geprägt von abrupten Richtungswechseln und antrittsintensiven Spurts. Im Gegensatz zur Dynamik beim Tennis, bei der es um viele lineare Laufstrecken geht, sind die Distanzen auf dem Padel-Court deutlich kürzer, aber wechselhafter. Vor allem das Spiel mit den seitlichen und der hinteren Scheibe erfordert schnelle und exakte Positionswechsel. Zwar entfällt das Hineinrutschen in den Ball, das die Füße von Tennisspielern extrem beansprucht. Aber beim Padel sind es die permanenten Drehbewegungen auf dem Fußballen, die den Füßen außergewöhnliche Agilität abverlangen.

Wer regelmäßig auf dem Padel-Court zu finden ist, der ist mit dem Kauf von speziellen Padel-Schuhen sehr gut beraten. Die meisten Padel-Anfänger packen Tennisschuhe in die Tasche, wenn sie sich zur Padel-Anlage auf den Weg machen. Die sind prinzipiell auch recht gut geeignet für die ersten Übungseinheiten. Allerdings ist das typische Sandplatzprofil oder das eines Tennis-„Allcourt-Schuhs" für die spezifischen Anforderungen eines Tennis-Sandplatzes ausgelegt. Diese Sohlen weisen meist das sogenannte Fischgrätprofil auf, also ein Sohlenmuster mit sich abwechselnden, zur Laufrichtung schräg eingearbeiteten Rillen. Die bewirken, dass der Sandplatzschuh für Vorwärtssprints guten Grip nach vorne vermittelt und auch in seitlicher Richtung stabil auf dem Platz seht.

Beim Padel kommt es vielmehr darauf an, dass der Fuß sich leicht drehen lässt, ohne Bodenkontakt zu verlieren. Hinzu kommt die textile Spielfeldoberfläche, in die zwar auch Sand eingestreut ist, die aber eine höhere Reibung aufweist als die Sandoberfläche des Tennis-Courts. Der Padel-Schuh sollte dem Fuß also sehr viel Bewegungsfreiheit lassen, gut gedämpft sein und über eine Sohle verfügen, die in jeder Situation den nötigen, aber nicht zu viel Grip liefert.

Die richtige Sohle entscheidet über wichtige Zentimeter

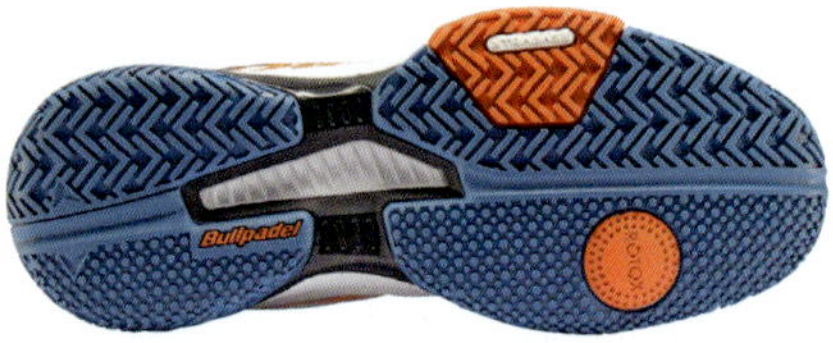

Die Schuhe der reinrassigen Padel-Marken verfügen teilweise über Sohlenkonstruktionen mit besonders exponierten Sohlendetails, die schnelle und präzise Drehbewegungen des Vorderfußes ermöglichen, beispielsweise durch runde Elemente im Ballenbereich. Darüber hinaus setzen aber auch die Padel-Schuhhersteller auf gerillte Profile für den gewünschten Grip auf der Court-Oberfläche bestehend aus textiler Oberfläche und Einstreusand. Diese Sohlenkonstruktionen sind darauf ausgelegt, die schnellen Richtungswechsel beim Padel optimal zu unterstützen. Dabei muss der Fuß mit einem stabilen Schaft stabilisiert werden, um ein zu schnelles Ermüden zu verhindern. Darüber hinaus zeichnet einen Premium Padel-Schuh eine gut dämpfende Sohle aus, die gleichzeitig stabil genug ausgelegt ist, um spontane Sprints optimal zu unterstützen.

Dämpfung beim Padel-Schuh: Ein wichtiges Komfortfeature

Wer mehrmals pro Woche auf dem Padel-Court steht, sollte beim Padel-Schuhkauf auch auf den nötigen Komfort achten. Den spendiert in der Regel eine gut, aber nicht zu gut gedämpfte Zwischensohle. Während die Außensohle für den Grip verantwortlich ist, sorgt die Zwischensohle mit ihren dämpfenden Eigenschaften dafür, dass nicht der Aufprall jedes Schrittes oder jedes Sprunges eins zu eins in den Bewegungsapparat weitergegeben wird. Je mehr dieser Aufprallkräfte die Zwischensohle abfedert, umso länger bleibst Du fit und agil auf dem Court. Aber Vorsicht: Zu viel Dämpfung führt wiederum dazu, dass der Fuß schwammig „hochgefedert" wird und es bei schnellen Schrittfolgen an Präzision mangelt. Daher sind beispielsweise Laufschuhe, die extrem gut gefedert sind, für Padel ziemlich ungeeignet. Die Padel-Schuh-Zwischensohle ist je nach Hersteller als EVA-Zwischensohle konstruiert, also als Dämpfungsschicht, die aus Ethylvinylacetat besteht. Dieses Material hat den Vorteil, Stöße sehr gut abzufedern und dann nach Millisekunden wieder die Ausgangsform anzunehmen. Natürlich ermüdet auch ein solch elastisches Material nach einer gewissen Zeit, aber in der Regel sieht man eher der Außensohle an, wenn es Zeit für einen Schuhwechsel ist.

Padel-Schuhschaft: Obermaterialen von Leder bis Vollsynthetik

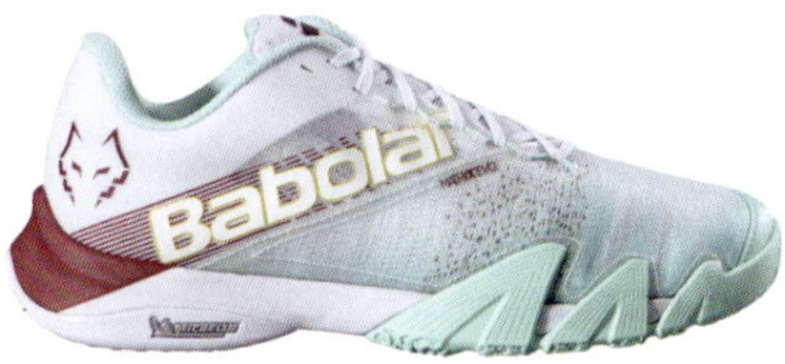

Die Anforderungen an das Schaftmaterial sind der perfekte Mix aus Flexibilität und Halt – klingt wie ein Gegensatz, wird von den Markenherstellern aber sehr gut umgesetzt. Teilweise resultiert der gute Mix aus Halt und Flexibilität aus dem Einsatz unterschiedlicher Schaftmaterialien. Immer noch setzen viele Hersteller auf Glatt- oder Spaltleder als Obermaterial. Das Naturprodukt Leder ist auch für Sportschuhe immer eine gute Wahl. Allerdings haben dem Leder inzwischen zahlreiche Kunststoffmaterialien den Rang abgelaufen. Kunststoffschafte sind leichter bei höherer Stabilität. Für viele Nutzer ist auch die Atmungsaktivität ein wichtiges Feature, daher sind Mesheinsätze und Funktionsmaterialen auch bei der Padel-Schuhherstellung weit verbreitet. Vollkunstsoffschuhe sind in der Regel leichter zu reinigen, sind etwas leichter als Lederschuhe und lassen mehr Feuchtigkeit nach außen. Wasserdichtigkeit spielt ja beim Padel-Schuh keine Rolle, daher hast Du beim Schaft die absolut freie Auswahl.

Tipp: Die richtigen Socken verstärken die positive Wirkung eines guten Padel-Schuhs

Ein guter Schuh kann nur perfekt performen, wenn auch die Socke passt! Eine Tatsache, die erstaunlich viele Sportler vergessen. Auch die Socke übernimmt wichtige Funktionen bei der „Fußausstattung". Beispielsweise gibt es von einigen Herstellern Socken, die über Antirutsch-Elemente verfügen und so dafür sorgen, dass der Fuß im Schuh noch mehr Halt bekommt. Darüber hinaus sind Socken empfehlenswert, die aus einem atmungsaktiven Materialmix bestehen. Diese führen Feuchtigkeit nach außen ab und halten die Füße länger trocken, was dazu beiträgt, Blasen zu vermeiden.

Padel-Schuhe: Die wichtigsten Marken

Wie auch bei Padel-Schlägern und Padel-Bällen haben die großen Tennismarken das Padel-Terrain sehr dominant für sich besetzt. Im Handel gibt es eine reichhaltige Auswahl an Schuhen von adidas, Babolat, Head, K-Swiss, Nike, Asics, WILSON, FILA und Lotto. Aber auch Marken, die sich rein auf Padel spezialisiert haben, finden immer mehr Fans unter den Padel-Spielern. Das Label Munich beispielsweise ist seit 1939 als Sportschuhhersteller aktiv und hatte sich ursprünglich auf Fußballschuhe spezialisiert. Auch wenn der Name auf ein deutsches Unternehmen schließen lässt, ist Munich ein spanischer Hersteller mit einer umfassenden Modellpalette. Auch der Hersteller Nox ist im Padel-Land Spanien beheimatet und stellt neben Schlägern und Bekleidung auch speziell designte Padelschuhe her. Als drittes spanisches Unternehmen präsentiert sich Bullpadel mit einer kompletten Padel-Kollektion, in der auch Hightechschuhe für den Padel-Sport zu finden sind. Neben den coolen Styles zeichnen die Bullpadel-Schuhe sehr stabile Schäfte aus, die für ein Maximum an Halt und Stabilität stehen.

Interview

Padel-Schuhexperte Gaston Streiger

Wir haben mit Gaston Streiger einen ausgewiesenen Padel-Schuhexperten befragt, was einen guten Padel-Schuh ausmacht. Gaston Streiger ist in Deutschland, Österreich und der Schweiz für den Aufbau des spanischen Kultlabels Bullpadel als Padel-Marke zuständig und ist permanent in die Weiterentwicklung der Bullpadel-Schuhe eingebunden. Gaston Streiger zur Padel-Schuh-Entwicklung bei Bullpadel:

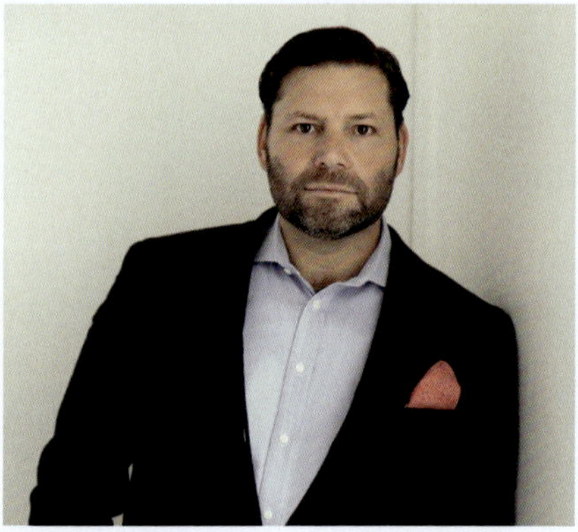

Gaston Streiger

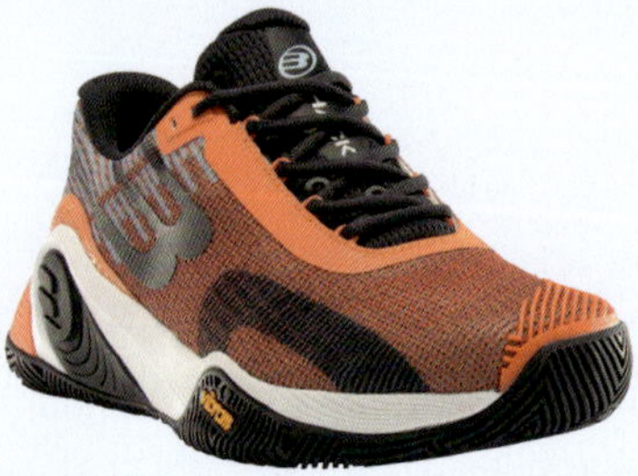

„Wie richtig beschrieben wurde, sind die drei wichtigsten Elemente eines Padel-Schuhs die Sohle, die Dämpfung und der Schaft. Für die Entwicklung und das Design aller Bullpadel-Produkte beteiligen wir nicht nur die besten Speziallisten,

sondern wir benutzen die Erfahrung, die wir mit den mehr als 1.900 Spielern machen, die als Markenbotschafter in der ganzen Padel-Welt mit unseren Produkten spielen. Das erlaubt uns viele Terabytes an Daten zu generieren, und nicht nur auf dem höchsten Niveau, wo wir von den Top-30-Spieler:innen 15 mit Bullpadel ausstatten.

Unsere Sohlen sind in zwei Hälften aufgeteilt – innen und außen. Im Außenbereich, das ist die Fläche, die wir beim Schlag aufsetzen und belasten, finden wir auch die Fischgräten. Im Innenbereich, das ist die Fläche, die wir nutzen, wenn wir kurze Sprints machen müssen, haben wir kleine Noppen, die uns den besten Grip bei diesen Bewegungen geben. Und jetzt kommen wir zu den Drehungen, die wir beim Spielen an den Wänden machen müssen. Wir haben vor vier Jahren den ROTOX eingeführt. Diese runde Fläche im Innenbereich der Sohle (in der Höhe des Fußballens), die wir benutzen, wenn wir uns drehen, unterstützt uns bei der Drehung und vermeidet so Knie- und Knöchelverletzungen.

Den nächsten „Schritt" haben wir vor zwei Jahren zusammen mit der führenden Marke im Thema Schuhsohlen und Beständigkeit, Vibram, gemacht. Mit dem Vibram-Entwicklungsteam haben wir alle Bewegungen auf dem Padel-Platz analysiert zusammen mit der Entwicklung der Spieloberflächen. So haben wir unsere „Top of the Line"-Sohlen auf den Markt gebracht, wo nicht nur Agilität, Sicherheit und Performance geleistet werden, sondern auch Nachhaltigkeit. Diese Sohlen halten auch höchster Beanspruchung stand."

Die Bälle für den Padel-Sport

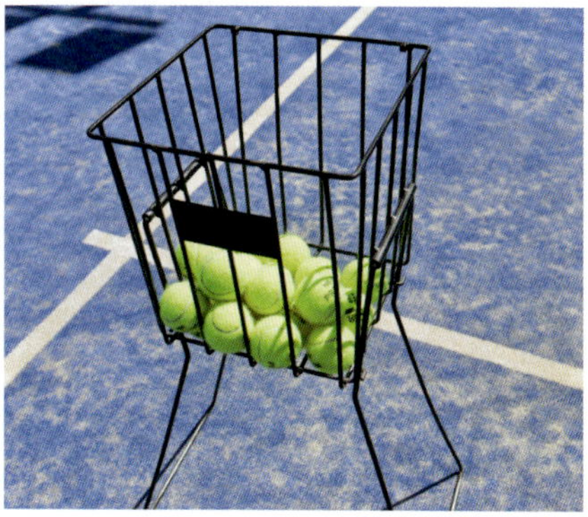

Rein äußerlich ist zwischen Tennisbällen und Padel-Bällen kaum ein Unterschied festzustellen. Allerdings unterscheiden sich die Bälle in Details spürbar voneinander, vor allem was das Sprungverhalten angeht. Vom Weltverband FIP für Turniere zugelassene Padel-Bälle müssen einen Durchmesser von 6,35 bis 6,67 Zentimeter (zum Vergleich der

Tennisball: 6,54 bis 6,86 Zentimeter) aufweisen. Als Wettkampfgewicht sind 56 bis 59,4 Gramm vorgeschrieben (zum Vergleich der Tennisball: 56,7 bis 58,5 Gramm).

Der Druck des Padel-Balls ist geringer als der im Tennisball. Er entspricht in etwa dem Druck der sogenannten „Stage"-Bälle beim Tennis, die für das Jugendtraining und für Kinder- und Jugendturniere eingesetzt werden. Des Weiteren schreibt das Reglement vor, dass die Sprungkraft mindestens 135 bis 145 Zentimeter betragen muss, wenn der Ball aus einer Höhe von 2,54 Meter fallen gelassen wird und auf dem Court aufspringt.

Durch den geringeren Druck und die textile Spieloberfläche halten Padel-Bälle etwas länger als ihre Tennis-Pendants. Denn je höher der Innendruck, desto schneller entweicht er auch durch Mikrorisse in der Kautschuk-Kugel unter dem Filz. Bei offiziellen Turnieren entscheidet der Turnierveranstalter, in welchem Takt die Spielbälle gegen neue ausgetauscht werden müssen, der Weltverband hat dafür keine generelle Regel definiert (im Vergleich: Bei ATP-Tennisturnieren werden die Bälle nach sieben Spielen durch neue ersetzt).

Padel-Ball-Verschleiß bei Amateuren und Anfängern

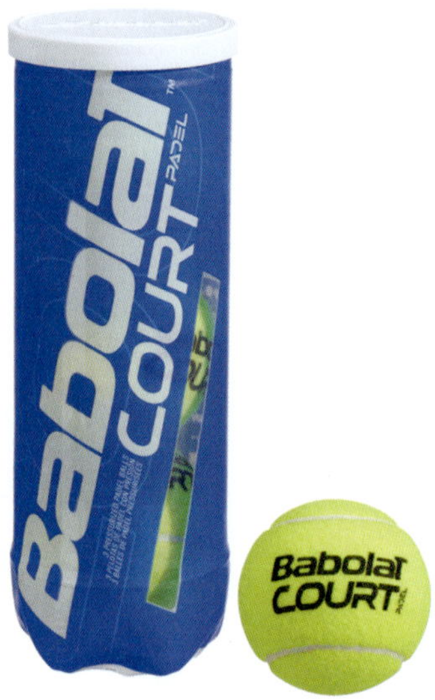

In der Regel halten Padel-Bälle bei durchschnittlicher Beanspruchung für etwa zehn Spielstunden annähernd ihren Druck. Danach sollten sie gegen neue Bälle ersetzt werden. Alle renommierten Tennismarken haben inzwischen Padel-Bälle im Angebot, dazu gibt es auch Bälle von den reinrassigen Padel-Marken wie Bullpadel, Nox, Varlion oder Siux. Inzwischen tauchen vereinzelt auch Ausrüstungsangebote bei Discountern auf, die ebenfalls Padel-Bälle anbieten. Wie auch bei Tennisbällen sinkt die Haltbarkeit von Padel-Bällen spürbar, wenn sie nass werden – vor allem, wenn sie nach dem Spiel im Regen im nassen Zustand in der Tasche bleiben. Im Gegensatz zum Tennis werden Padel-Bälle für gewöhnlich in vakuumierten Dreierdosen verkauft. Um den Druck möglichst lange konstant zu halten, empfiehlt es sich, eine neue Balldose erst unmittelbar vor dem ersten Einsatz zu öffnen. Noch ein Wort zur Entsorgung: Padel-Bälle (wie auch Tennisbälle) gehören in den Restmüll, da sie als Problemabfall gelten. Viele Anlagen bieten inzwischen Recyclingboxen an, die gebrauchte oder ausrangierte Padel-Bälle einer Wiederverwertung - beispielsweise für die Herstellung von Spielflächen - zugeführt werden.

Padel-Taschen: Tennistaschen in small

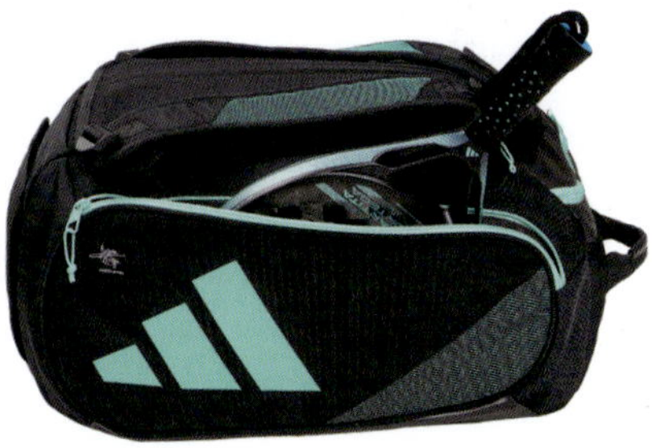

Taschen für den Padel-Sport sehen aus wie Miniatur-Tennistaschen und vor allem die Turniertaschen sind im Design der Schlägerform nachempfunden. Die renommierten Hersteller bieten Padel-Taschen an, die mit mehreren Hauptfächern ausgestattet sind, von denen eines dem oder den Schlägern vorbehalten ist. Oft weist dieses Schlägerfach auf der Innenseite eine Klimabeschichtung auf, um die Schläger vor zu großen Temperaturschwankungen zu schützen. Diese Idee stammt von der Tennistasche, wobei dieses Feature für Tennisschläger verständlicher ist, weil in diesem „Klimafach" die empfindlichen Saiten geschont werden. Aber auch die Padel-Rackets sind hochwertige Sportgeräte, die auf keinen Fall lange in der prallen Sonne liegen sollten. Rückentrage-Systeme sind auch weit verbreitet, so kann die Padel-Tasche bequem als Rucksack zum nächsten Training oder Turnier getragen werden.

Viele Padel-Spieler bevorzugen kompaktere Rucksäcke, die auch bei allen großen Herstellern zum Sortiment gehören. Die größeren Taschen sind ideal für Sportler, die grundsätzlich viel Ausrüstung, Getränke und Duschausstattung mit sich führen. Minimalisten greifen eher zum Rucksack.

Padel-Textilien – Funktionsfasern und frische Optik sind angesagt

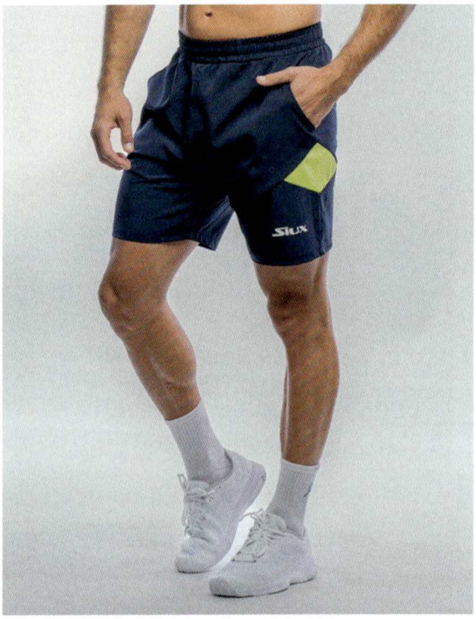

Als deklarierte Trendsportart ist Padel zwar als Rückschlagsportart für einen großen Altersquerschnitt attraktiv, aber auffällig ist auf gut frequentierten Anlagen der große Anteil jüngerer Padel-Spieler in den 1920er- und 1930er-Jahren – wogegen viele Tennisvereine genau in dieser Altersrange über Mitgliedermangel klagen. Das beeinflusst auch die Hersteller von Padel-Textilien. Die Schnitte sind sportiv, die Farben intensiv und die Materialien innovativ. Funktionsfasern haben alle Hersteller im Programm für ihre Röcke, Shorts und Shirts. Diese Fasern sorgen für einen guten Feuchtigkeitstransport vom Körper weg und verhindern, das bei hochsommerlichen Matches die Kleidung nass am Körper klebt; zudem trocknen Bekleidungsteile aus atmungsaktiven Materialien deutlich schneller als etwa Bekleidung aus Baumwolle oder anderen Wollfäden wie Merinowolle.

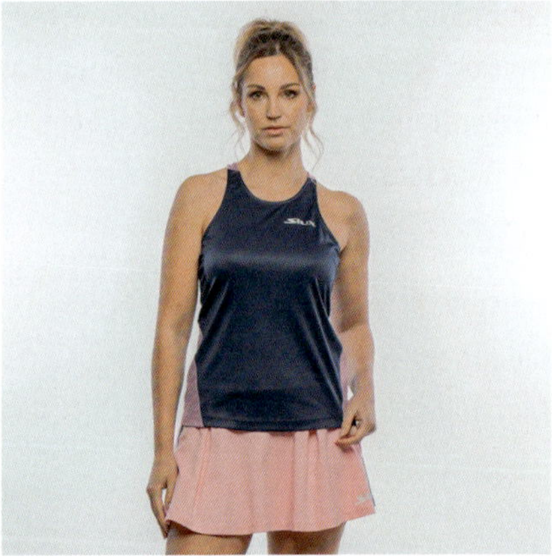

Tipp für Padel-Neulinge: Ob Rock, Shorts oder Tights, die Beinbekleidung sollte auf jeden Fall mit einer reißverschlusslosen Tasche für Bälle ausgestattet sein. Es ist Usus, beim Aufschlag den Ball für den eventuellen zweiten Versuch sofort griffbereit zu haben, damit sich durch das Bällesammeln nach dem ersten Fehlversuch keine zu lange Pause ergibt. Aber es gibt natürlich auch andere Arten des Ballverstauens, besonders bei den Damentextilien haben die Hersteller clevere Lösungen im Angebot, beispielsweise durch Tights, die unter dem Damenrock getragen werden und mit Balltaschen ausgestattet sind.

6.2 DIE WICHTIGSTEN PADEL-MARKEN

Neben den etablierten Tennismarken, von denen die meisten schon lange als Padel-Vollsortimenter erfolgreich sind, haben auch reine Padel-Marken in der Community große Fangemeinden – etliche von ihnen aus Spanien. Im klassischen Sportfachhandel sind Ausrüstungsgegenstände für den jungen Trendsport eher sporadisch präsentiert. In den größeren Padel-Anlagen betreiben die Inhaber teilweise ein Zusatzgeschäft durch den Verkauf von Markenartikeln. Padel-Equipment wird hauptsächlich online vermarktet. Hier ein Überblick über die derzeit wichtigsten Marken zur Orientierung für den Ausrüstungskauf.

adidas

Der deutsche Sport-Weltkonzern hat vor wenigen Jahren Padel-Schläger in sein Sortiment aufgenommen, um den Trend nicht vorbeiziehen zu lassen. Adidas ist überdies auch im Courtbau aktiv. Die Rackets sind bei fortgeschrittenen Spielern sehr beliebt, da sie zu den ausgesprochen dynamischen Rackets gehören. Speziell für Padel stellt adidas auch Taschen her, bei Schuhen und Textilien befinden sich aktuell (Stand April 2024) ausschließlich Produkte im Padel-Sortiment, die fürs Tennis entwickelt und designt worden sind. Es bleibt abzuwarten, ob und wann adidas auch in diesen Bereichen mit Neuentwicklungen auf den Markt kommt. Adidas stattet (alle Ausrüster-Angaben Stand Juli 2024) die Topathlet:innen Marta Ortega und Alejandro Galan aus.

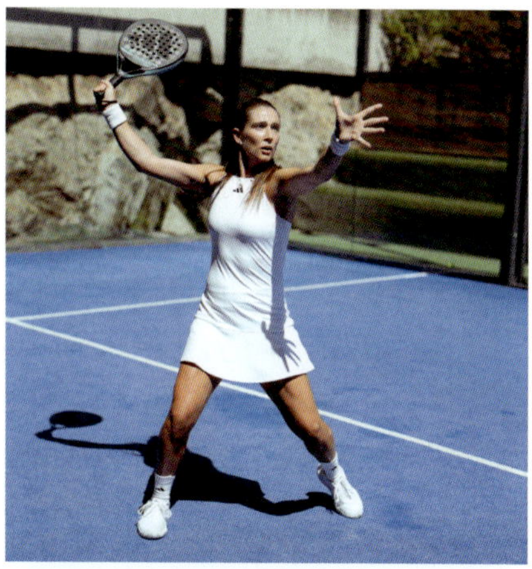

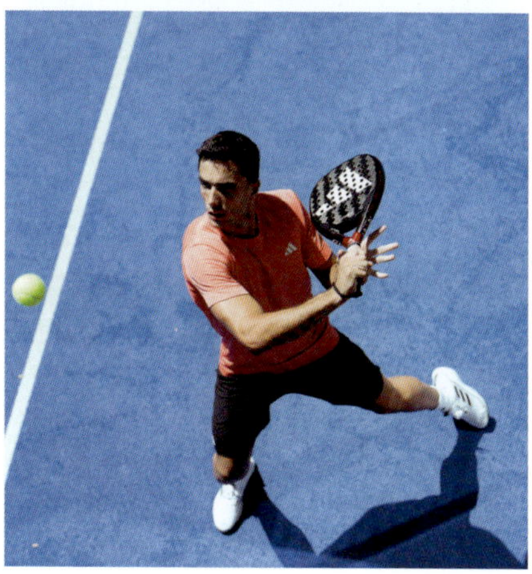

HEAD

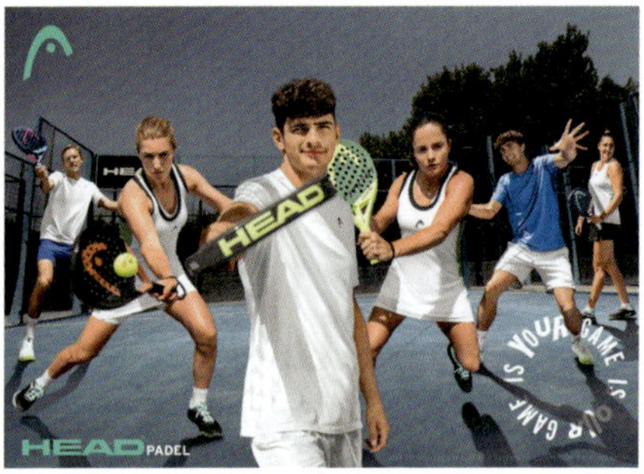

HEAD gehört zu den ganz großen Tennismarken und ist auch seit Jahren bereits mit Padel-Schlägern erfolgreich. Unter anderem ist HEAD auch Ausrüstungspartner des Deutschen Padel Verbandes und hat viele Spielerinnen und Spieler mit Ausrüstungsverträgen ausgestattet. HEAD präsentiert sich als Vollsortimenter, auch Padel-Schuhe mit speziell für die Bedingungen auf dem Padel-Court entwickelten Sohlen sind erhältlich. Bei HEAD ist Top-Ten Spieler Arturo Coello unter Vertrag.

Babolat

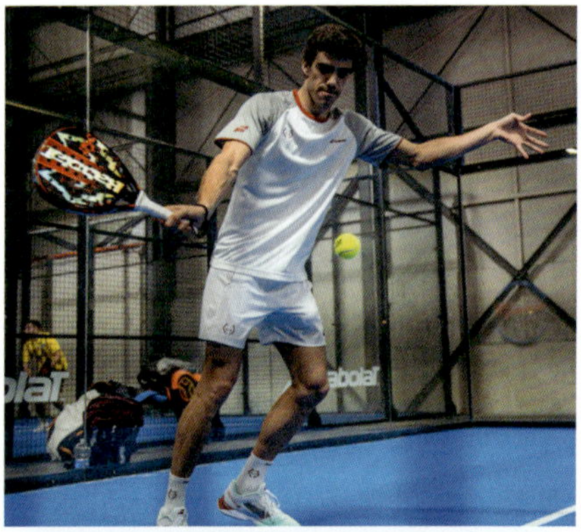

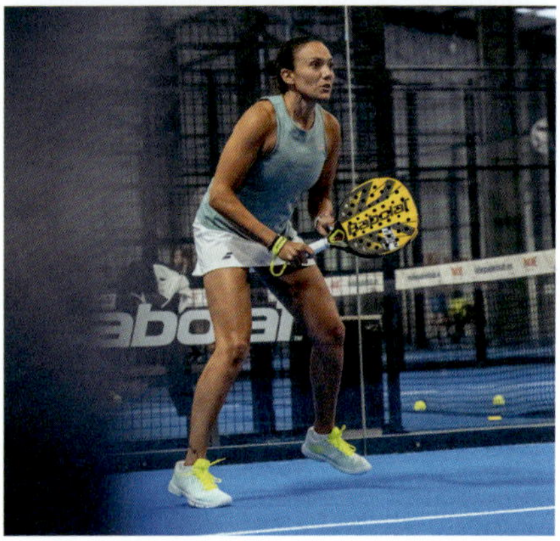

Die französische Marke Babolat gilt als Erfinder der Tennissaite, bereits 1875 wurde die erste aus Naturdarm gedrehte Saite zum Patent angemeldet. Als Tennismarke gehört Babolat zu den Top fünf, unter anderem der Ausnahme-Star Rafael Nadal gehört zu den wichtigsten Botschaftern des Labels. Auch Babolat ist Vollsortimenter mit einer erstaunlich umfangreichen Schuhauswahl. Auch für die Babolat-Padel-Schuhe wurden eigene Sohlen entwickelt, die sich stark von den Sohlen der Tennisschuhe unterscheiden. Babolat ist Ausrüster der Weltranglisten-Stars Virginia Riera und Juan Lebron.

WILSON

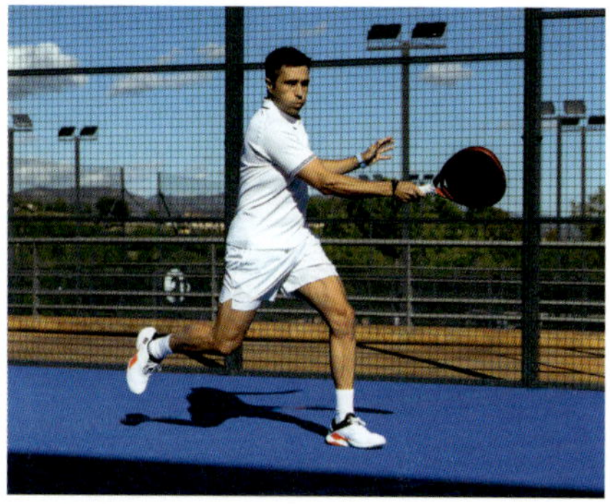

WILSON ist im Tennis die derzeit prominenteste Schlägermarke. Auch Padel-Equipment stellt der US-Konzern bereits seit langer Zeit her, wobei die Rackets mit denselben Seriennamen daherkommen wie die Tennisschläger. Auch WILSON ist Vollsortimenter inklusive speziell entwickelter Padel-Schuhe mit besonders drehfreudigen Sohlen. Bälle, Taschen und Textilien sind von hoher Qualität und in gefälligen Designs erhältlich. WILSON hat für den Ausnahme-Padel-Athleten Fernando „Bela" Belasteguín eine komplette Ausrüstungsserie und den zurzeit charismatischsten Spieler der Welt als Botschafter in der Vermarktung.

Bullpadel

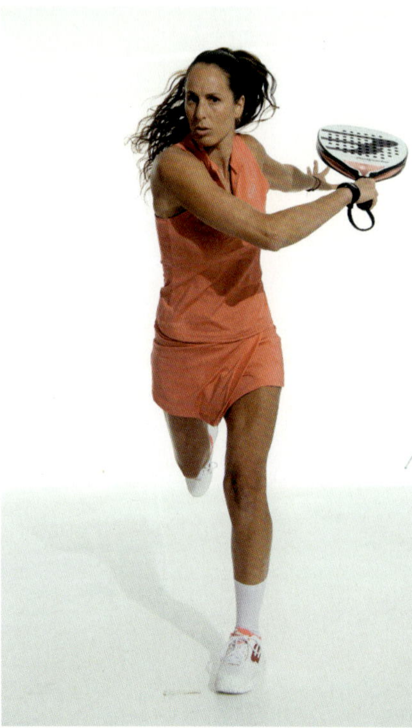

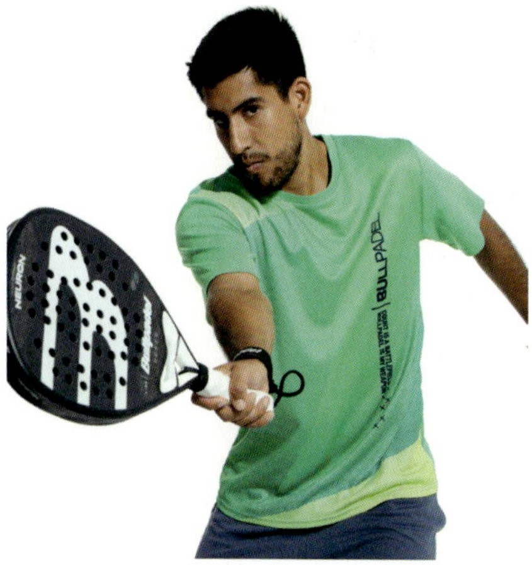

Das spanische Label gilt derzeit als stärkste Padel-Marke weltweit und ist nach eigener Aussage in mehr als 34 Ländern mit seinen Produkten präsent. Dazu werden über 2.500 Verkaufsstellen beliefert. Vom Gesamtumsatz entfallen

20 Prozent auf Onlineverkäufe; das zeigt, wie stark der stationäre Handel in der Sportart Padel positioniert ist. Bullpadel gehört zu Aguirre y Cía, einem spanischen Sportmarkenkonzern mit Hauptsitz in Madrid, wo 180 Mitarbeitende für die insgesamt 20 Sportmarken des Unternehmens arbeiten. Bullpadel offeriert derzeit das umfangreichste Sortiment aller Padel-Marken mit über 20 Schlägermodellen und einer speziell entwickelten Schuhkollektion. Dazu gibt es Bälle, Taschen und Textilien in frischer Optik und sehr guter Qualität. Für Bullpadel sind die Top-Ten-Athleti:nnen Gemma Tray und Federico Chingotto die wichtigsten Markenbotschafter.

Siux

Der spanische Hersteller Siux wurde 2012 als reines Padel-Label gegründet. Seit 2015 werden die bei Topspielern wie Freizeitspielern beliebten Rackets in einer eigenen Fabrikation in Spanien hergestellt. Ab 2017 expandierte das Label dann weltweit und begann, Ausrüsterverträge mit Weltklasse-Athleten im großen Stil zu schließen. Seit 2021 ist Siux Ausrüster des spanischen Padel-Verbandes. Kernprodukte sind bei Siux nach wie vor Padel-Schläger. Schuhe sind im Sortiment nicht zu finden. Allerdings gibt es neben den Schlägern ein großes Sortiment an Textilien und Taschen sowie modische Accessoires. Mit der Ausrüstung von Siux sind Patty Llaguno und Franco Stupaczuk in der Weltrangliste auf Erfolgskurs.

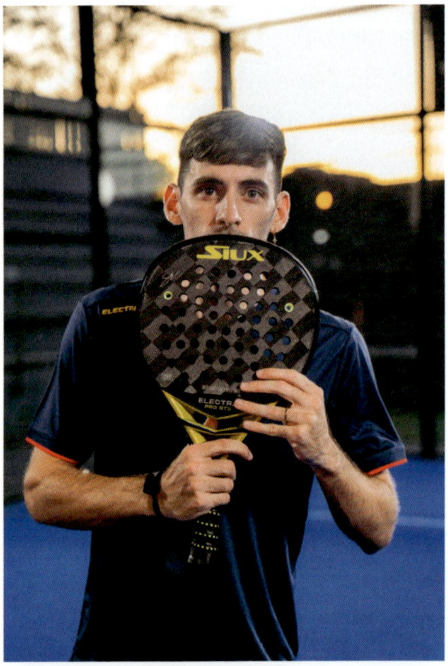

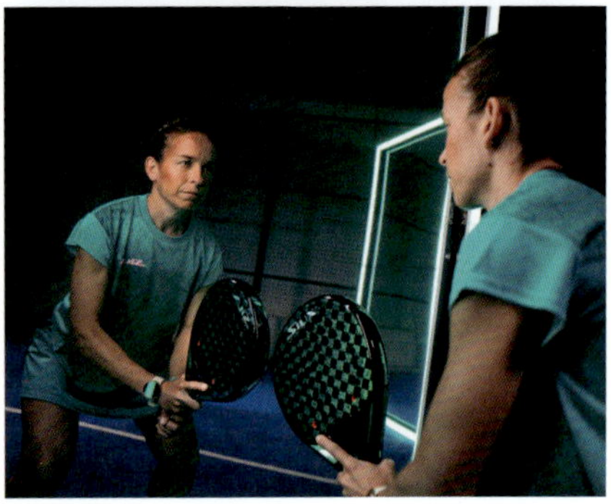

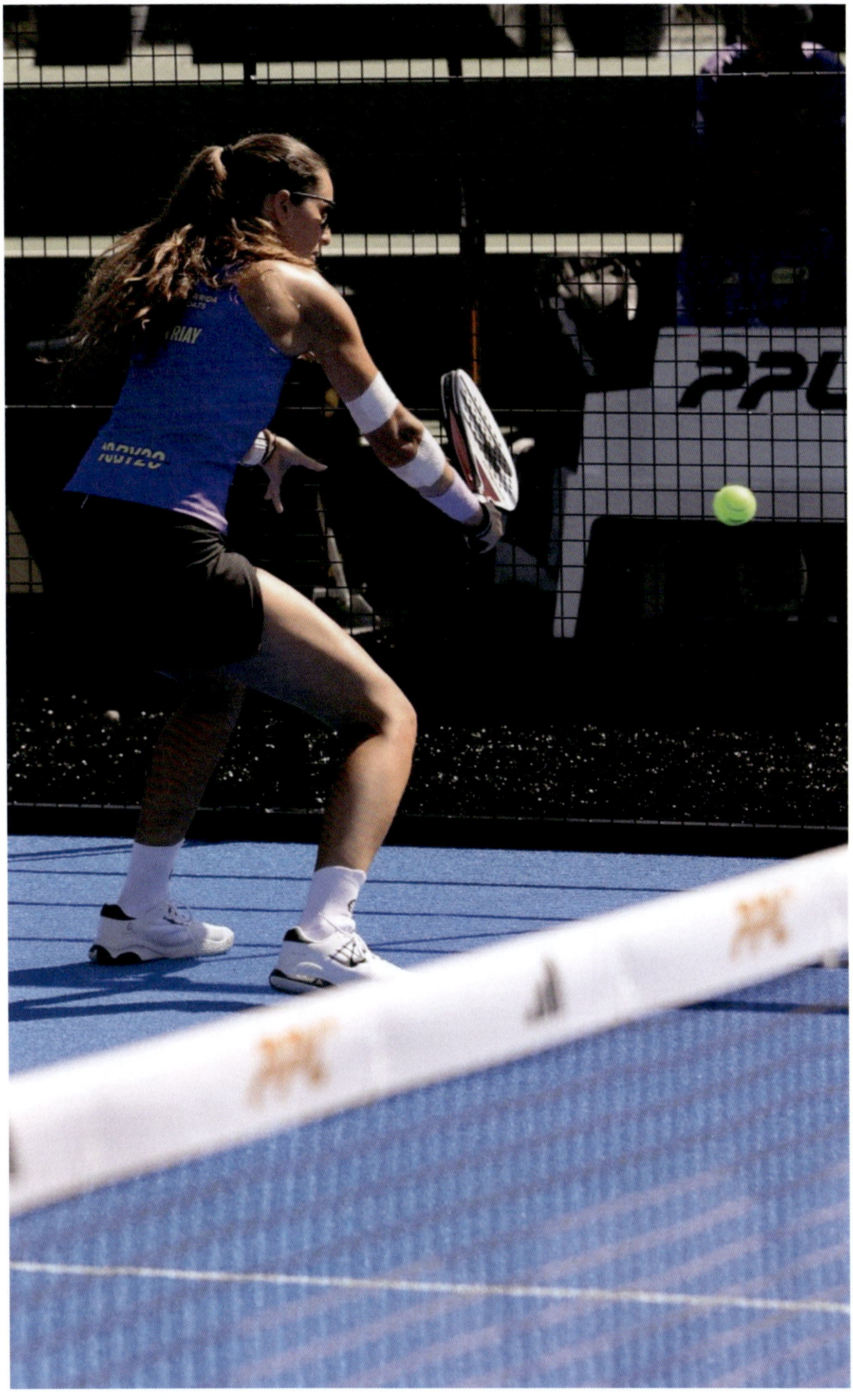

7

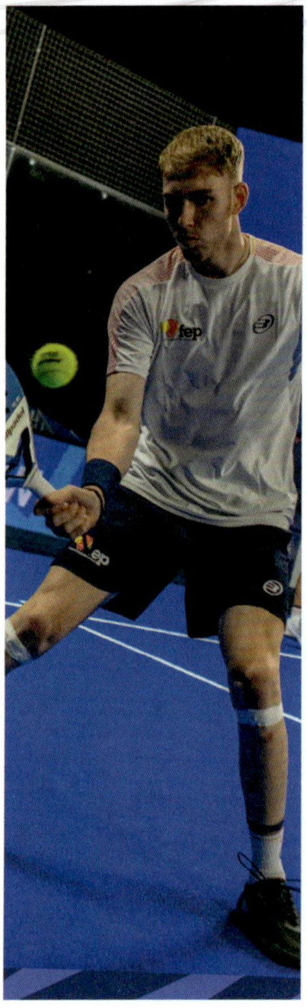

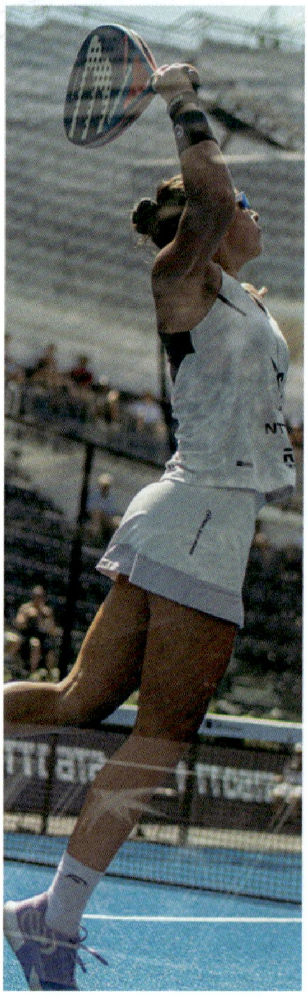

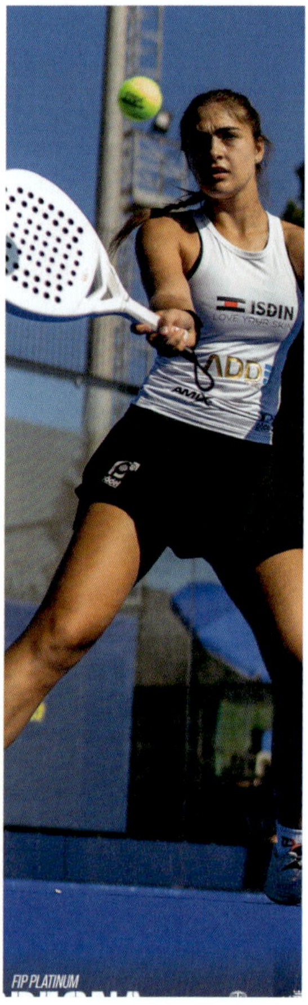

7 DIE TECHNIK

(VON ANDREAS EHSTAND UND CHRISTIAN BONK)

7.1 EINFÜHRUNG

Die Padel-Technik: Nah am Tennis und doch sehr anders und komplex

Die Padel-Technik enthält viele Elemente aus dem Tennis-Sport, da Padel ja eindeutig seine Wurzeln auch im Tennis hat. Vorhand, Rückhand, Volley und Schmetterball sind Schläge, die im Tennis ebenso das Spiel ausmachen wie auf dem Padel-Court. Zunächst fühlt sich ein Tennisspieler auf dem Padel-Court sehr wohl, weil er vermeintlich die grundlegende Schlag-Klaviatur für das erfolgreiche Padel-Spiel zu beherrschen glaubt und sich „lediglich" an die Scheiben und die subjektiv als beengt empfundenen Verhältnisse sowie den kurzen Schläger gewöhnen müsse. Der Aufschlag von unten ist im Tennis zwar als „unfaire Überraschungs-Unart" verpönt, kommt aber durchaus vor. Und in einem Punkt haben Tennisspieler bei ihren ersten Padel-Versuchen Recht: Mit einer reinen Tennistechnik lassen sich auch Padel-Bälle so spielen, dass schnell ein halbwegs spannendes Match zustande kommt. Nicht selten stellt sich bei tennisspielenden Padel-Neulingen sogar eine Art Überheblichkeit ein, ganz nach dem Motto: „Was immer auch reine Padelleros mit ihren kurzen Schlägern veranstalten: Mit meiner Tennis-Technik bin ich bei jedem Schlag technisch wie dynamisch überlegen." – *ein krasses Fehlurteil!*

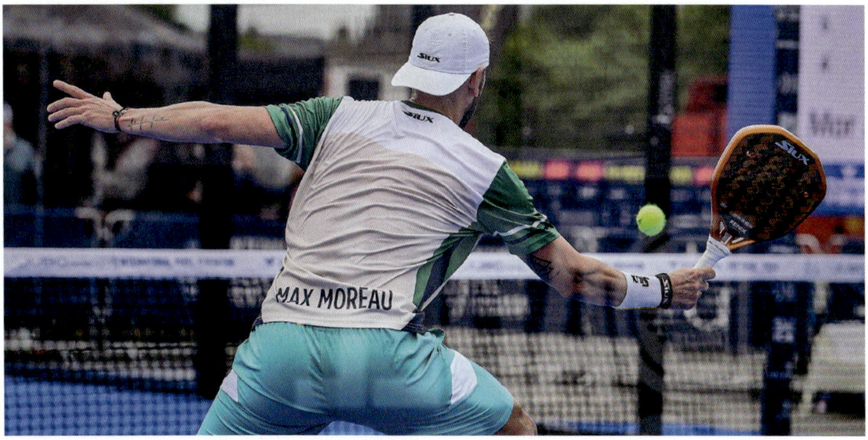

Diese voreilige Annahme löst sich spätestens dann in Luft auf, wenn das erste Match mit geübten Padelleros ansteht. Denn bis auf die Benennung, die grundsätzliche Flugrichtung des Balles (ohne Scheibe!) und auch die prinzipiellen Schlagarten von Vorhand, Rückhand, Volley, Lob und Smash reden wir hier von völlig eigenständigen Sportarten und gänzlich unterschiedlichen Schlagtechniken wie -taktiken.

Das Glas im Padel-Spiel hat auch deutliche Auswirkungen auf die technische Ausführung der Schläge. Anhand der zwölf in diesem Kapitel exemplarisch beschriebenen Padelschläge, bei denen zwei erfahrene und erfolgreiche Athleten mit grundständig in Spanien erlernter individueller Padel-Technik die Schläge ausgeführt haben, wird vor allem Tennisspielern klar, dass die erfolgversprechende, von Padel-Profis von der Pike auf gelernte Padel-Technik ein deutliches Umdenken und Umlernen erfordert, um auch nur ansatzweise mit guten Padelleros (die nie Tennis spielten) konkurrieren zu können. Dies erkennt man nicht zuletzt an der Padel-Weltrangliste, in der die deutsche Spitze bei Weitem (noch) nicht auf den ersten Rängen zu finden ist! Padel-Neulinge ohne Tennis-Background erlernen eine Technik, die ihnen auf dem Tennisplatz allenfalls beim Einstieg hilft, sie aber keineswegs automatisch zu passablen Tennisspielern macht.

Beeinträchtigen sich Tennis- und Padel-Technik gegenseitig oder gibt es Synergieeffekte?

Zur Beantwortung dieser Frage gibt es bislang weder ausreichende bewegungswissenschaftliche Analysen noch statistisch belastbare Werte, um diese fundiert darstellen zu können. Allerdings gibt es zahlreiche zunächst „gelernte Tennisspieler", die beide Sportarten parallel betreiben und zwischen den Technikansätzen problemlos switchen können. Wir haben zu dem Thema kompetenten Rat eingeholt und mit einem Ex-Tennis-Profi gesprochen, der inzwischen leidenschaftlich Padel spielt und auch als Padel-Coach unterwegs ist: Emilio Benefele Alvarez. Die ehemalige Nr. 81 der ATP-Weltrangliste im Herrentennis war von 1989 bis 2005 auf der Tour und hat Profimatches gegen Größen wie Boris Becker, Cedric Pioline und Alex Corretja bestritten.

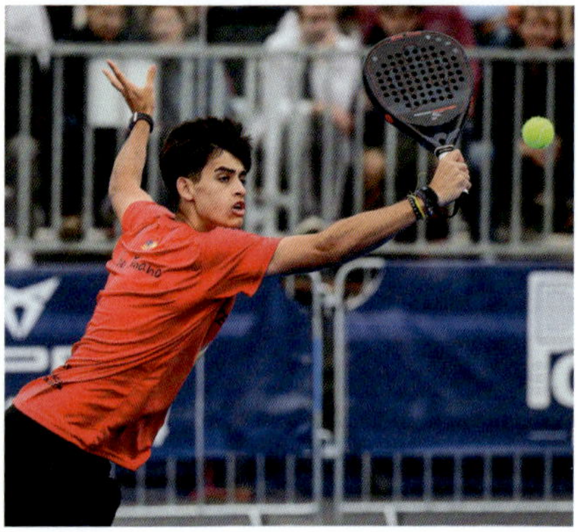

Emilio spielt bereits seit Jahren leidenschaftlich Padel und ist inzwischen auch als Padel-Coach erfolgreich. Seiner Ansicht nach ist für einen Tennisspieler, der über eine ausgereifte Tennis-Technik verfügt, Padel sogar eine Bereicherung: „Wer Tennis mit der richtigen Technik erlernt hat, wird vom gelegentlichen Padel sogar profitieren. Das liegt vor allem daran, dass Du beim Padel sehr viel Slice und Volley spielst, beides brauchst Du im Tennis ebenfalls. Einen guten Trainingseffekt bringt auch die Tatsache mit sich, dass Padel-Rackets mit 340 bis 400 Gramm Gewicht deutlich schwerer sind als Tennisschläger. Das führt dazu, dass die kurzen Bewegungen für einen gezielten Volley oder eine Return-Rückhand als Slice ausgeführt die Technik stabilisieren, weil einfach mehr Gewicht zu kontrollieren ist. Auch die anderen Schläge, die im Padel wichtig sind, finden im Tennis Verwendung. Lobs, Dropshots oder Überkopfbälle lassen sich im Padel mit der erlernten Tennistechnik sehr gut anwenden."

Zum Verständnis: Einige technische Fachbegriffe im Padel

Die Tennisherkunft hat natürlich auch das Padel-Vokabular geprägt. Die Schläge und ihre Bezeichnungen sind ja auch in anderen Rückschlagsportarten gebräuchlich. Vorhand, Rückhand, Volley, Aufschlag und Schmetterball bedürfen keiner Erklärung. Aber spätestens für die Bezeichnungen der Ball-Rotation, die durch eine bestimmt Schlagtechnik auf den Ball übertragen wird, fassen wir im folgenden Glossar die Begriffe für die wichtigsten Spezialschläge zusammen. Die Beschreibungen der Begriffe dienen rein anschaulichen Zwecken und erheben keinen Anspruch auf Vollständigkeit. Sie kommen auf den folgenden Seiten des Technik-Kapitels sowie später auch des Taktik-Kapitels regelmäßig vor.

Backspin und Slice: Rückwärtsrotation des Balles, wird erreicht durch eine leicht geöffnete Schlagfläche und/oder einen Treffpunkt des Balles unterhalb des Ballmittelpunkts und die entsprechende Kraftübertragung. Der seitliche Betrachter sieht also einen Ball, der sich „von unten nach oben nach hinten entgegen der Flugrichtung" dreht.

Sidespin: Ein seitlich geschnittener Ball (häufig mit einer „Brise" Slice oder Topspin; siehe oben), der eine Mischung aus Rückwärtsrotation und seitlicher Rotation (Spin) auf den Ball überträgt. Im Padel gibt es teils sogar Schläge, die den Ball fast nur seitlich rotieren lassen. Diese Spinvariante ist einerseits oft am eindrucksvollsten, andererseits im Rückschlagsport auch am seltensten und deswegen ist sie für Anfänger nicht einfach zu erlernen.

Topspin: So bezeichnet man Schläge, bei denen der Schläger die zum Ballspielenden gewandte Ballseite von unten nach oben touchiert und deren Kraft nicht durch den Ballmittelpunkt geht, sondern leicht vertikal daran vorbei, sodass der Ball sich durch diesen entsprechenden Treffpunkt nach vorne dreht. Der Gegenspieler sieht also einen Ball, der aus seiner Sicht eine Rotation von oben nach unten zu ihm hin aufweist. Der seitliche Betrachter sieht entsprechend einen Ball, der sich „von oben nach unten nach vorne in Flugrichtung" dreht.

Dropshot: Ein kurz hinters Netz und oft vor die Füße gespielter Ball, meist mit Rückwärtsdrall gespielt, um den Gegner damit zu überraschen. Der Dropshot wird auch als Stoppball bezeichnet. Dieser Begriff wird in Rückschlagsportarten gelegentlich ebenso anderweitig verwendet.

Lob: Ein häufig eher gerade oder mit leichtem Slice gespielter Ball mit hoher Flugbahn, um Netzspieler damit zu überspielen oder sie zumindest zu einem schwierigen Smash zu zwingen und Zeit zu gewinnen.

Smash: Ein oft stark angeschnittener, gut platzierter und manchmal hart geschlagener Ball von oben als Antwort auf einen Lob oder allgemein zu hoch gespielten Ball mit teils steil sinkender Flugbahn ins gegnerische Feld, der häufig über oder im Padel auch neben oder vor dem Kopf gespielt wird.

Kick-Smash: Eine Variation des Überkopfballs, bei dem durch die Schlagtechnik sowie insbesondere die Pronationsbewegung (schnelle spezielle Drehbewegung) des Unterarms ein leicht seitlicher starker Vorwärtsdrall erzeugt wird, der den Ball auf dem Boden oder an der Scheibe hoch abspringen lässt.

Hammergriff: Der senkrecht gehaltene Schläger wird „von oben" gegriffen wie ein Hammer. Im Padel gibt es diverse Griffvariationen des eigentlichen Hammergriffs, bei denen der Schläger in verschiedenen leicht abgeänderten Winkeln - je nach der gewünschten Schlagwirkung - gegriffen wird.

Winner: Als Winner wird ein Schlag bezeichnet, der zum direkten Punktgewinn führt, weil das gegnerische Team den Ball nicht zurückschlagen kann oder er unerreichbar aus dem Court fliegt. Umgangssprachlich wird auch davon gesprochen, den Ball zu „töten".

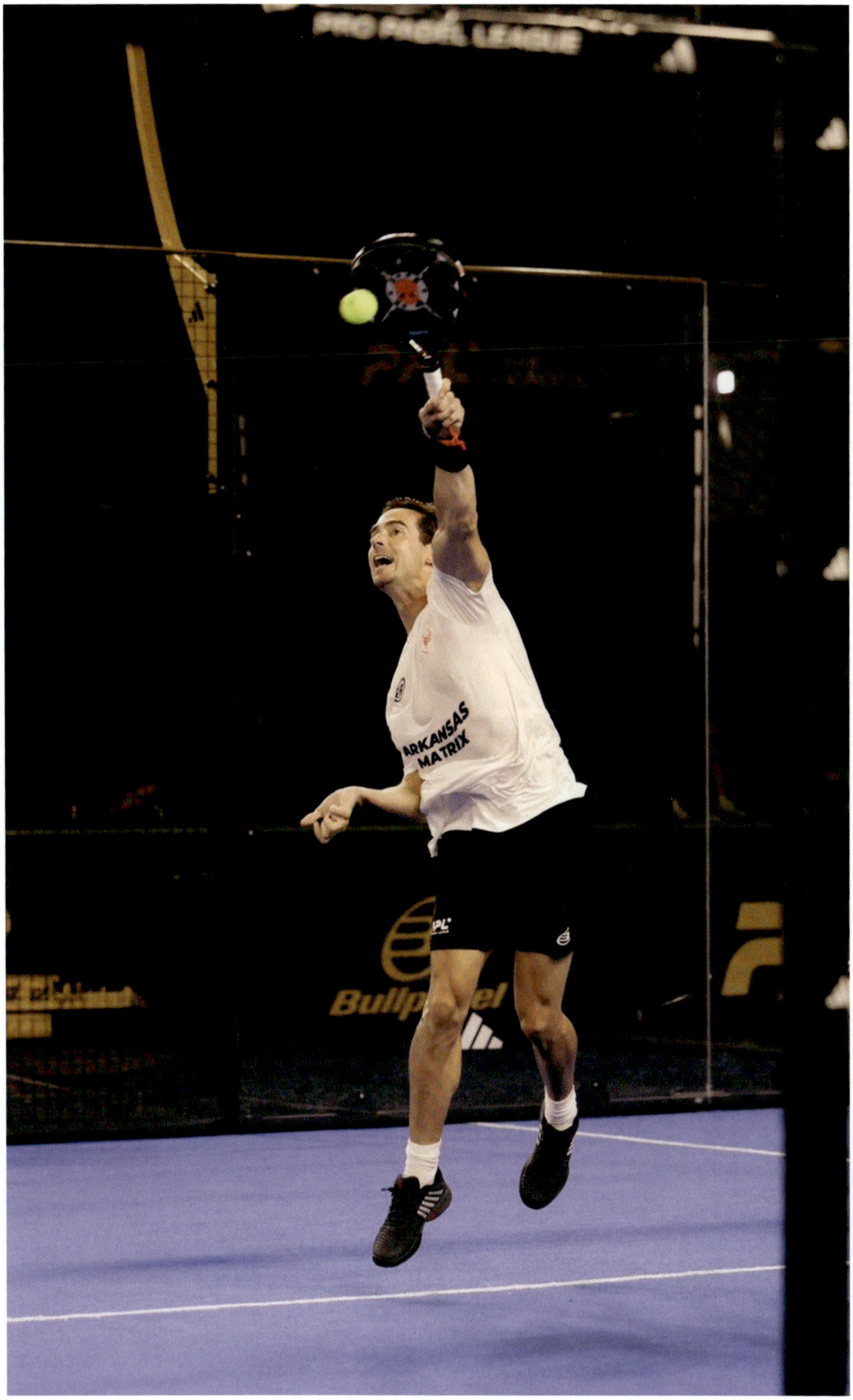
PRO PADEL LEAGUE
ARKANSAS
MATRIX
Bullpadel

Anmerkung

Im Technik-Kapitel sind die Schlagtechniken, die für erfolgreiches Padel-Spiel besonders wichtig sind, zuvorderst als Bildbeschreibung erläutert. Es handelt sich hierbei explizit nicht um eine wissenschaftliche Bewegungsbeschreibung, sondern um eine bebilderte Darstellung zur Einführung für Anfänger. Ebenso gäbe es diverse auch mit spanischen Namen benannte weitere Schläge, die hier hätten angeführt werden können. Für Anfänger und leicht Fortgeschrittene dürften aber allein die hier genannten Smash-Varianten durchaus bereits herausfordernd genug sein und eine Auswahl garantiert so einen möglichst verständlichen Überblick über Schlagarten wie grundsätzliche taktische Nutzung dieser Schläge im weiteren Verlauf der Kapitel. Die dargestellten Athleten Adriana Saenz Diaz und Andrea Romano sind erfolgreiche Padelleros und sie zeigen eine mögliche Technik-Variante der Schläge auf, die einige der wichtigsten biomechanischen Punkte verdeutlichen – aber natürlich nicht unbedingt lehrbuchkonform sein müssen. Aufgrund der im Padel im Unterschied zu anderen Rückschlagsportarten stärker individualisierten Technikvarianten gibt es eine Vielzahl an individuell aus Spielererfahrung heraus entwickelten technischen Stilen, bei denen biomechanische Überlegungen den individuellen Präferenzen der Spieler weichen. Zur Vereinfachung wird immer von zwei rechtshändigen Spielern ausgegangen.

Darüber hinaus ist das Spiel mit dem Glas eine technische Herausforderung, die sehr viel Erfahrung und ein gutes Raumgefühl voraussetzt. Die eigene Körper-Positionierung ist ebenso wichtig wie das Ballverhalten nach Berühren des Glases oder des Zauns und all das muss angepasst werden auf drei Mitspieler. Sowohl Tennisspieler wie auch Padel-Neulinge, die noch keine Rückschlagsport-Erfahrung mitbringen, sollten sich sehr früh mit dem Spiel am Glas (und mit fortschreitender Leistungsentwicklung dann ebenso am Gitter) beschäftigen. Denn die meisten hier beschriebenen Schlagvariationen sind für direkt gespielte Bälle skizziert. Jedoch ändern sich Schlagintensität, Körperposition, Rotations- und Vertikalbewegungen, Winkel und Beschleunigung (und vieles mehr) erheblich, wenn der zu spielende Ball von der hinteren oder seitlichen Scheibe bzw. dem Gitter abspringt und dann geschlagen wird. Um diese

Bälle sicher und sauber zu spielen, bedarf es neben einer guten Technik einer Menge Spielpraxis und allgemeiner Erfahrung mit dem Glas und dem Gitter.

Wir haben für das Shooting zwei ligaerfahrene spanische Athleten gewinnen können, die beide keinen Tennis-Background haben und so von anerkannten Szene-Trainern eine reine individualisierte Padel-Technik erlernen konnten.

Unsere Athleten im Kurzporträt:

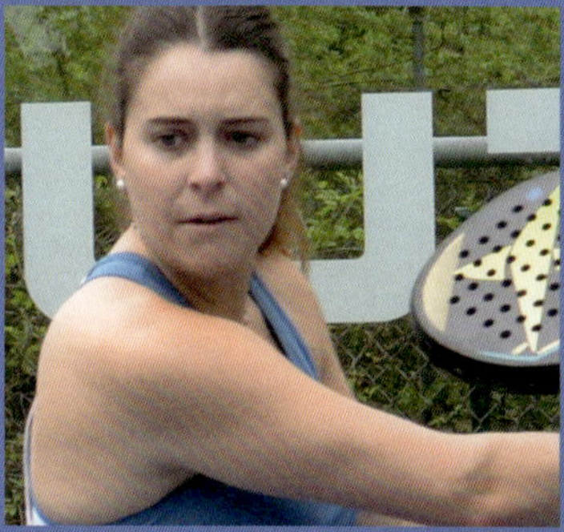

Adriana Saenz Diaz stammt aus Bilbao und spielt seit ihrer Kindheit Padel. Sie hat sich ihre ausgefeilte Technik in Spanien erarbeitet. Die 26-Jährige spielt auf der linken Seite und derzeit im Damen-Bundesliga-Team Starnberg, das die letzte Saison als Tabellendritter beendet hat. Bei den deutschen Meisterschaften 2023 wurde sie Vierte.

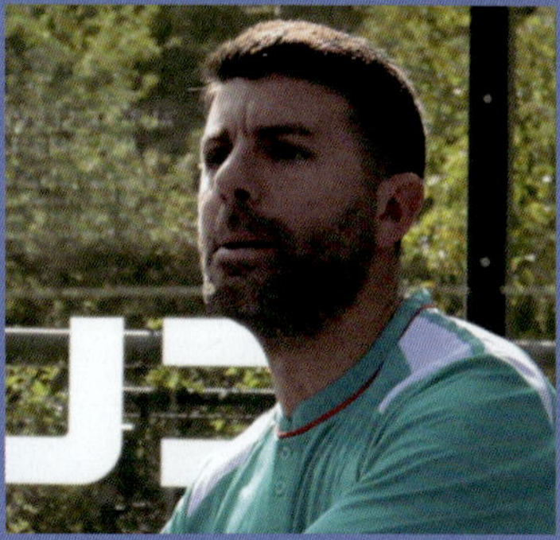

Andrea Romano ist 34 Jahre alt, stammt aus Lecce in Italien und hat seit einigen Jahren als Turniervorbereitung damit begonnen, die Padel-Technik noch weiter zu verfeinern. Seine Technik stammt vom intensiven Training mit Martin Canali. Zum Padel-Trainer wurde er in der Pablo Ayma Academy ausgebildet. Andrea spielt in einer hohen spanischen Liga und tritt regelmäßig bei hochkarätigen Turnieren in Spanien und in der Saison 2024 auch in Deutschland an; im vergangenen Jahr konnte er zwei Turniere mit seinem Partner für sich entscheiden.

Das Fotoshooting haben wir mit freundlicher Genehmigung auf der Anlage des Padel-Centers Starnberg durchgeführt, das uns die Courts, Bälle und den technischen Support zur Verfügung gestellt hat. Die Fotoserien stammen von der Fotografin Carina Springer.

7.2 DIE SCHLAGVARIANTEN

7.2.1 DER AUFSCHLAG – VON BEGINN AN DRUCK AUSÜBEN

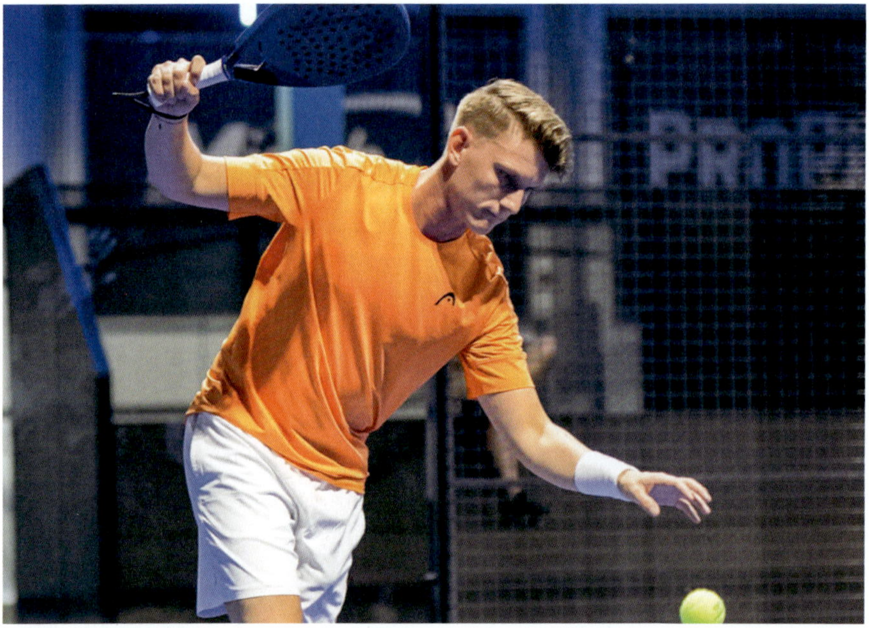

Im Unterschied zum Tennis erfolgt der Aufschlag beim Padel „von unten". Zu den besonders effektiven Aufschlägen gehören diejenigen, die entlang der Felddiagonale (cross) landen und kurz nach dem Aufspringen an die seitliche Scheibe prallen. Selbstverständlich sind auch andere Aufschlagvarianten, etwa der Aufschlag durch die Mitte - der nahe an der mittleren Aufschlaglinie platziert wird - oder der Service auf den Körper erlaubt und weit verbreitet.

Wichtig für einen korrekten Aufschlag ist die Einhaltung der international verbindlichen Regel, dass der Ball nach dem Aufspringen maximal auf Höhe der Hüfte geschlagen werden darf. Wird er aus größerer Höhe gespielt, ist er ungültig. Versierte Spieler variieren ihre Services durch unterschiedliche Schnitte, die sie dem Ball mit auf den Weg geben. Im Amateurbereich gibt es zudem Spielerinnen und Spieler, die als Variante auch Aufschläge einsetzen, die sie mit der Rückhand ausführen; was durchaus regelkonform ist und dem Ball häufig einen überraschenden Drall gibt.

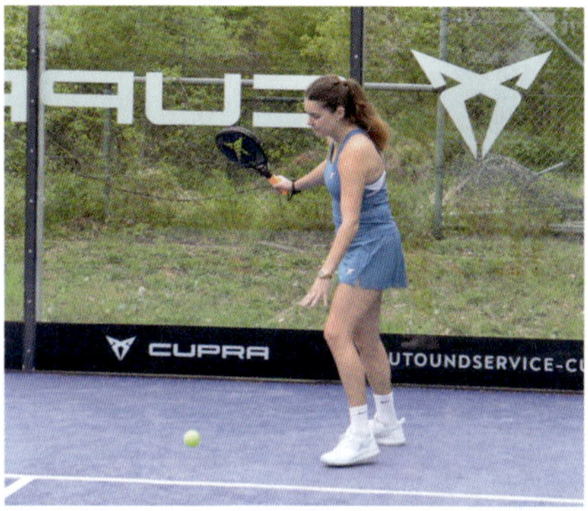

Abb. 1: Die Ausholbewegung der Schlaghand erfolgt in zeitlicher Nähe zum Bouncen des Balls durch die Nichtschlaghand.

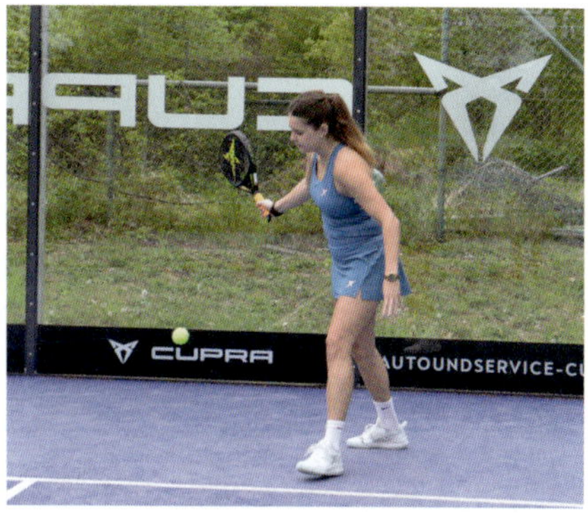

Abb. 2: In der Schwungbewegung wird die Schlagfläche leicht geöffnet, um den oft gewünschten Slice zu erzeugen.

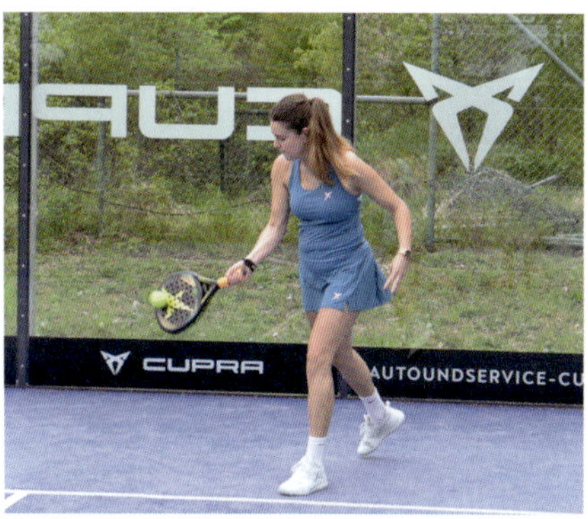

Abb. 3: Im Treffpunkt ist das Handgelenk fixiert und die Verlagerung des Körpergewichts folgt dem Schlagarm bezüglich der Kraftrichtung leicht „durch den Ball".

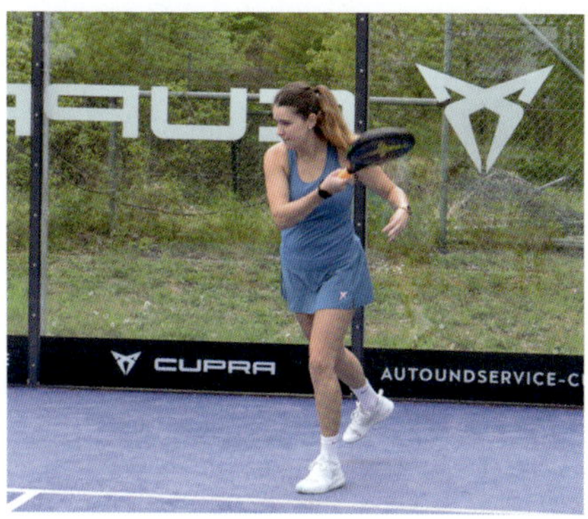

Abb. 4: Der Ausschwung erfolgt je nach Schlagvariante ganz unterschiedlich.

7.2.2 DIE VORHAND – DER EINSTIEGSSCHLAG ALS GRUNDPFEILER

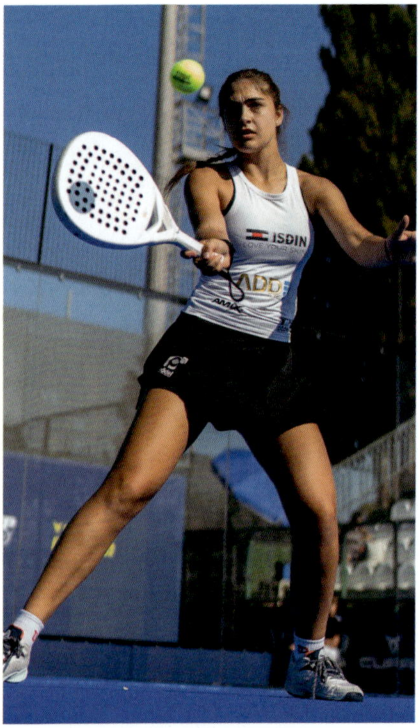

Auch hier sei wieder der Vergleich mit dem Tennis erlaubt: Obwohl beim Tennis viele die Vorhand für den leichteren Schlag als die Rückhand halten, ist die moderne Topspin-Vorhand im Tennis ein sehr komplexer Schlag. Die Padel-Vorhand hingegen ist in ihrer Ausführung direkter wie kompakter, somit auch für Anfänger (nicht zuletzt durch die eher Fehler verzeihenden Schläger) in der Regel mit nicht ganz so hoher Fehleranzahl zu erlernen.

Die Vorhand ist neben der Rückhand der wichtigste Grundschlag im Padel für Anfänger, mit denen grundsätzlich neben den Volleys erste Ballwechsel im Breitensport zustande kommen können. Aufgrund des Aufprallens des Balles auf dem Courtboden hat der Beginner mehr Zeit, sich der Flugbahn des Balles zu nähern, als dies beim Volley der Fall ist. Trotzdem ist zu bedenken, dass die Volleys am Netz im Laufe der Zeit und mit weiter entwickelten Spielfähigkeiten ebenso zu Grundschlägen - häufig sogar zu den wichtigeren und viel häufiger gespielten - werden.

Neben der hier in der technischen Beschreibung skizzierten Vorhand, die mit einem leichten Slice als rückwärts rotierender Ball geschlagen wird, gibt es sie auch in einer ganz geraden Variante, bei der die Schlagfläche vertikal zum Boden steht. Ebenso gebräuchlich - wenn auch selten - ist im Padel die Top- beziehungsweise Sidespin-Vorhand, die dem Ball eine Vorwärts- oder Seitwärtsrotation mitgibt. Der Topspin-Ball senkt sich nach Überqueren des Netzes schneller Richtung Boden. Dieser Schlag wird - wie beispielsweise beim Chiquita erläutert - eingesetzt, um die gegnerischen Spieler am Netz dazu zu zwingen, den Volley unter Höhe der Netzkante zu spielen, was dem gegnerischen Spiel bestenfalls die Aggressivität nimmt.

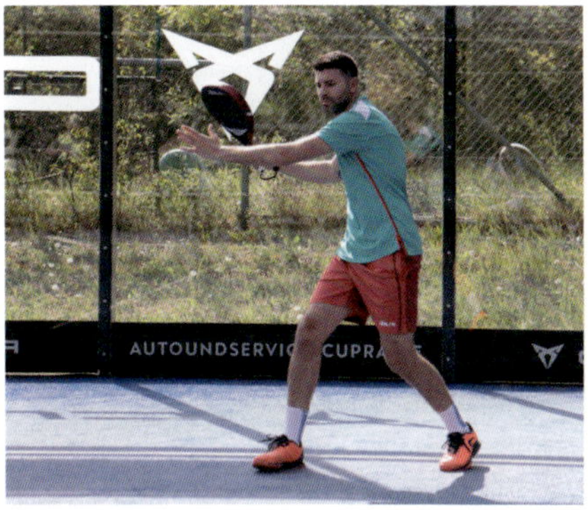

Abb. 1: Eine kompakte Ausholbewegung nach hinten leitet den Vorhandschlag ein.

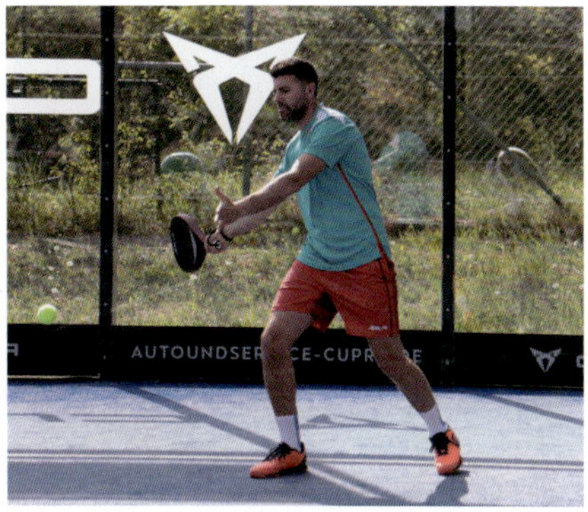

Abb. 2: Zu Beginn der Schwungphase zeigt die Schlagfläche hier leicht nach hinten.

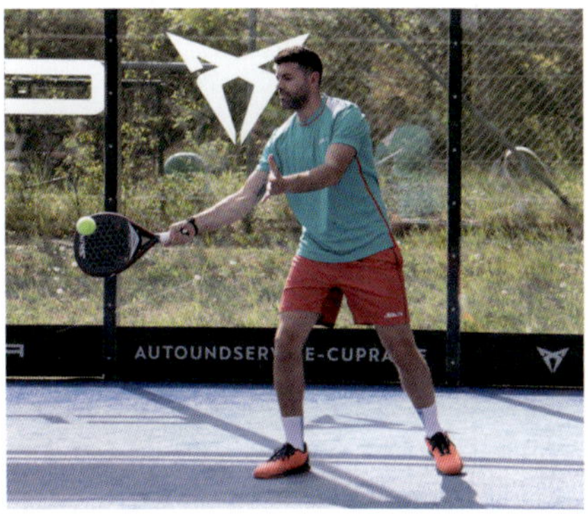

Abb. 3: Der Treffpunkt liegt vor dem Körper oft etwa auf Höhe der Hüfte.

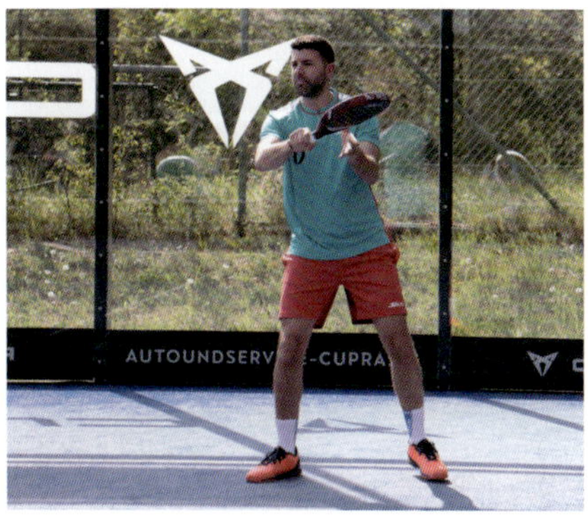

Abb. 4: Der Schlagarm schwingt aus - hier gibt es diverse Ausschwungvarianten.

7.2.3 DIE RÜCKHAND – DER VARIABLE GRUNDSCHLAG

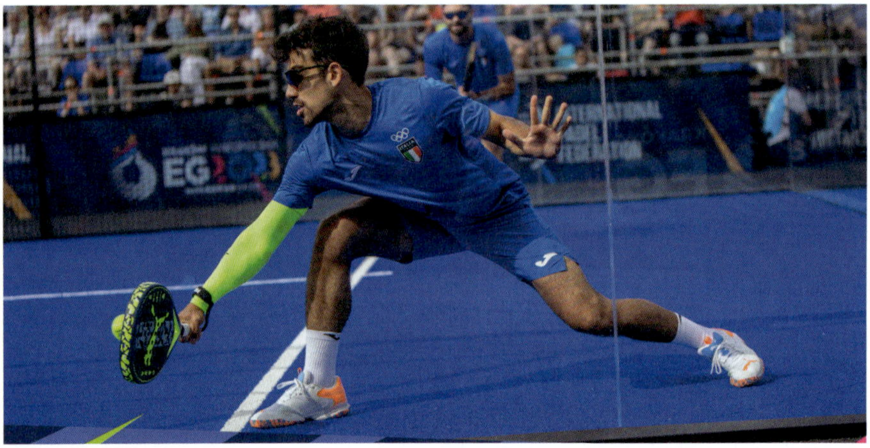

Wie auch die Vorhand gehört die Rückhand zu den Grundschlägen, mit denen Anfänger in den ersten Trainingsstunden konfrontiert werden. Im Gegensatz zu anderen Rückschlagsportarten, in denen die Rückhand als viel schwieriger im Vergleich zur Vorhand gilt, ist der Unterschied beim Padel zwar gegeben - durch die fehlerverzeihenden Schläger wie auch den überschaubaren Platz und die im Sinne des Gesamtbewegungsradius nicht ganz so weiträumige Bewegung ist sie allerdings ebenso wie die Vorhand in ihren Grundzügen (!) eher leichter zu erlernen. Dass die Rückhand im Rückschlagspiel grundsätzlich häufig als schwieriger empfunden wird, liegt unter anderem an unseren üblichen wie gewohnten Bewegungsmustern im lebensweltlichen Alltag. Hier dominieren Schlag- oder Wurfbewegungen nach dem Muster der Vorhand; man denke nur an den Einsatz eines Hammers oder das Zuschlagen einer Tür: Wer würde das schon regelmäßig mit seiner nach vorne gerichteten Handrückseite in Angriff nehmen, da bei dieser Bewegung die Kraftübertragung doch viel schwerer ist?

Auch die Padel-Rückhand wird häufig dazu eingesetzt, die Gegner durch gezielte sowie taktisch gut platzierte Schläge in die Defensive zu drängen, einen gegnerischen Angriff möglichst gut zu beantworten oder einen eigenen Angriff vorzubereiten. Außerdem kommt sie beim Return je nach Spielfähigkeit zum Einsatz und wird dabei nicht selten als Lob gespielt, um den vorrückenden Gegnern nicht gleich einen finalen Volley zu ermöglichen. Fortgeschrittene Padel-Spieler variieren ihre Rückhand und spielen sie als Slice, als geraden Schlag oder als Top- beziehungsweise Sidespin.

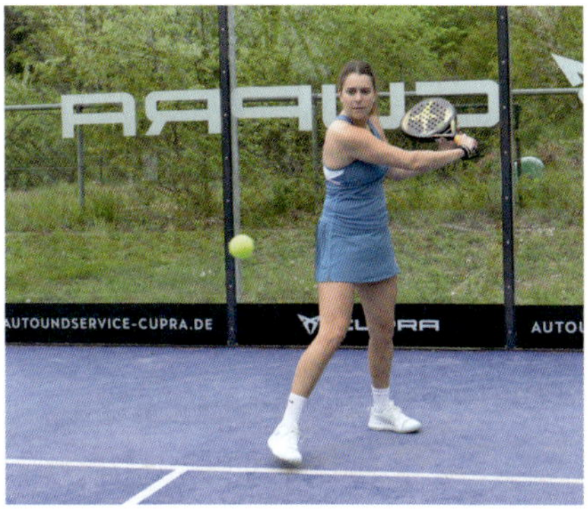

Abb. 1: Die Ausholung erfolgt meist mit eher kurzer Ausholbewegung hinter den Körper.

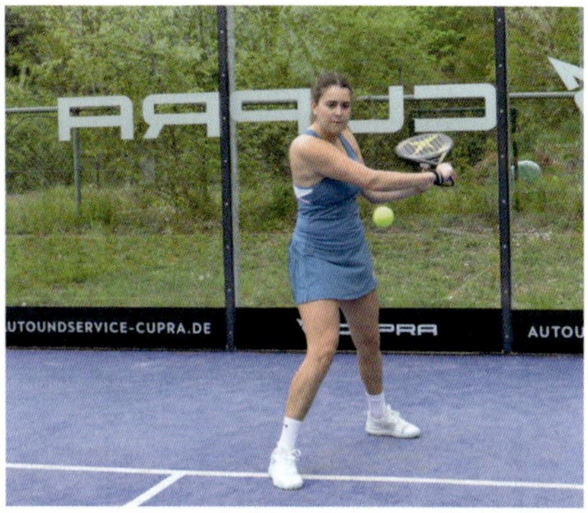

Abb. 2: Beim Schwungeinsatz bewegt sich – wie bei der Vorhand – der Körperschwerpunkt Richtung Ball, um „durch den Ball gehen zu können".

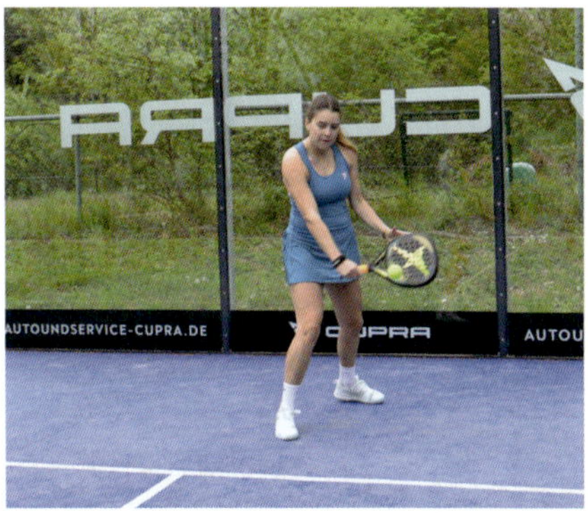

Abb. 3: Im Treffpunkt vor der Hüfte ist das Handgelenk des Schlagarms eher fixiert, der Nichtschlagarm beginnt hier eine Ausgleichsbewegung nach hinten.

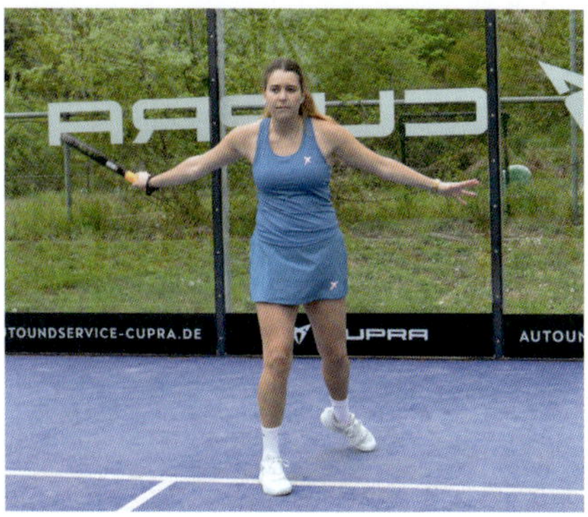

Abb. 4: Das Ausschwungbild bei Adriana verdeutlicht, dass es auch hier diverse Individualtechniken gibt – hier sogar mit abschließender Hüftrotation.

7.2.4 DER HOHE VORHAND-VOLLEY – EIN POTENZIELLER PUNKTELIEFERANT

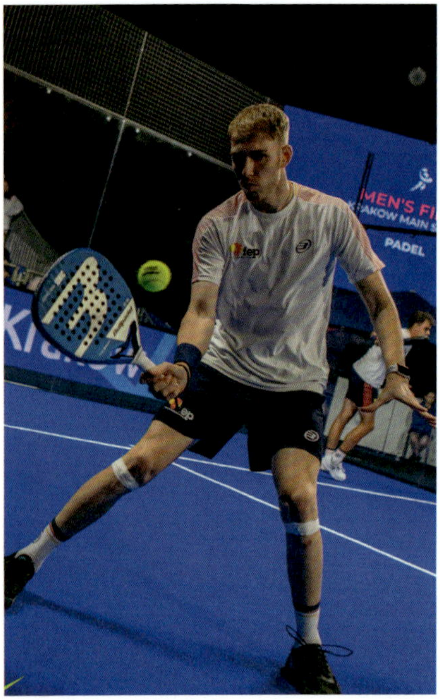

Die hohen Volleys sind beim Padel wichtige Punktelieferanten und unterstreichen die enorme Bedeutung des Netzspiels für erfolgreich agierende Padel-Paare. Daher ist aus rein taktischen Gründen eines der wichtigsten Manöver beim Padel, als Team das Netz zu erobern - und durch einen Vorbereitungsschlag zu erzwingen, dass die Gegner einen Ball aus der Defensive spielen, der etwa auf Kopfhöhe das Netz passiert: So ergibt sich häufig eine gute Chance, durch den Balltreffpunkt über Netzhöhe den Gegner unter Druck zu setzen. Der hohe Volley bietet viele Optionen: beispielsweise als flacher Ball in die Court-Mitte oder freie Räume, in Richtung Glasecke, im spitzen Winkel Richtung Gitter oder auch direkt vor die generischen Füße. Alle genannten Varianten stellen das gegnerische Team bei aggressiver Ausführung vor schwierige Aufgaben.

Der Volley ist ein „verkürzter" Schlag, der weder durch eine lange Ausholbewegung noch einen derartigen Ausschwung geprägt ist. Er wird je nach taktischer Spielsituation mit seitlicher, offener oder halboffener Fußstellung gespielt, wobei das Handgelenk im Treffpunkt fixiert ist, während der Schlagarm beziehungsweise in weiterer Folge der gesamte Körper des Spielers eine lineare, kurze Bewegung „durch den Ball" nach vorne vollzieht. Das Tempo des herannahenden Balls wird beim Volley adaptiert und bei genügend Zeit durch die kurze dynamische Block-Bewegung (häufig mit Slicespin) noch zu erhöhen versucht, was ihn umso gefährlicher macht.

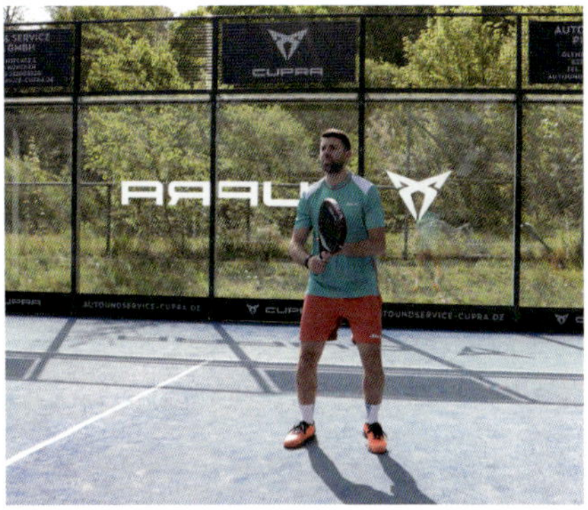

Abb. 1: Andrea erwartet den Rückschlag des Gegners und befindet sich in der Grundstellung für den folgenden Volley.

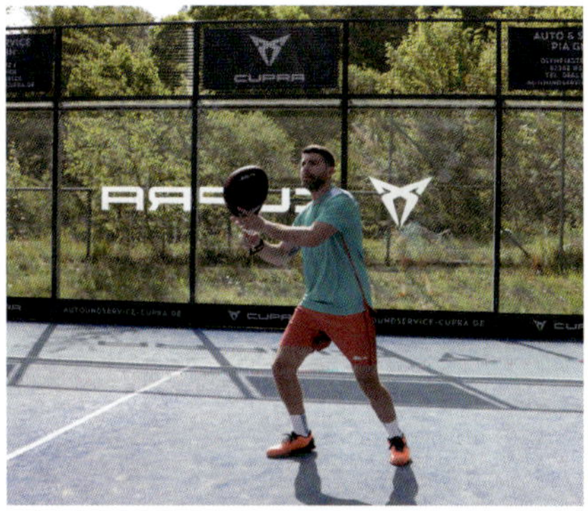

Abb. 2: Die kompakte Ausholbewegung führt seitlich nach hinten oben.

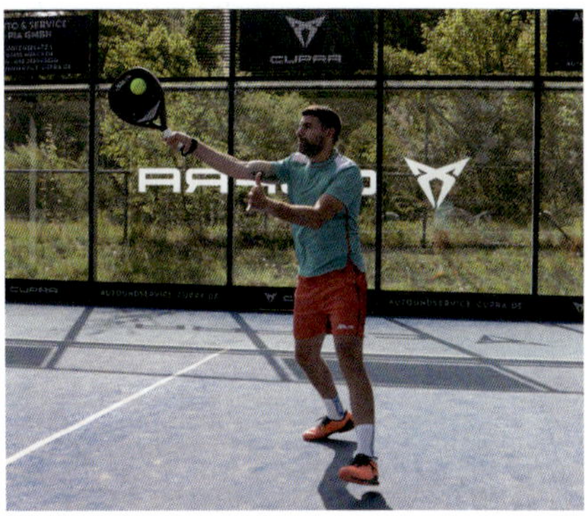

Abb. 3: Im Treffpunkt bewegen sich Schlagarm und Körper „durch den Ball", der Treffpunkt ist je nach Spielsituation häufig weit vor oder bei Zeitmangel auch neben dem Körper.

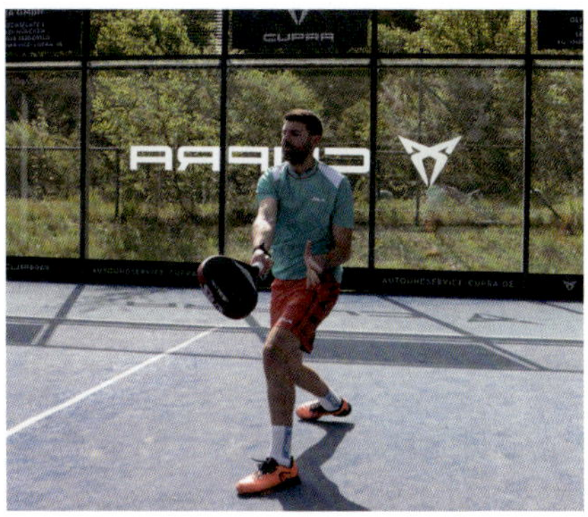

Abb. 4: Mit einem kurzen Ausschwung nach vorne unten wird die Bewegung hier abgeschlossen.

7.2.5 DER HOHE RÜCKHAND-VOLLEY – DIE WICHTIGE WAFFE FÜR DIE VORENTSCHEIDUNG

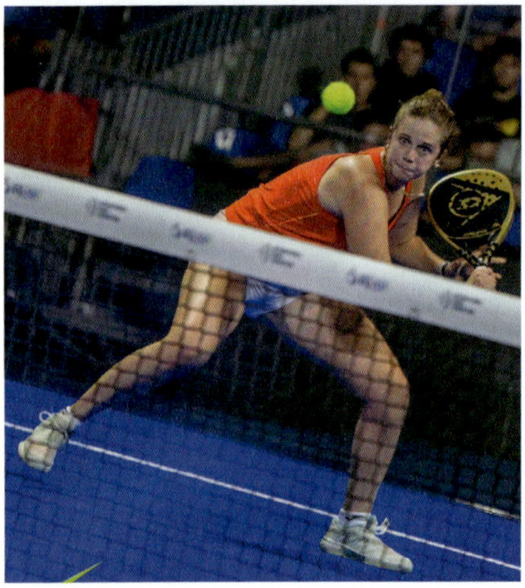

Auch der hohe Rückhandvolley ist prinzipiell ein Schlag, der zur Kategorie der punktentscheidenden Angriffsschläge gehört - wenngleich er ebenso für alle anderen Taktikvarianten und sogar als Verteidigungsschlag gespielt werden kann. Auch wenn er von den meisten Amateurspielern nicht immer so präzise, hart und oftmals „tödlich" gespielt wird wie der hohe Vorhandvolley, so ist er dennoch eine tolle Möglichkeit, einen Punktgewinn zu erzwingen oder ihn vorzubereiten. Häufig zu beobachten ist, dass er bei fortgeschrittenen Spielern oft mit leicht geöffneter Schlagfläche gespielt wird, was dem Ball einen unangenehmen Unterschnitt mit auf den Flugweg gibt. Idealerweise wird auch er - wie der hohe Vorhandvolley - beispielsweise mit Unterschnitt in die Court-Mitte nahe der Scheibe, im spitzen Winkel Richtung Gitter/Ecke, in freie Räume oder dem Gegner tief vor die Füße gespielt. Bei TV-Übertragungen ist wie beim hohen Vorhandvolley oft zu beobachten, dass die Spieler ihre Körperenergie und Kraftanstrengung vor allem in die Slicespin-Rotationsbewegung des Balles und weniger in die schnelle Fluggeschwindigkeit fließen lassen.

Auch der hohe Rückhandvolley ist ein bezüglich des räumlichen Bewegungsradius stark verkürzter Schlag, der einer linearen Ganzkörperkraftbewegung von oben nach vorne unten folgt. Ein beherztes Ausholen oder dynamisches Durchschwingen gibt es selten; er wird je nach Spielsituation mit seitlicher, halboffener oder sogar offener Stellung gespielt, wobei der Treffpunkt des Balls vor dem Körper liegt und das Handgelenk im Treffpunkt fixiert ist.

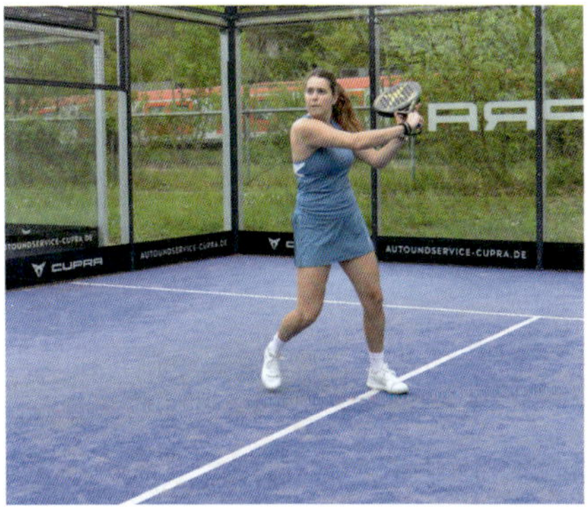

Abb. 1: Die Ausholbewegung beinhaltet oft eine Drehung der leicht gekippten Schulterachse nach hinten – der nicht Schlagarm begleitet den Schlagarm zur Stabilisierung.

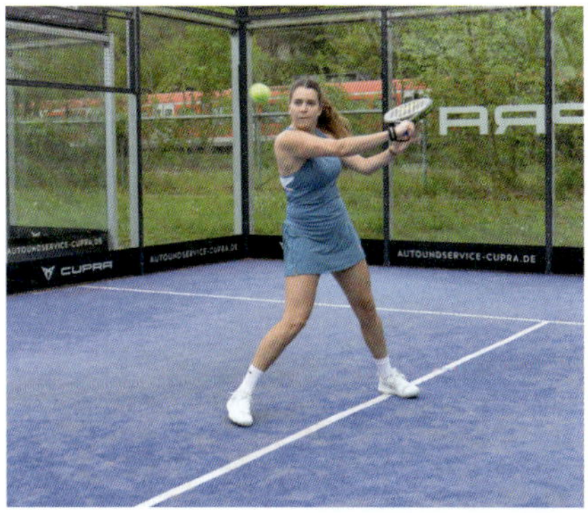

Abb.2: Während der Beschleunigungsphase ist bereits eine Verlagerung des Körperschwerpunkts in Richtung Ball zu erkennen.

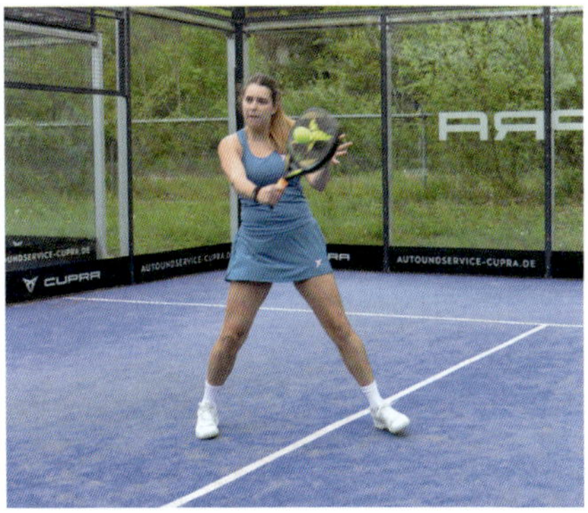

Abb. 3: Im Treffpunkt vor dem Körper bilden Schläger und Arm häufig ein charakteristisches „V".

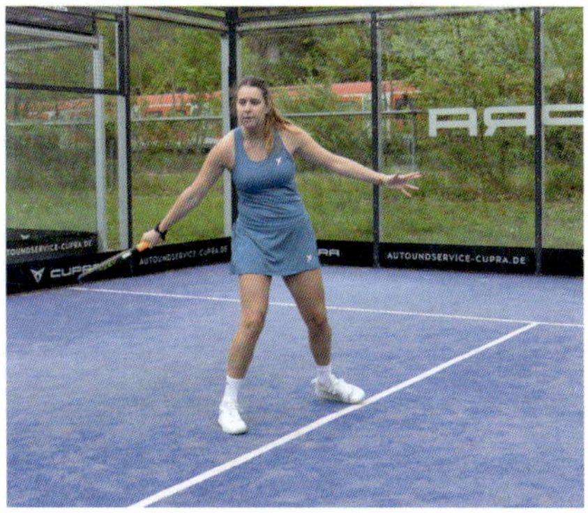

Abb. 4: Der kurze Ausschwung erfolgt nach vorne unten, der Nichtschlagarm vollzieht hier eine Ausgleichsbewegung nach hinten.

7.2.6 DER CHIQUITA – DER SANFTE GRUNDSCHLAG ALS VOLLEY-ERSCHWERER

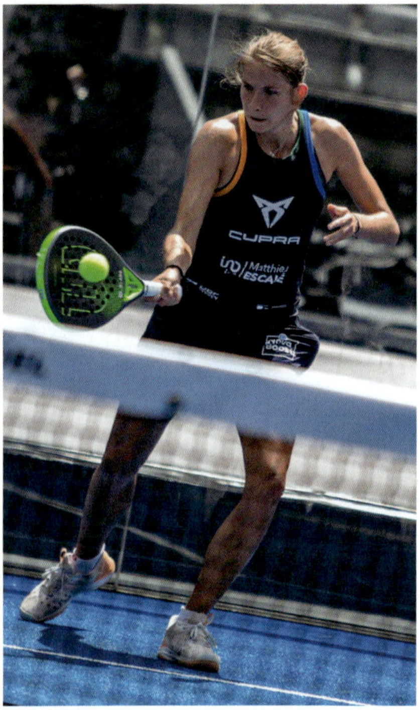

Der Chiquita ist einer der elementaren Schläge im Padel und gehört zu den Grundschlägen. Chiquita bedeutet im Spanischen „kleines Mädchen" - er präsentiert sich also als eine Art kleine Schwester der Grundschläge im Sinne einer Vorhand- und Rückhandvariante. Eingesetzt wird er unter anderem dazu, den vorrückenden oder bereits am Netz stehenden Gegnern das Volleyspiel möglichst schwer zu machen. Da er mit eher weniger Tempo und als oft gerader Schlag (gegebenenfalls mit leichtem Spin) geschlagen wird, senkt er sich nach Überfliegen der Netzkante schnell nach unten und fällt den vorrückenden Gegnern bestenfalls direkt vor die Füße. Für die vollierenden Gegner bedeutet dies, dass sie den Ball unterhalb der Netzkante schlagen und folglich wieder über die Netzkante „heben" müssen. Diese Variante zielt somit oft taktisch auf eine Aggressivitätsreduzierung des gegnerischen Volleyspiels und eröffnet dem mit dem Chiquita verteidigenden Team unter Umständen seinerseits die Option zu einem aggressiven Volley als direkte Antwort oder zum Zeitgewinn in der Verteidigung beziehungsweise zum Zurückfinden in einen mindestens wieder ausgeglichenen Ballwechsel.

Der Chiquita wird häufig technisch ähnlich gespielt wie die gerade Vor- beziehungsweise Rückhand, allerdings mit reduziertem Ball- wie Bewegungstempo. Oft finden sich Schläge mit diversen Spin-Varianten; zur weiteren Erschwernis für den Gegner gibt es die Topspin-Variante mit einem sich durch die Vorwärtsrotation schnell vor die Füße senkenden Ball. Der Chiquita ist ein auch oft gewählter Return bei Aufschlägen, die vor dem Rückschlag nicht die Scheibe berühren. Beim Ball über die Scheibe wird dieser Schlag oft als Verteidigungsvariante gewählt.

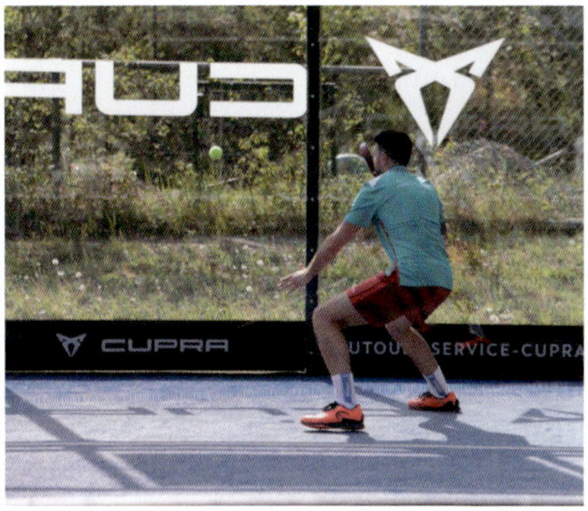

Abb. 1: Aus tiefer Beinstellung beobachtet Andrea die Flugbahn des Balls über die Scheibe, dabei holt der Schlagarm bereits aus.

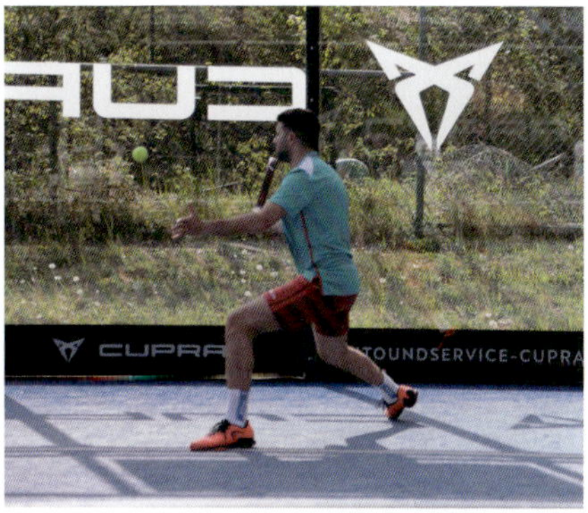

Abb. 2: Bei der Schwungauslösung stabilisiert der Nichtschlagarm das Gleichgewicht durch eine seitliche Ausgleichsbewegung für die hier notwendige Rotationsbewegung.

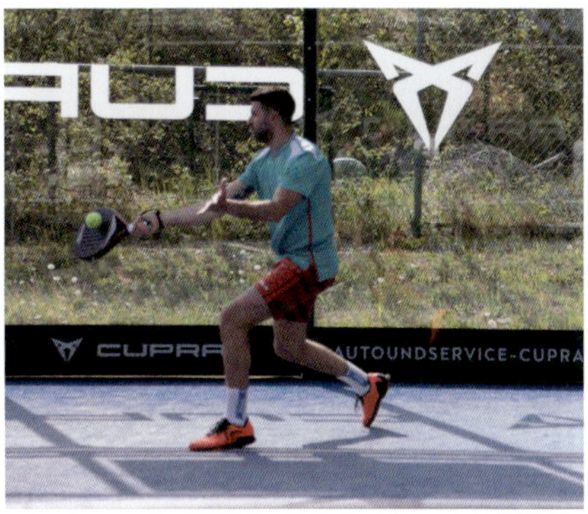

Abb. 3: Im Treffpunkt wird die Kraft bei Andrea durch eine Mischung aus Hüftrotations- und Schlagbewegung (mit Topspin) auf den Ball übertragen.

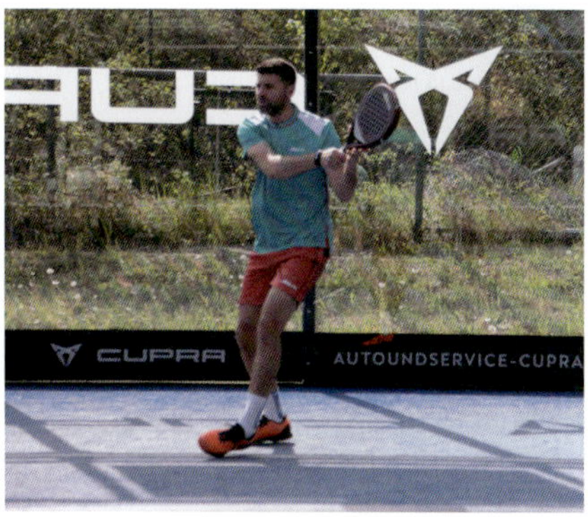

Abb. 4: Den kurzen Ausschwung begleitet die Nichtschlaghand.

7.2.7 DER (VORHAND-)LOB – VON DEFENSIV BIS AGGRESSIV: DER LOB ALS ALLROUND-TALENT IM PADEL-MATCH

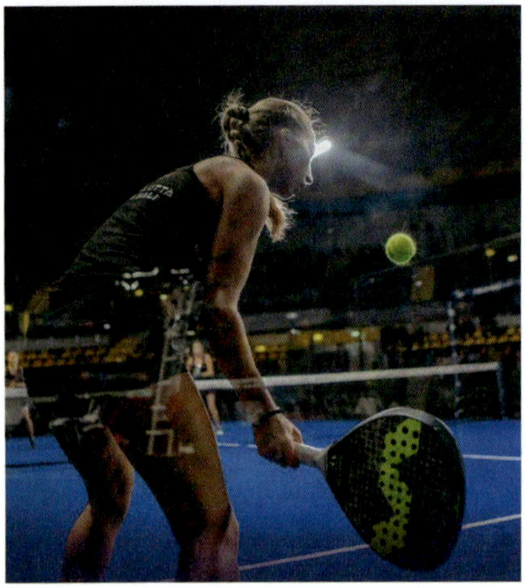

Wer nach seinen ersten Do-it-yourself-Padel-Erfahrungen in die eine oder andere Trainingsstunde investiert, wird sehr schnell gewahr, welch große Bedeutung der Lob im Padel-Match spielt. Er ist die willkommene Befreiung aus einer gefährlichen Defensivsituation, eine gute Returnvariante und ebenso ein sanfter Vorbote eines eigenen Angriffs; vor allem, wenn die Platzierung im gegnerischen Feld sehr nah an der Scheibe erfolgt. Nach einem gut gespielten Lob rücken die meisten erfahrenen Padel-Teams geschlossen ans Netz auf, um auf ihre Winner-Chance zu lauern. Natürlich birgt der Lob aber auch Gefahren; vor allem Schläge, die nicht hoch oder platziert genug gespielt werden und dann für die vorrückenden Gegner eine „geschenkte" Vorlage für einen punktentscheidenden Smash oder einen hohen Volley sind. Dem gelungenen Lob sollte das Team wie erwähnt aus taktischer Sicht häufig eher zeitgleich parallel ans Netz nachrücken; kommt es zu Gegenlobs durch die Gegner, gibt es diverse Lösungsvarianten, die im Einzelnen auf Dauer trainiert werden können. Insbesondere das gemeinsame Nach-hinten-Rücken oder aber das Nach-hinten-Rücken eines Spielers mit paralleler lauter mündlicher Absprache und gegenseitiger Information (oft durch den Netzspieler) über die Position der Gegner im Spielfeld haben hier sehr große Bedeutung und sind aus anderen Rückschlagsportarten kaum bekannt.

Der Vorhand-Lob wird technisch ähnlich gespielt wie eine sanft gespielte Vorhand, allerdings lenkt die stark nach oben geöffnete Schlagfläche und die deutlich nach oben gerichtete Ganzkörperkraft (insbesondere die nach oben räumlich weitläufige Armbewegung teils bis zur Armstreckung) den Ball im Treffpunkt nach vorne oben und gibt dem Ball eine hohe und steile Aufwärtsbewegung mit.

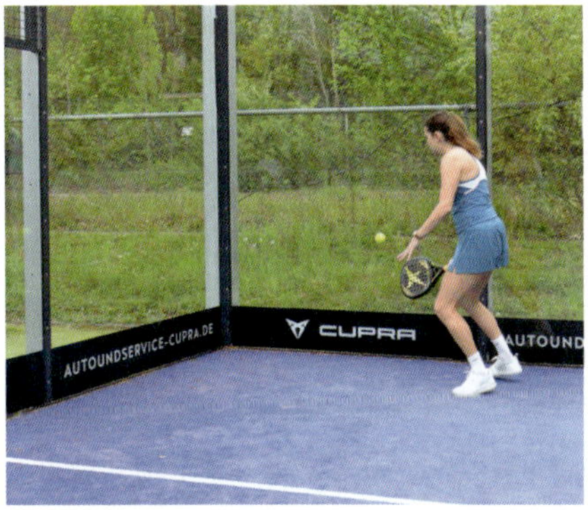

Abb. 1: Da Adriana den Lob nach einem tief von der Scheibe abspringenden Ball schlägt, bleibt nur Raum für eine kurze Ausholbewegung.

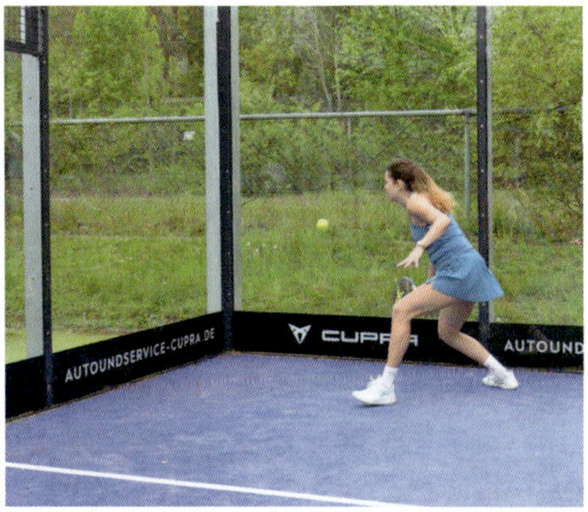

Abb. 2: Wichtig für einen kontrollierten Lob ist in diesem Fall das tiefe Beugen der Knie, um die Aufwärtsbewegung mit dem ganzen Körper zu unterstützen.

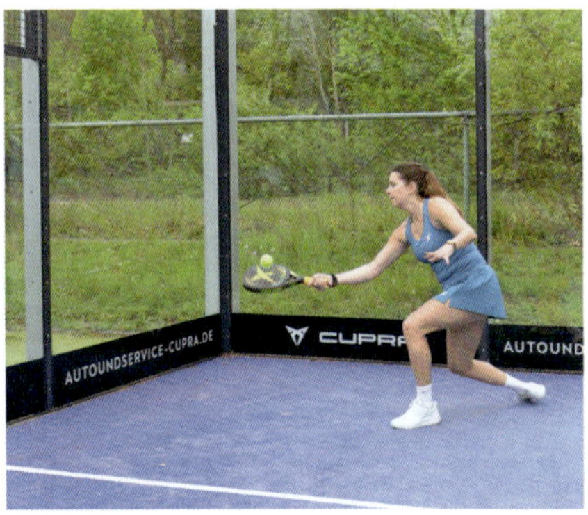

Abb. 3: Im Treffpunkt zeigt die Schlagfläche nach oben und der Körper unterstützt durch eine kontrollierte Aufwärtsbewegung.

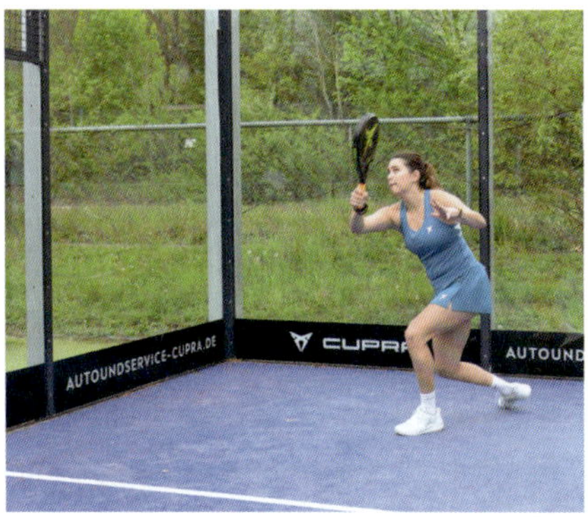

Abb. 4: Der Ausschwung erfolgt nach oben vorne und dem Ball wird häufig mit dem Körper wie auch dem Arm noch deutlicher nach oben gefolgt als hier ersichtlich.

7.2.8 DER RÜCKHAND-LOB – ERFORDERT VIEL BALLGEFÜHL UND TOUCH

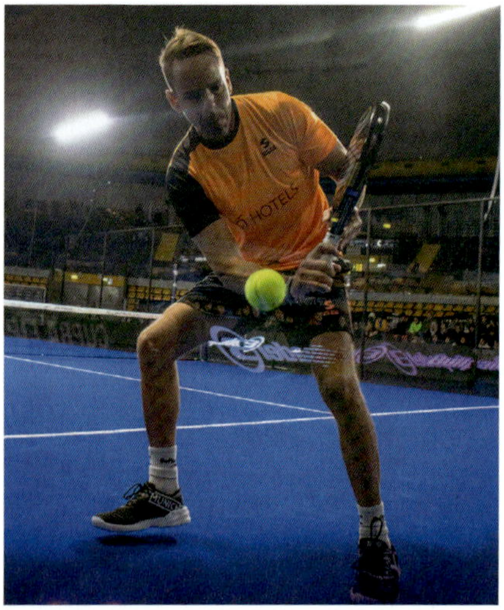

Häufig kann man davon ausgehen, dass für viele Padel-Beginner die Rückhand generell der etwas schwierigere Grundschlag ist. Dies trifft insofern ebenso auf den Rückhand-Lob zu, der aus Sicht von natürlichen Lebensweltbewegungen in seiner grundsätzlichen Ausführung im echten Leben so natürlich nicht vorkommt. Niemand würde beispielsweise einen Ball mit der Rückhand über die Mauer werfen, da aus biomechanischer Sicht einfach weniger Kraft auf den Ball übertragbar ist. Der Schlag ist durch die spezifische Armführung bei der Rückhand, zumindest was seine technische Ausführung angeht, eine eigentlich recht unkomplizierte Bewegung. Dabei wird die Höhe des Lobs meist so bemessen, dass er gerade so hoch über die Gegner fliegt, dass diese möglichst keine Option zum Überkopfball bekommen. Es zeigt sich allein an dieser Zielsetzung, dass eine solch genaue Flugbahn-Präzisionsvorgabe viel Übungszeit erfordern kann. Die Flugzeit des Balles bei diesen Rückhand-Lobs ermöglicht es, nach der Schlagausführung schnell geschlossen ans Netz vorzurücken, um hier für eine eigene Attacke bereit zu sein. Eine weitere Variante des Lobs ist es (wie beim Vorhand-Lob) auch, ihn extrem hoch zu spielen und fast senkrecht fallen zu lassen - bei dem Einstreuen dieser Lobvariante muss die Kraftrichtung des Lobspielers noch mehr von unten nach fast senkrecht oben gesteuert werden, wenn die Kraftübertragung optimal sein soll.

Der Rückhand-Lob erfordert ebenso wie das Vorhand-Pendant eine kurze oder auch je nach Situation eher längere Ausholbewegung nach unten. Die Schlagfläche ist geöffnet, das Handgelenk fixiert. Dann erfolgt eine Bewegung des Schlagarms wie des gesamten Körpers nach vorne oben, um dem Ball die notwendige Höhe im Sinne einer flachen oder steilen Ellipse, die die Flugbahn beschreibt, mit auf den Weg zu geben.

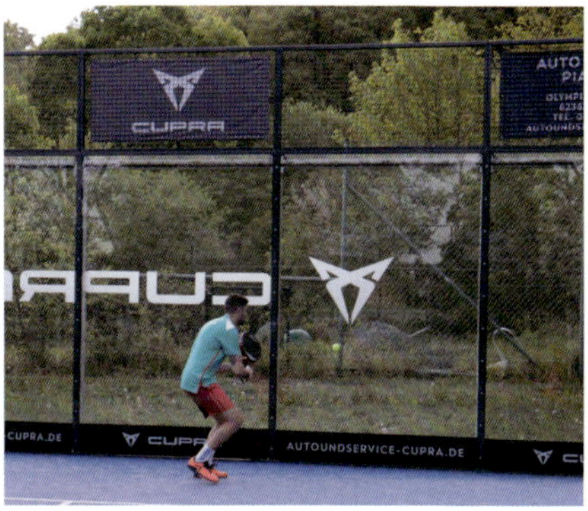

Abb. 1: Eine kurze Ausholbewegung nach hinten unten leitet den Rückhand-Lob ein. Dabei geht Andrea tief in die Knie.

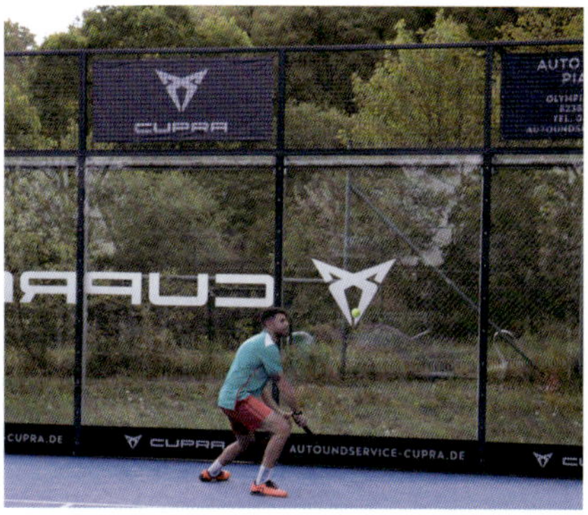

Abb. 2: Kurz vor dem Treffpunkt zeigt die Schlagfläche bereits nach oben und der Körper unterstützt die Kraftentwicklung nach oben vor allem durch die sich streckenden Beine.

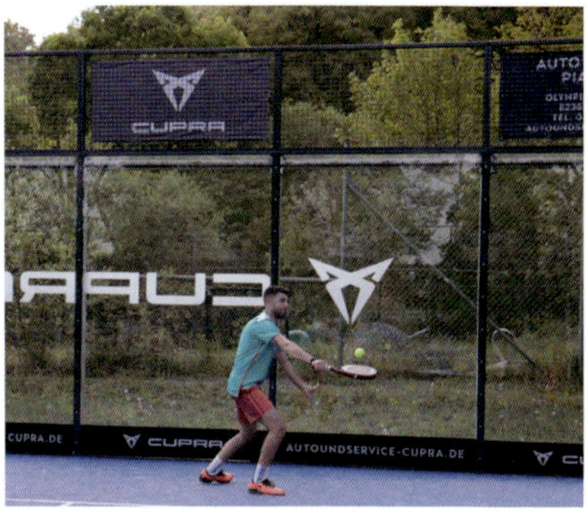

Abb. 3: Der Schlagarm und der ganze Körper bewegen sich kurz vor dem Treffpunkt kontrolliert nach oben, um die hohe Flugbahn des Balls zu unterstützen.

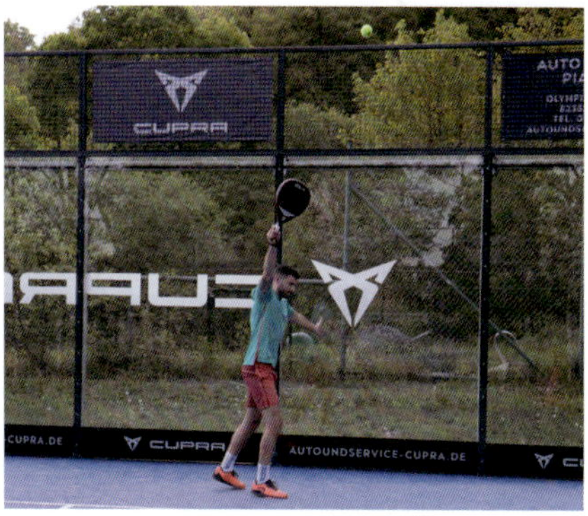

Abb. 4: Der Ausschwung erfolgt bei Andrea nach oben, die Nichtschlaghand führt eine Ausgleichsbewegung nach hinten aus.

7.2.9 DER BAJADA – ANGRIFF ALS VERTEIDIGUNG ODER VERTEIDIGUNG ALS ANGRIFF

Die Einbeziehung der Scheibe ins Spiel ist der wichtigste Unterschied zwischen Padel und Tennis. Vor allem Tennisspieler, die mit Padel anfangen, können ein Lied davon singen. Den Ball zu berechnen, seine Flugbahn nach Auftreffen auf der Scheibe abzuschätzen und dann den richtig kontrollierten und wohlplatzierten Schlag auszuwählen, das ist die hohe Kunst des Padel-Sports. Der Bajada ist ein Schlag, der dies eindrucksvoll demonstriert. Er ist die richtige Wahl bei gegnerischen Lobs beziehungsweise halbhohen Bällen nach einem noch erreichbar an der Scheibe abgesprungenen Ball. Wenn die Spielsituation es ermöglicht, dass der Spieler zwischen Ball und Scheibe eine kontrollierte Position einnimmt und durch Spielerfahrung den Ball im Spielfeld des Gegners sinnvoll platzieren kann, ist der Bajada die richtige Wahl.

Der Bajada ist meist ein mit hohem Treffpunkt gespielter Vorhandball (oft mit Sidespin gespielt), dessen Flugbahn im sanften Sinkflug oder mit viel Tempo länger über das Netz verläuft. Selbst ein Lob oder die Spielvariante mit der Rückhand wären in Ausnahmefällen denkbar. Dies verdeutlicht, wie variabel und für den Gegner überraschend diese Schlagart sein kann. Der Schlag ist oft eine ideale Antwort auf den zuvor beschriebenen Lob, um ans Netz vorrückende Gegner zu einem unbequemen Rückschlag zu zwingen.

Der Bajada ist eine oft nicht genauer definierte Mischung aus Vorhand, Slice und Smash, die je nach Spieler auch sehr individuell ausgeführt wird und für die es in einem wissenschaftlich fundierten Lehrbuch gleich mehrere Varianten zur Ansicht geben könnte. Die körperliche Positionierung zwischen Scheibe und Ball ist besonders wichtig, um frühzeitig eine eher seitliche Fußstellung und ein frühes Ausholen zu bewerkstelligen. Diese Körperposition führt dazu, dass die Kraftübertragung des Balles noch so erfolgen kann, dass durch die frühzeitig zum Gegner gewandte Hüftstellung viel Tempo auf den Ball übertragen wird. Für die am Netz positionierten Gegner ist er natürlich dann besonders unangenehm, wenn der Winkel der Ballflugbahn gleich nach Überquerung des Netzes unter die Netzkantenhöhe führt oder er schnell durch die Mitte oder nah am Glas platziert wird. Ein schneller Volley ist infolgedessen schwer zu spielen - und mit einem anschließenden Lob des vollierenden Bajada-Partners lässt sich die Netzposition des bajadaspielenden Teams eventuell wieder gut erreichen.

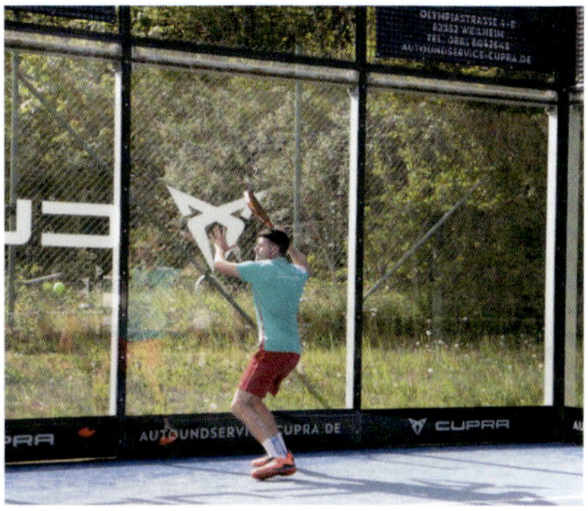

Abb. 1: Der Körper nimmt beim Ausholen möglichst bereits eine seitliche Stellung ein und erwartet den Ball, der von der Scheibe zurückspringt.

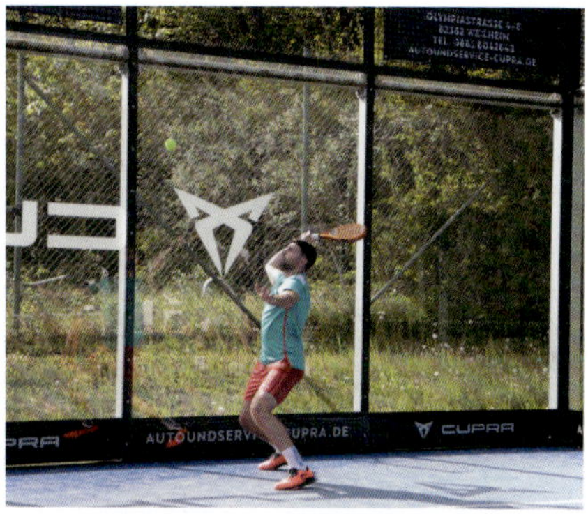

Abb. 2: Bei der Schwungauslösung öffnet Andrea die Schlagfläche, um den in diesem Fall gewünschten Slice und Sidespin zu erzeugen. Besonders wichtig ist, dass die Körperposition nun bereits bestenfalls zwischen Scheibe und Ball oder mindestens neben dem Ball ist.

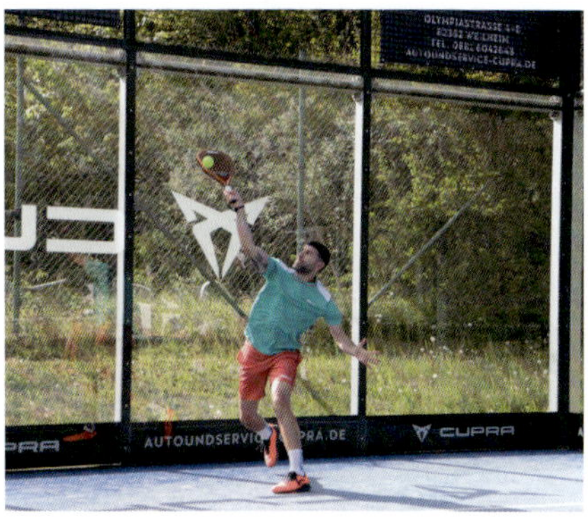

Abb. 3: Der Treffpunkt erfolgt möglichst in Richtung des gegnerischen Feldes vor dem Körper, um die Gesamtkörperkraft in die bereits vorhandene entsprechende Flugbahn zu lenken und diese platzierend zu verändern und zu verstärken.

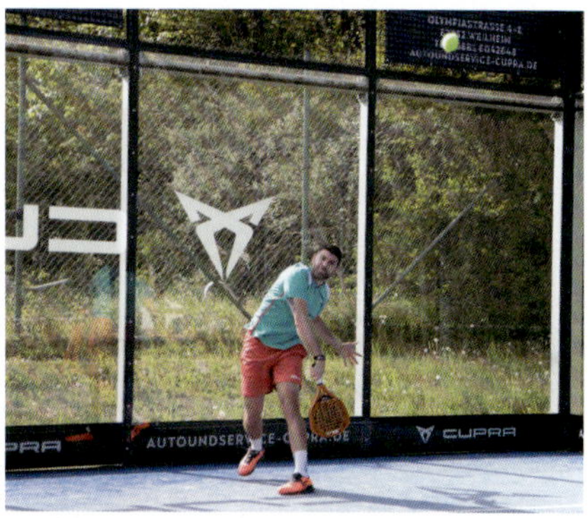

Abb. 4: Beim Ausschwung erfolgen je nach Ausführung stabilisierende Ausgleichsbewegungen des Körpers, die aus der Körperrotation resultieren.

7.2.10 DER VIBORA – POWER DURCH SEITENROTATION: EIN AGRESSIV-SMASH

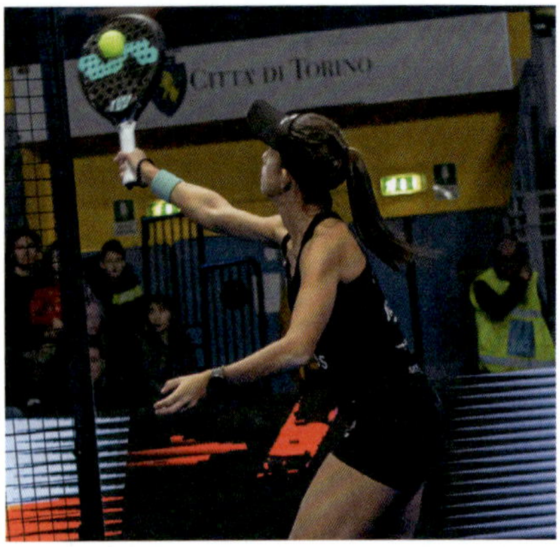

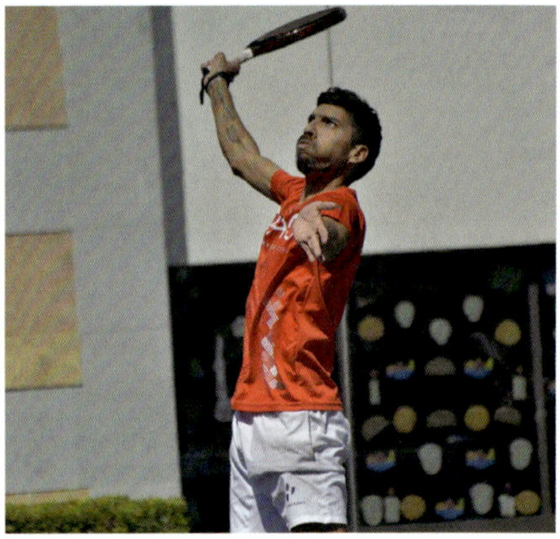

Der Lob ist - wie schon erläutert - einer der wichtigsten Schläge im Padel-Match, da er sowohl in der Defensive wie auch in der Offensive tolle taktische Optionen bietet. Aber auch sein direkter Gegenpart, der Überkopfball oder Smash, ist im Padel-Sport von enormer Bedeutung. Denn vor allem verpatzte, zu kurze und zu flache Lobs bieten den Gegnern die Möglichkeit, mit einem giftigen Überkopfball zu antworten. Zu den aggressiven Smashs gehört der Vibora (aus dem Spanischen, dt.: „die Viper"), was seine Giftigkeit schon aus sprachlicher Herleitung als Metapher verdeutlicht. Es handelt sich um einen Überkopfball mit einer speziellen Ausholbewegung, der häufig seitlich leicht über oder auf Kopfhöhe getroffen wird. Bei richtiger technischer Ausführung überträgt die seitlich um den Ball rotierende Schlagfläche einen starken Sidespin (teils und je nach Ausführung kombiniert mit Slice oder Topspin) auf den Ball. Springt der Ball - ausgestattet mit diesem Spin - nach dem Sprung auf dem Spielfeldboden an die hintere oder seitliche Scheibe, prallt er von dort schwer berechenbar im unangenehmen und oft bezüglich der Flugbahn sehr flachen Winkel ab und stellt den Amateur-Rückschläger vor immense Probleme.

Nach der individuell unterschiedlichen Ausholbewegung erfolgt der Schwung an der äußeren Ballseite mit einer eher räumlich-weitläufigen Armbewegung vorbei - und touchiert den Ball so, dass die Kraftübertragung des Körpers dem Ball enormen Sidespin gibt. Die Gesamtkörperkraft geht in erster Linie nach vorne, teils aber natürlich auch leicht nach unten. So entsteht der wirklich giftige Spin, der den Vibora mit zum tödlichsten Smash im Padel macht.

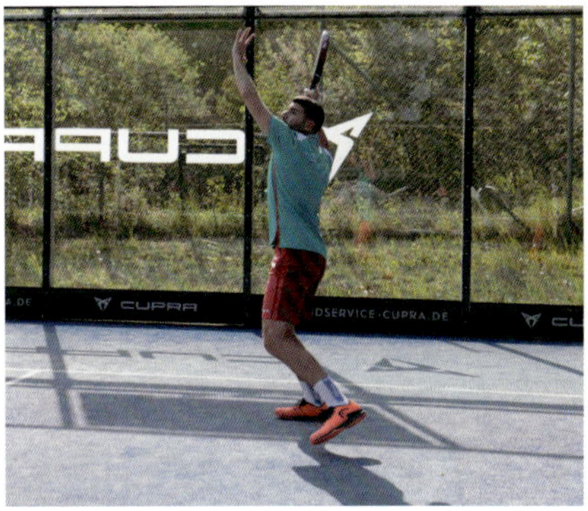

Abb. 1: Bei der Ausholbewegung werden von Andrea in diesem Fall beide Arme nach oben gehoben und Körperspannung – teils sogar Bogenspannung – wird aufgebaut.

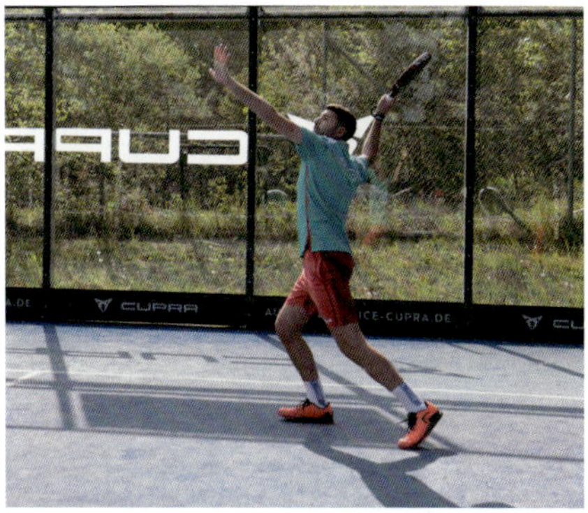

Abb. 2: Beim Vorschnellen vollzieht die Schlagfläche eine rotierende Bewegung rechts um den Ball herum, um ihm den spezifischen Sidespin mitzugeben.

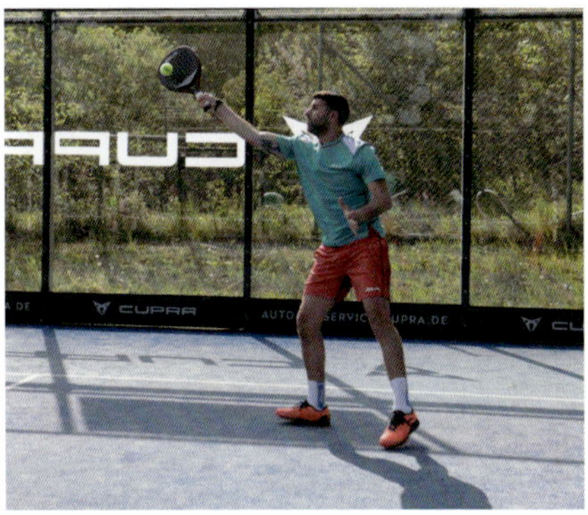

Abb. 3: Der Treffpunkt liegt hier etwa auf Schulterhöhe vor oder je nach Ausführung neben dem Körper.

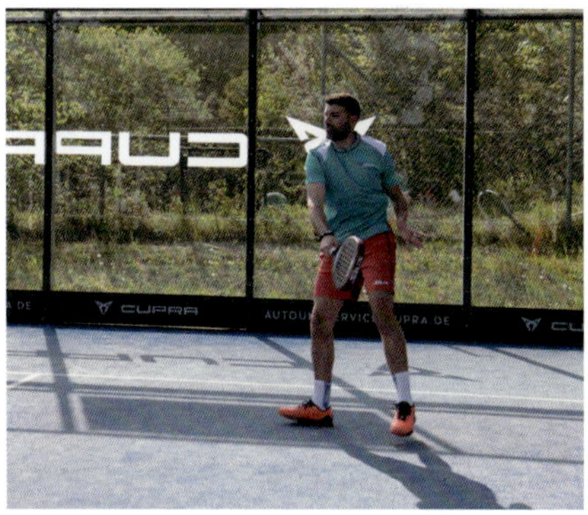

Abb. 4: Der Ausschwung erfolgt bei Andrea in etwa auf Hüfthöhe, was die tendenzielle Kraftübertragung nach vorne, zur Seite und leicht nach unten verdeutlicht.

7.2.11 DER BANDEJA – DER ELEGANTE „TABLETT"-SMASH

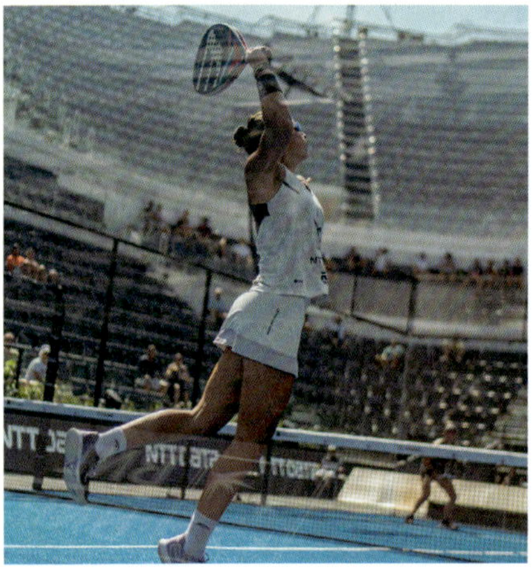

Wenn die Flugbahn des Balles derart lange und hoch ist, dass der Ball beim Smash nur schwer vor dem Körper getroffen werden kann, wird von Padel-Spielern häufig die Überkopfball-Variante Bandeja gewählt - ebenso natürlich als taktische Variante, die dem Ball sehr viel Spin (seitlich und von unten), aber weniger Ballfluggeschwindigkeit gibt.

Als Bandeja wird in der spanischen Sprache ein Tablett in der Gastronomie bezeichnet, was zum Ausdruck bringt, welche Besonderheit dieser Überkopfball hat. Der Bandeja wird vor dem Treffpunkt häufig wie ein Tablett gehalten, um ihm eine gehörige Portion Slice wie auch Sidespin mit auf den Weg zu geben.

Der Bandeja ist unter anderem wegen der eher langsameren Fluggeschwindigkeit des Balles gut dazu geeignet, die durch einen gegnerischen Lob verlorene Netzposition wiederzugewinnen. Darüber hinaus trägt er durch seinen Unterschnitt dazu bei, dass die Gegner häufig nur schwer einen wirklich aggressiven Schlag als Antwort finden können, denn sie müssen für den darauffolgenden Rückschlag oft sehr tief unter den rück- und seitwärts rotierenden Ball „tauchen", der vielleicht auch noch langsam vom Glas herabfällt. Durch seine langsame Flugbahn, aber sehr gute Platzierung und den massiven Spin ist er für die Gegner schwer und bei falschem Timing nur mit körperlicher Mühe zu verwerten.

Kennzeichnend für den Bandeja sind neben der „Tabletthaltung" des Schlägers die frühzeitige Ausholung und die Schwungbewegung, die hinsichtlich der Armbewegung wie beim Vibora häufig ausgesprochen raumgreifend wirkt. So entsteht genau der Mix aus Spin und Kontrolle, der für einen effektiven Smash der Sorte Bandeja benötigt wird. Platziert wird er häufig mit der Spielrichtung Cross in die hintere Court-Ecke, was seine Rückspielbarkeit nochmals erschwert. Aber auch eine Platzierung in die Mitte des Feldes nahe dem mittleren Glas und natürlich in offene Räume ist oft eine je nach Spielsituation passende taktische Variante.

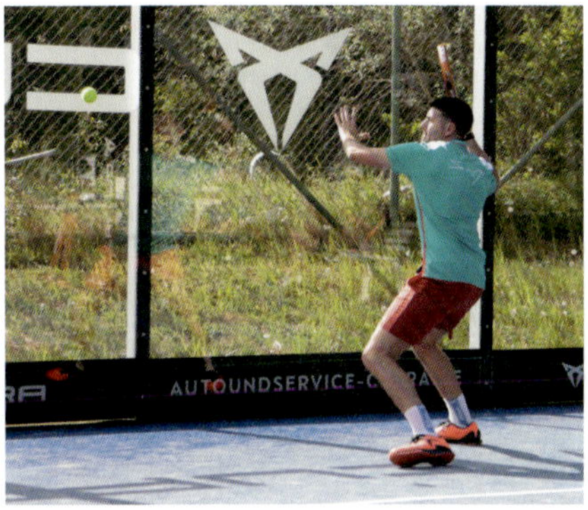

Abb. 1: Die Ausholbewegung leitet die „tablettartige" Position der Schlagfläche ein. Sie erfolgt frühzeitig und meist bei leicht seitlicher Körperposition.

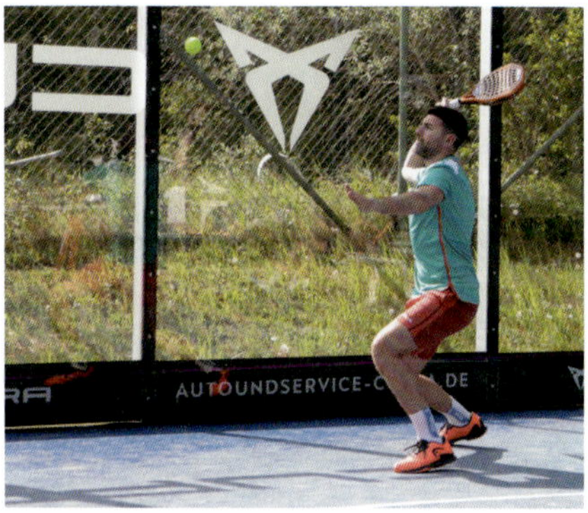

Abb. 2: Die Schwungbewegung wird mit einer tablettartigen Stellung des Schlägers eingeleitet.

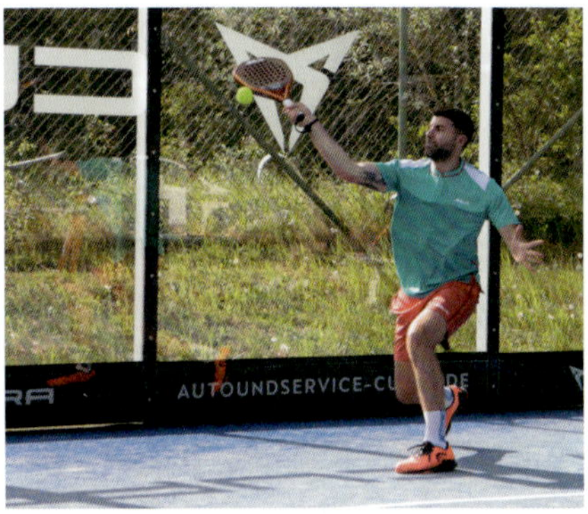

Abb. 3: Der Treffpunkt liegt bei Andrea seitlich vor dem Körper etwa auf Schulterhöhe.

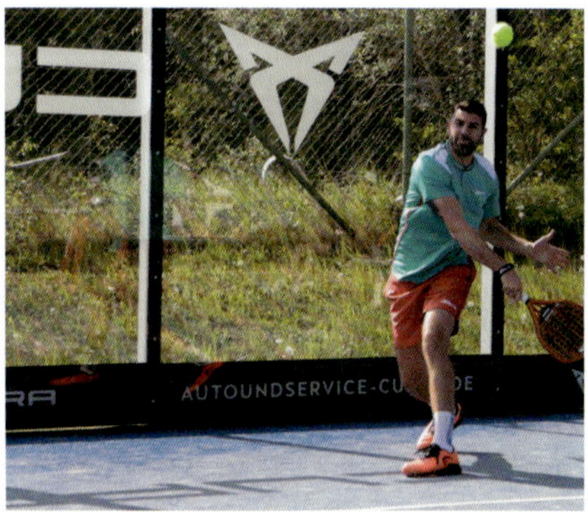

Abb. 4: Der Ausschwung ist wie so oft individuell, bei Andrea erfolgt er eher in einer Rotationsbewegung nach vorne links.

7.2.12 DER KICK-ÜBERKOPFBALL – JUMP OUT OF THE COURT: DER KICK-SMASH

Beobachtet man Padel-Profis auf einem Streamingdienst bei ihren Matches, kann man als Zuschauer über die enorme Wirksamkeit der technisch sauber ausgeführten und gut platzierten Kick-Smashes häufig nur staunen. Der Kick-Smash gehört zu den eindrucksvollsten Spezialschlägen und erweist sich oft als Grundlage für die spektakulärsten Ballwechsel überhaupt. Das sind die, bei denen ein Team den Ball seitlich aus dem Court schmettert und die Gegner versuchen, ihm durch die Court-Tür nachzujagen und ihn von draußen wieder in den Court zu spielen. Dazu liefert der Kick-Smash oft die Vorlage: Es handelt sich in der faszinierendsten Variante um einen Überkopfball, der mit Topspin an die hintere Scheibe geschmettert wird und von dort hoch seitlich über die Court-Seitenwand hinausspringt.

Ebenso eindrucksvoll ist es allerdings, wenn der Ball durch den Topspin am hinteren Glas landet und von dort die Gegner so von hinten überlobt, dass der Ball wieder im Feld der schmetternden Angreifer landet.

Dieser Schmetterball wird vor allem versierten Tennisspielern bekannt sein, weil der Kickaufschlag im Tennis als Variante bei Könnern äußerst beliebt wie gängig ist. Die Schlagausführung beim Kick-Smash im Padel ähnelt der beim Tennis-Kickaufschlag. Der Treffpunkt des Balles befindet sich (bei Rechtshändern) über und/oder links hinter - und im Gegensatz zum Tennis durchaus auch einmal vor - dem Kopf und die Schlagfläche trifft den Ball mit einer speziellen Unterarm-Drehbewegung von unten bzw. links-hinten (in Fachkreisen „Pronationsbewegung" genannt) so, dass der Ball eine Topspin-Rotation entwickelt, die häufig zu einem Abspringen vom Courtboden mit sehr hohem Winkel nach rechts oben führt. Diese Topspin-Rotationsbewegung führt anschließend am Glas dazu, dass der Ball abermals vom Glas hoch nach oben aus dem Court springt.

Der Kick-Smash wird häufig bei missglückten und zu kurzen Lobs der Gegner eingesetzt, um den Ballwechsel final zu entscheiden; der Angreifer muss zum Erreichen der Topspin-Rotation des Kick-Smashes oft in einer Art Bogenspannung des Körpers tief unter den Ball „tauchen".

Wenn die Gegner den Schlag allerdings früh erkennen und das Kunststück versuchen, den Ball außerhalb oder vor Überqueren der Netzkante in Richtung des Angreiferfeldes zurückzuspielen - bzw. (für die Fernsehzuschauer wiederum besonders spannend) direkt zurückzusmashen -, müssen sie antizipativ und athletisch sehr geschult sein.

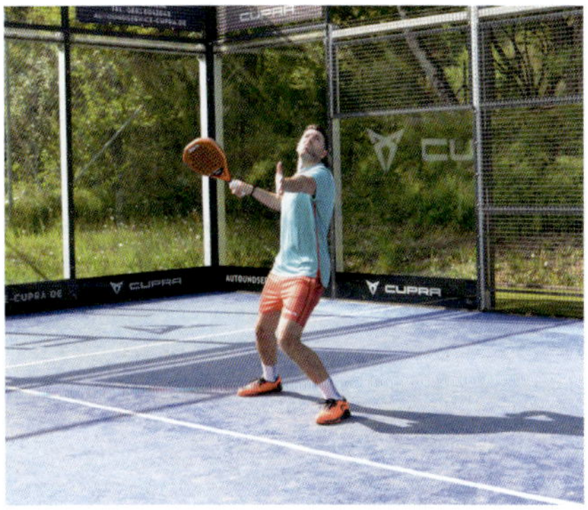

Abb. 1: Die Schlagvorbereitung besteht aus Aufbau der Körper sowie Bogenspannung und dem oft gegengleichen Heben beider Arme kurz vor der Ausholbewegung.

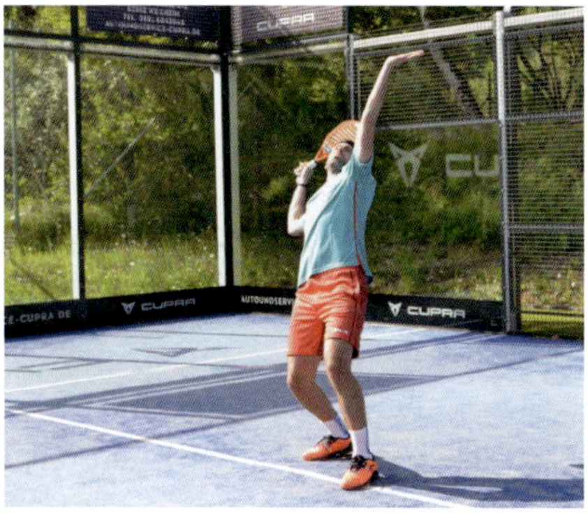

Abb. 2: Die Ausholbewegung erfolgt frühzeitig bei seitlicher Körperposition, dabei werden der Ellbogen und der Schlägerkopf tief in den Rücken gesenkt. Die Knie werden gebeugt und der Körper nimmt eine Bogenspannung ein.

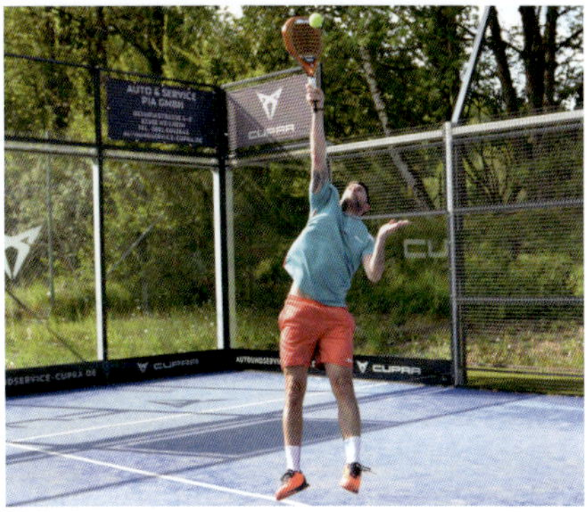

Abb. 3: Im Treffpunkt ist der Körper häufig maximal gestreckt und der Schlägerkopf beschreibt eine Kippbewegung nach vorne.

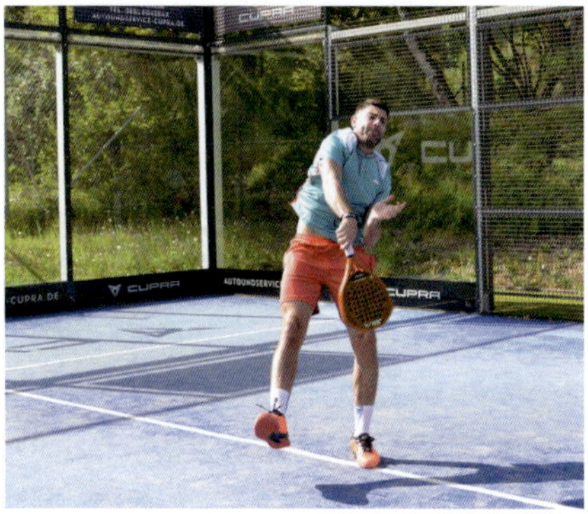

Abb. 4: Der individuelle Ausschwung erfolgt bei Andrea nach vorne unten, wobei der Nichtschlagarm in diesem Fall eine Ausgleichsbewegung auf gleicher Höhe vollzieht.

7.3 TIPPS FÜR PADEL-ANFÄNGER VON ALBERTO DE VICENTE CHICO

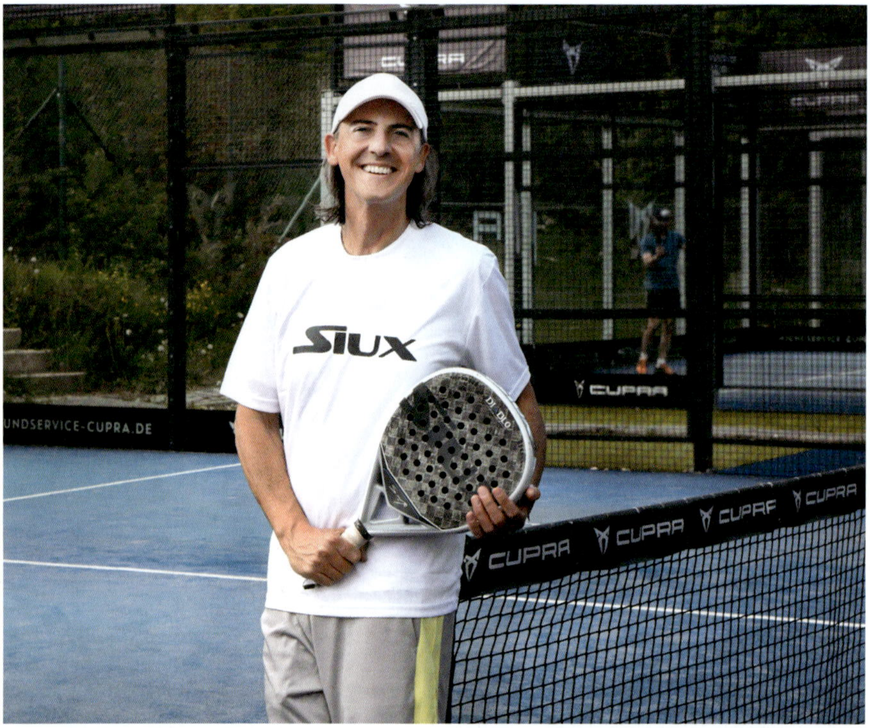

Alberto de Vicente Chico ist in Süddeutschland eine wahre Institution in der Padel-Szene. Der gebürtige Spanier hat als Fünfjähriger mit Tennis angefangen und ist dann 1996 auf der legendären Padel-Anlage Manolo Santana Racquets Club Marbella mit Padel in Berührung gekommen. Seit dieser Zeit hat ihn die Leidenschaft für den Padel-Sport immer begleitet und wurde Jahr für Jahr sogar intensiver. Seine Trainerlizenz erwarb er in einem Kurs der M3 Padel Academy Madrid. Seit zwei Jahren leitet er als Padel-Manager im Tennis- und Padel-Center Starnberg. Er trainiert bevorzugt Anfängerinnen und Anfänger, weil nach seiner Überzeugung der Padel-Sport in Deutschland genau das braucht. Menschen, die zufällig einmal auf dem Court stehen und empfinden, wie faszinierend und bereichernd Padel als Sportart gleich einen Funken überspringen lässt, die tun sich sehr viel leichter mit ihrem Einstieg, wenn sie in ein paar Trainingseinheiten investieren.

Aus seiner täglichen Praxis hat Alberto zehn Tipps formuliert, die Padel-Neulingen schnell zum Erfolg auf dem Padel-Court verhelfen.

Tipps für Padel-Anfänger

Tipp 1: Betrachte die Glasscheibe als Freund, nicht als Hindernis! Vor allem, wenn Du vom Tennis kommst, werden Dir die Glasscheiben anfangs eher unheimlich sein. Versuche, so schnell wie möglich, sie in Dein Spiel einzubeziehen und lerne zu erkennen, wie Du Bälle clever spielen kannst, nachdem sie die Scheibe berührt haben.

Tipp 2: Dosiere die Power in Deinen Schlägen. Ich beobachte immer wieder Tennisspieler, die die Kraft ihrer geraden Grundschläge mit auf den Padel-Court bringen. Das sorgt für zu viele vermeidbare Fehler. Dosiere das Tempo in Deinen Schlägen, spiele viele Lobs und experimentiere mit Winkeln, so wirst Du viel erfolgreicher spielen als mit reiner Power.

Tipp 3: Setze als Beginner den Hammergriff ein. Er erspart Dir das Umgreifen und erlaubt Dir, Dich ganz auf die Ausführung Deiner Schläge zu konzentrieren. Tennisspielern wird das sehr unorthodox vorkommen, fast nur mit einem Griff alle Schläge zu spielen. Es zahlt sich aber aus. Es gibt auch im Padel Spezialschläge, zu denen Du umgreifen solltest, die sind aber erst viel später relevant. Mit dem Hammergriff kannst Du als Beginner alle Schläge spielen, die wichtig für Dich sind.

Tipp 4: Lerne die wunderbare Wirkung des Slice (Unterschnitts) beim Padel kennen. Ob beim Aufschlag, einem Chiquita oder einem aggressiven Schmetterball: Der Slice sorgt dafür, dass die Bälle sehr unangenehm abspringen, ob auf dem Spielfeld oder an den Scheiben. Versuche von Anfang an, den Slice einzusetzen und von der seitlichen und rückwärtigen Rotation Deiner Bälle zu profitieren.

Tipp 5: Die Padel-Szene ist sehr kommunikativ und nutzt bevorzugt soziale Netzwerke und WhatsApp-Gruppen. Tritt gleich zu Beginn in ein regionales Netzwerk ein und beteilige Dich daran. Es werden immer Spielerinnen und Spieler gesucht für Einzelmatches, Spaßturniere oder gemeinsame Trainings. Padel ist Community!

Tipp 6: Auch wenn es beim Padel bei fortgeschrittenen Spielern üblich ist, sich für eine „Stammseite" zu entscheiden, solltest Du am Anfang beide Seiten kennenlernen und abwechselnd links und rechts spielen. Deine „Schokoladenseite" ergibt sich erst, wenn Du über eine gefestigte Technik verfügst und Lieblingsschläge entwickelst.

Tipp 7: Wenn kein Spiel zu viert zustande kommt, trainiere auch mal zu zweit. Es gibt tolle Spielformen für zwei Spieler, mit denen Du Deine Technik verbessern und vor allem die schwierigen Schläge gezielt trainieren kannst. Wenn Du einmal ganz alleine auf dem Court bist, etwa, weil Du auf Deine Partner wartest, trainiere so oft wie möglich Deinen Aufschlag, der ist nämlich im Padel ebenso wichtig wie im Tennis, auch wenn er einfacher aussieht.

Tipp 8: Sag ja zum Lob. Er ist einer der wichtigsten Faktoren für erfolgreiches Spiel. Beginne mit sicheren Cross-Lobs und übe nach und nach weitere Varianten. Je öfter Du den Lob bewusst einsetzt, desto schneller verbessert sich Dein Spiel. Der Lob ist nicht nur eine klasse Option zur Befreiung aus der Defensive, er ist auch der perfekte Offensivschlag, wenn Du mit ihm ans Netz vorrückst.

Tipp 9: Investiere in einen eigenen Schläger, sobald Du sicher bist, dass Padel Dein Sport wird. Vor dem Kauf solltest Du möglichst viele Schlägermodelle ausprobieren, es gibt nämlich gravierende Unterschiede sowohl beim Gewicht, der Position des Sweetspots und auch der Schlägerform. Ein Schläger, der gut zu Dir passt, ist ein wichtiges Element für ein sicheres Spiel auf dem Court. Übrigens: Die teuren Schläger sind nicht unbedingt besser als Rackets zum Einsteigerpreis. Auf das Feeling beim Schlag kommt es an.

Tipp 10: Schaue bewusst Youtube-Videos mit Technikanleitungen und Taktiktipps. Die Padel-Szene ist sehr digital, daher findest Du auf Social-Media-Kanälen mehr Content zu Padel als auf klassischen medialen Kanälen. Es lohnt sich übrigens auch, den Profis bei ihren Matches zuzuschauen, um etwas für die eigene Spielweise daraus zu ziehen. Es gibt etliche Streamingdienste, die die Profitour oder auch regionale Turniere übertragen.

Alberto de Vicente Chico

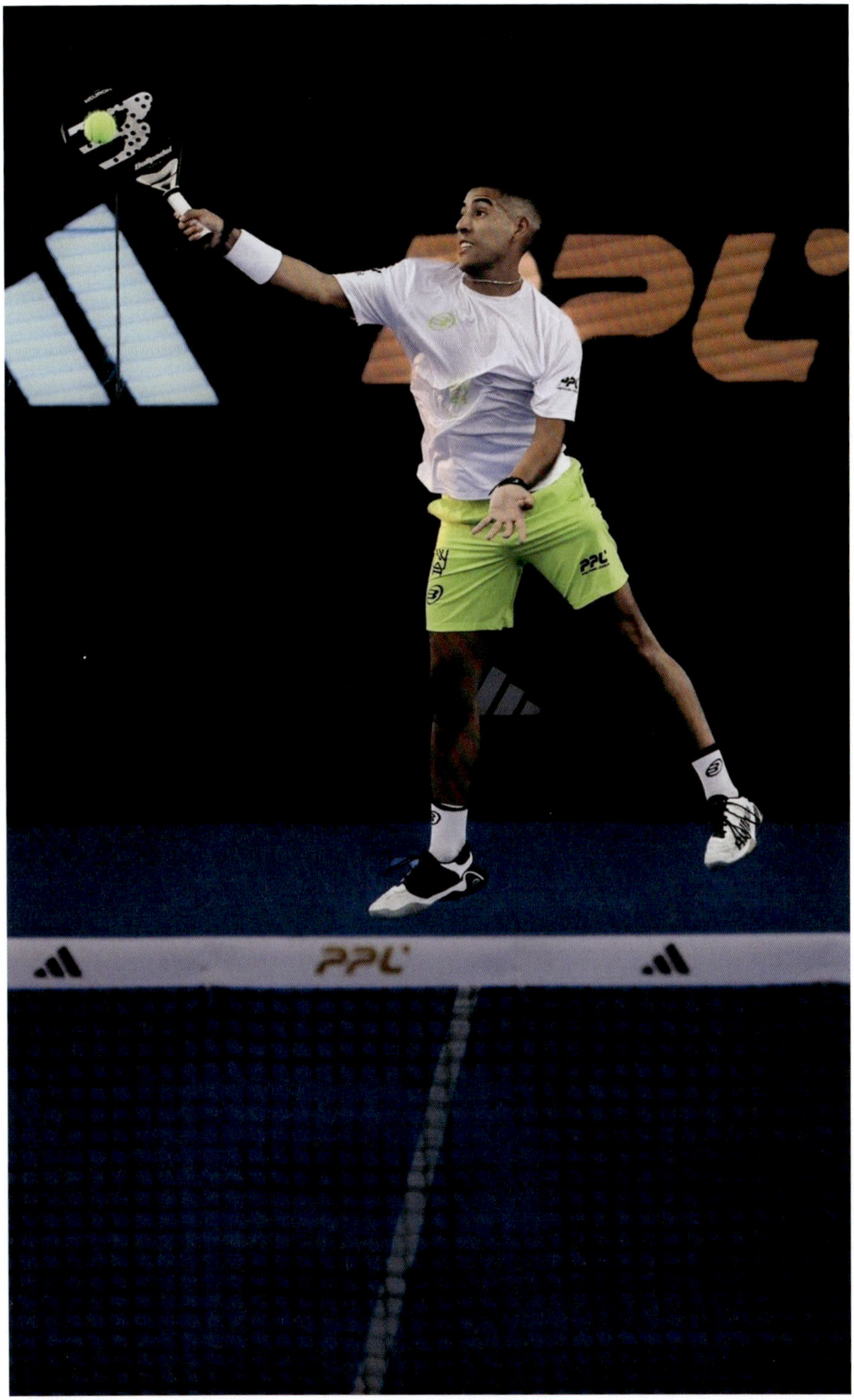
PPL
PPL

8

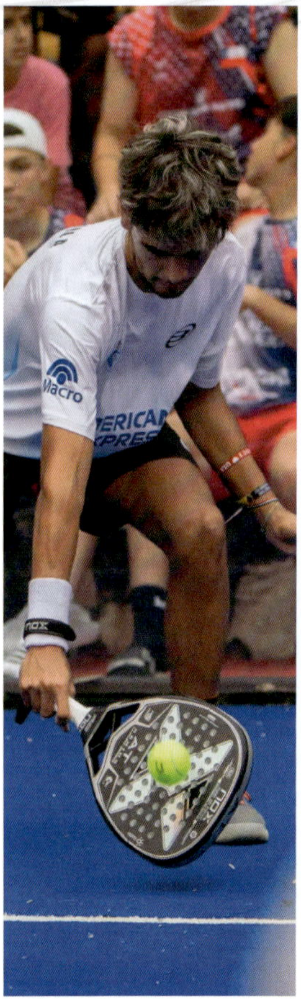

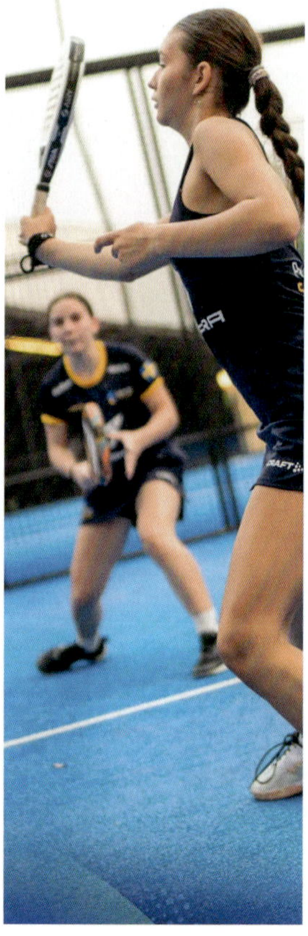

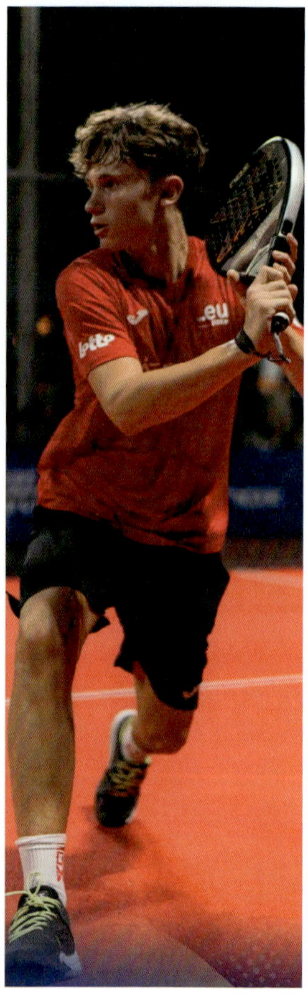

8 TAKTIK TEIL 1: STELLUNGSSPIEL, OFFENSIV- UND DEFENSIVVERHALTEN

(VON ANDREAS EHSTAND UND CHRISTIAN BONK)

8.1 TAKTISCHE GRUNDLAGENTIPPS: LIEBER GEDULDIG, SICHER UND GENAU PLATZIEREN

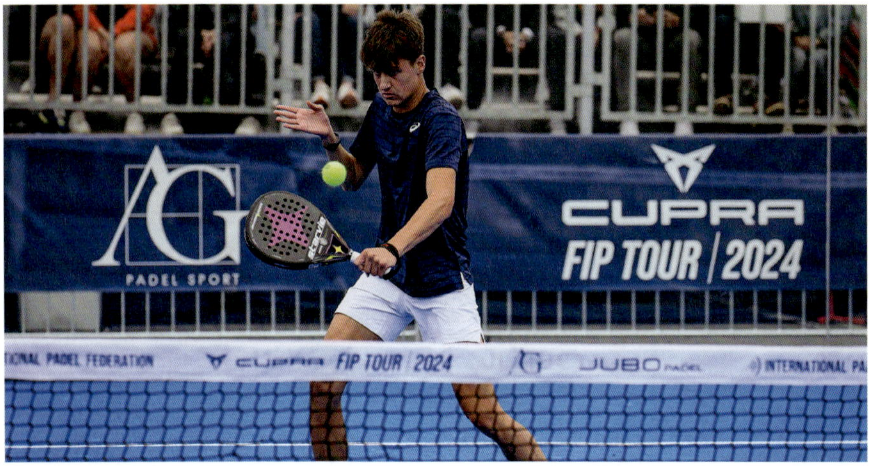

Einer der großen Vorteile der Sportart Padel ist die Tatsache, dass balltalentierte Sportlerinnen und Sportler recht schnell die Grundtechniken (also Grundschläge, Volleys und den Aufschlag) sicher ausführen können. So sind auch die meisten Neulinge nach kurzer Zeit dazu in der Lage, Matches mit viel Freude auszutragen und so erste Matchpraxis zu gewinnen. In den Erstlingsmatches wird das Stellungsspiel bei den meisten noch stark vom Prinzip Zufall geprägt. Viele kopieren einfach das Stellungsspiel, das sie vom Tennis beim Doppel kennen oder denken erst gar nicht darüber nach. Beim Padel jedoch ist eine überwiegende Zahl an Elementen des Stellungsspiels kaum mit der Tennistaktik darzustellen. Hier finden Sie also nun einige einleitende Grundlagen des Stellungsspiels und der daraus resultierenden Taktik ohne Anspruch auf Vollständigkeit. Die hier formulierten Tipps basieren teilweise auf den Lehrmaterialien, die in der Trainerausbildung des Deutschen Padelverbandes eingesetzt werden.

8.2 PRÄZISION TOPPT BALLGESCHWINDIGKEIT

Im modernen Rückschlagsport allgemein nahm in den letzten Jahren körperliche Fitness (Kraft, Schnelligkeit, Ausdauer und Beweglichkeit) als Faktor für ein siegreiches Match immer mehr an Bedeutung zu - hart und präzise geschlagene Bälle wurden immer mehr ein probates Mittel zum Erfolg, wenn diese Tendenz nun auch wieder leicht rückläufig scheint. Dies ist beim Padel nur in wenigen Spielsituationen so anwendbar. Beim Padel kommt es wegen der vielen denkbaren Fehleroptionen (hintere und seitliche Scheibe, Gitter, Netz) auf Präzision, starke und passende Rotation und eine klug gewählte Ballgeschwindigkeit an. Ballwechsel sind beim Padel oft sehr lang, was daran liegt, dass erfahrene Teams sich bevorzugt über Lobvarianten und allgemein ein variables Platzierungsspiel abtasten - und versuchen, nach und nach eine Situation zu erzwingen, die einen Punktgewinn oder Fehler des Gegners möglich macht. Dies führt unter anderem dazu, dass insbesondere die vorderen Ränge der Weltrangliste auch von Topathleten im Sinne der Ausdauer und Schnellkraftausdauer beherrscht werden. Wenn man die Weltelite beobachtet, sieht man eindeutig die oben genannte taktische Grundregel, dass Geschwindigkeit als taktische Primäroption nur in passenden Situationen das Mittel der Wahl sein kann. Fehlervermeidung und technisch saubere Platzierung sind die Zauberwörter. Dies würde beim modernen Tennis dazu führen, dass man von einem technisch versierten, athletischen Gegner mit knallharten Winnerschlägen vom Platz geschickt wird. Anders beim Padel, hier gewinnen regelmäßig die Paare, denen es gelingt, das Spielfeld gut abzudecken und ihre direkten Punkte durch klug dirigierte Ballwechsel herbeizuführen.

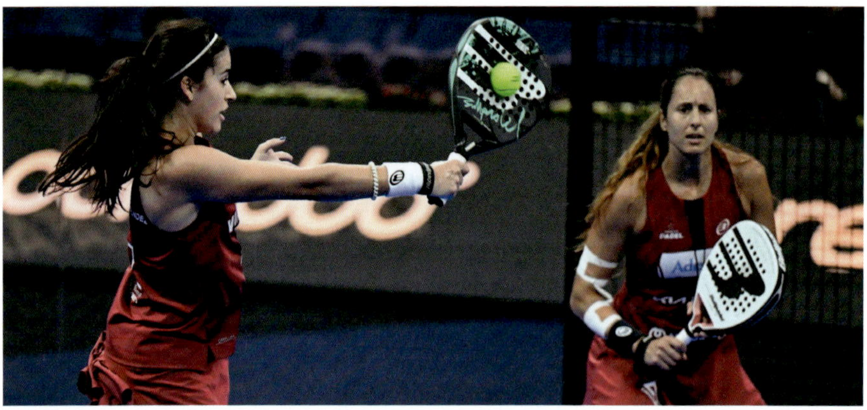

Also heißt die erste wichtige Taktikregel: *Sicher platzierte Bälle bestenfalls mit viel Spin schlagen, statt zu schnell auf den risikoreichen Winner zu gehen.*

8.3 EINSTAND- UND VORTEILSSEITE: JEDER HAT SEIN HOHEITSGEBIET

Das Team entscheidet vor dem Match, wer auf welcher Seite spielt - eine wichtige Entscheidung, denn sie wird im gesamten Spielverlauf nicht geändert. Häufig wird bei fortgeschrittenen Spielern auch beobachtet, dass sich eine Seite herauskristallisiert und ein Spieler immer diese Seite wählt oder innerhalb seines festen Spielteams eine Absprache zur Seitenwahl besteht.

Das häufig gehörte etwas flapsige „Are you backhand?" meint als Frage auf dem Court beim Kennenlernen also nicht, dass man mit einer Rückhand verwechselt wird; sondern dass der Spieler danach fragt, ob man fast immer auf der Rückhandseite spielt.

Wir sprechen sowohl beim Padel wie auch in einigen anderen Rückschlagsportarten von der Einstandseite rechts und der Vorteilsseite links. Während beim Tennis die (meist stärkere) Vorhand oft über die Seitenaufteilung entscheidet, kann beim Padel ebenso eher die Rückhand oder die Smash-Fähigkeit entscheidend sein. Spielen hingegen beispielsweise im Tennis ein Rechts- und ein Linkshänder zusammen, werden sie beide ihre starke Vorhandseite wählen, also spielt der Linkshänder automatisch auf der Vorteilsseite (links).

Gründe für ein Wählen der Vorhandseite können beispielsweise sein:

- Ich bin ein besserer Verteidiger und schnell auf den Beinen.
- Meine Rückhand am Glas ist nicht so gut.
- Ich bin im Grundlinienspiel besser als im Schmettern oder bei hohen Volleys.
- Ich fühle mich hier wohler.

Gründe für die Wahl der Rückhandseite sind zum Beispiel:

- Ich kann gut und variabel schmettern.
- Meine Volleys sind stärker und sicherer offensiv als die meines Partners.
- Ich habe Freude daran, das Spiel im Offensivspiel zu spielen.
- Ich bin teils fordernder als mein Mitspieler und möchte viele Bälle spielen.
- Ich fühle mich hier wohler.

Hintergrund ist, dass der Rückhandspieler (in unserem Musterbeispiel als Rechtshänder) nach entsprechender Absprache öfter sowohl mit hohen Vorhandvolleys als auch mit Smashes attackieren kann als der Vorhandspieler, der ja sonst häufig bei Bällen durch die Mitte mit der Rückhand schmettern müsste.

Im Padel sieht man bei zwei Linkshändern interessanterweise die folgende Variante: Die Spieler spielen so, dass sie jeweils mit der Rückhand am Glas spielen und beide starken Vorhände würden eingesetzt, um die sensible Mitte abzudecken; beide Rückhände decken die jeweilige Courthälfte Richtung seitlicher Glaswand ab.

Ein weiterer wichtiger Grundsatz lautet, dass sich jede/jeder zuerst einmal für alle Bälle verantwortlich fühlen sollte, die auf die eigene Seite zusteuern. Nur in Ausnahmefällen und nach Absprache innerhalb des Teams sollte von dieser Praxis abgewichen werden. Das schafft klare Zuständigkeiten und vermeidet Missverständnisse. Für die Abdeckung der Mitte gilt, dass idealerweise mit dem Vorhandschlag (und dem entsprechenden Smash) die Mitte abgedeckt wird.

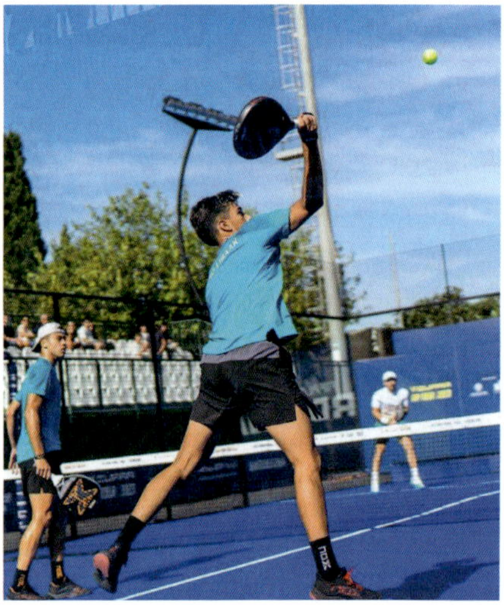

So lautet die zweite wichtige Taktikregel für Beginner: *Jeder spielt auf seiner „Schokoladenseite" und ist uneingeschränkt für sie zuständig, solange er nicht in einer Notsituation ist.*

8.4 DEFENSIV- UND OFFENSIVPOSITION

Die Taktikgrundsätze beim Padel als reiner Doppel-Wettkampfsportart basieren auf einem geordneten Stellungsspiel und einer möglichst lückenlosen Platzabdeckung - ähnlich und doch in ihrer taktischen Ausrichtung völlig anders als beim erfolgreichen Doppelspiel im Tennis. Grundsätzlich befindet sich das Padel-Team häufig entweder in der defensiven (Defence) oder offensiven Position (Offence); idealerweise von der Seite betrachtet als Grundposition auf einer Linie parallel zum Netz. Denn der neuralgische Punkt ist bei der Padel-Aufstellung nicht nur die Court-Mitte oder die Ballaufsprungoption zwischen Glas und Spieler hinter der Aufschlaglinie, sondern auch diverse Platzierungsvarianten Richtung Spielfeldecke und Zaun und natürlich alle platzierten Bälle in offene Räume. Befindet sich ein Spieler hinter der

Aufschlaglinie und sein Partner nahe am Netz, entsteht zwischen ihnen eine große „Cross-Lücke", die findige Gegner regelmäßig anvisieren werden. Abhilfe schafft eine Positionierung auf etwa einer Höhe, wobei darauf zu achten ist, dass die Lücke zwischen den Partnern in der Mitte nicht zu groß ist.

In der Defence stehen die Partner oft zwischen Aufschlaglinie und hinterer Scheibe, verschieben sich dann jedoch ständig innerhalb des Ballwechsels. In der Offensive lauern beide etwa 1,5 bis 2 Meter vor dem Netz auf die Reaktion des Gegners. Fortgeschrittene Spieler vermeiden es, sich allzu oft im sogenannten „Niemandsland" aufzuhalten; das ist der Teil des Spielfeldes vor der Aufschlaglinie und hinter der virtuellen Netzposition. Aus dieser Position lassen sich aufgrund der langen Laufwege (wegen offener Winkel) nur schwerlich aggressive Bälle an die hintere oder seitliche Scheibe gut parieren und außerdem ist man als Spieler in dieser Position gefährdet, dass der Gegner einfache flache Bälle mit viel Spin vor die Füße oder an dem Spieler vorbei spielen kann.

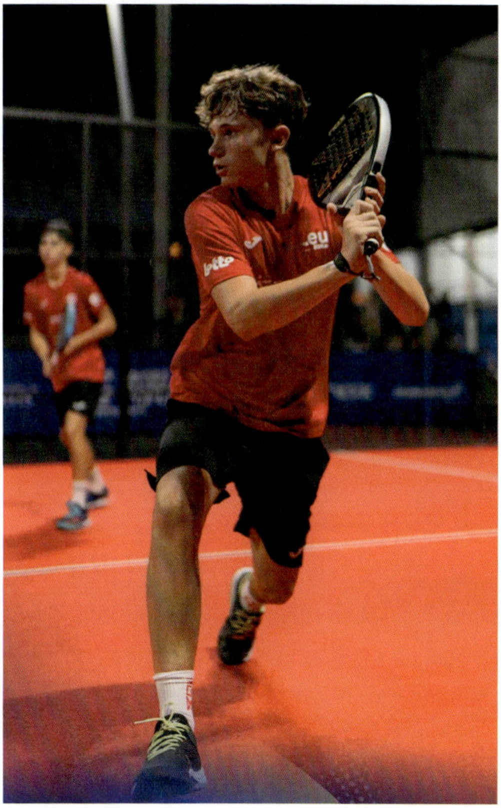

Haben beide Spieler die Offensivposition eingenommen, werden sie im Spielverlauf regelmäßig überlobt. In diesem Fall ziehen sich einer oder beide Spieler wieder Richtung Defensivposition zurück; wobei der Spieler, der den Schlag nicht ausführen wird, die Gegner beobachtet und seinen rückschlagenden Partner darüber informiert, ob beide Gegner ans Netz vorgerückt sind. Durch das Rücklaufen hat der schlagende Spieler die Gegner nämlich nicht immer im Blick.

Die dritte Taktikregel: *So schnell wie möglich raus aus dem Niemandsland und versuchen, eine stabile Linie zu bilden.*

8.5 OFFENSIVE: GLAS, ZAUN ODER OFFENE WINKEL FINDEN

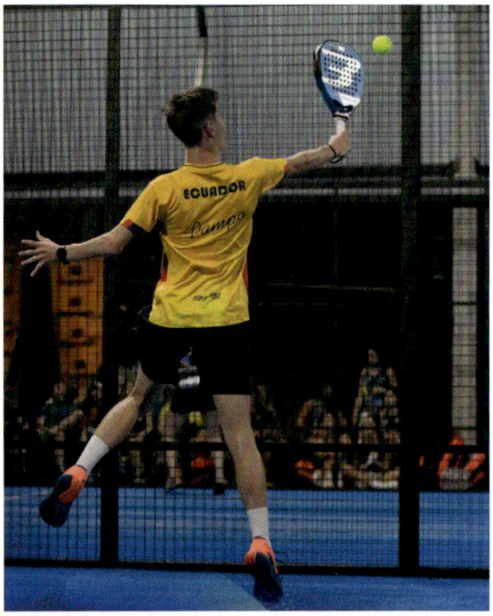

In der Offence, aber auch aus der Defence - beispielsweise mit einer Überkopfball-Variante - soll der Gegner zum Fehler oder einem leicht verwandelbaren Rückschlag gezwungen werden. Dabei gilt aber wieder das Prinzip: „Safety first" statt purer Gewalt. Sowohl ein defensiver, gut platzierter und mit starkem Spin versehener Smash wie auch ein entsprechend passend gespielter Volley sollten im Idealfall entweder in Richtung Glas, Zaun, Feldmitte oder eben in passende Winkel gespielt werden, die dem Gegner lange und unschöne Laufwege und Bewegungen aufzwingen. Durch all diese Varianten kann der Gegner aufgrund von Zeitdruck in schnelle Entscheidungsfindungen gezwungen werden. Es gilt hierbei allerdings eine Grundregel jeden Ballspieles zu beachten: Zwar sind Bälle, die wenige Zentimeter vor der Scheibe oder dem Zaun aufspringen, äußerst effektiv - aber natürlich auch ebenso riskant. Für eher noch unsichere Beginner ist also ein relevanter Tipp wie folgt: Ein auf die Aufschlaglinie platzierter Ball ermöglicht einen sicheren Streuungsradius um den Aufsprungpunkt herum, weiterhin hat dieser Ball im Padel zur Folge, dass der rückschlagende Gegner immer wieder mit der Entscheidung beschäftigt ist, ob er den Ball an die Scheibe „durchlässt" oder direkt zurückspielt. Wohldosierte Volleys oder Überkopfbälle, die in der Nähe der Aufschlaglinie aufprallen, springen häufig so von der Glaswand ab, dass der Rückschläger sie sehr nah am Boden treffen muss. Das erschwert einen aggressiven Rückschlag erheblich. Nimmt er den sich schnell herabsenkenden Ball direkt, muss er sehr präzise und mit der richtig dosierten Geschwindigkeit treffen und sich dazu mit Pech auch noch ins Niemandsland bewegen. Für fortgeschrittene Spieler ist hingegen ein häufiges Platzieren nah an Spielfeldecke, Scheibe oder Zaun geradezu unerlässlich. Doch hier gilt ebenso: Platziere den Ball entsprechend Deinen Fähigkeiten möglichst nur so nah an die Scheibe, dass Du Fehler durch „Aus"-Bälle weitestgehend von Vornherein vermeidest. Das Wichtigste ist ansonsten ebenso wie in allen Rückschlagspielen das spieltaktisch begründete Winkelspiel, das je nach einzelner Spielsituation sehr kurzfristig entschieden werden muss – offene Räume auf Gegnerseite gilt es zu nutzen, wenn man eine vielversprechende Erfolgswahrscheinlichkeit vorhersieht.

Folglich lautet die vierte Taktikregel: *Nutze offene Räume und bringe den Gegner irgendwie unter Zeitdruck!*

8.6 GRUNDSTELLUNG UND TAKTIK BEIM AUFSCHLAG

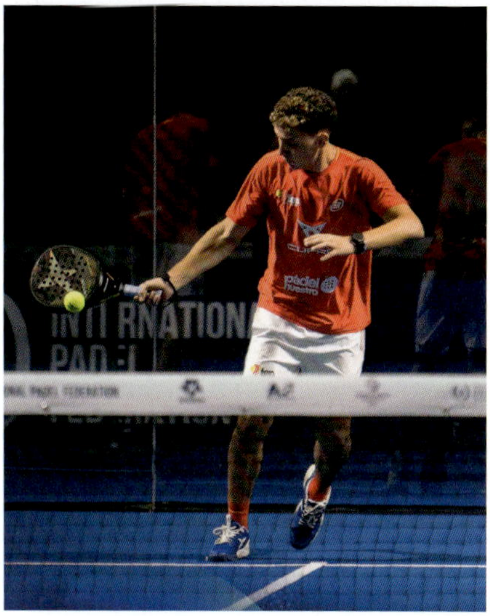

Beim Aufschlag versucht der aufschlagende Spieler unmittelbar nach dem Service die Netzposition an der Seite seines Partners einzunehmen. Nehmen wir an, Spieler A eröffnet das Match mit seinem Aufschlag. Er positioniert sich zum Service hinter der Aufschlaglinie auf der rechten Seite. Sein Partner steht etwa zwei Schritte vor dem Netz auf „seiner" Vorteilsseite und wählt den Abstand zur seitlichen Glaswand so, dass er einen Longline-Return als Volley abfangen könnte. Mit dem Service schließt der Aufschläger auf die Höhe seines Partners ans Netz auf, orientiert sich jedoch etwas mehr zur Mittellinie. Die Mitte wäre sonst bezüglich des Winkels sehr offen für einen tödlichen Return des Rückschlägers. Schlägt Spieler A beim zweiten Punkt von der Vorteilsseite auf, bleibt sein Partner ebenfalls auf der Vorteilsseite in der Netzposition, was gerade bei Lernenden von ursprünglich anderen Rückschlagsportarten häufig anfangs für Verwirrung sorgt. Der Aufschläger schließt diagonal auf, läuft an dem auf seiner Position verharrenden Netzspieler hinten vorbei und positioniert sich auf Höhe seines Partners wiederum auf „seiner" Einstandseite am Netz. So hat das aufschlagende Team sofort eine dominante Netzposition inne, um mit Glück schon den von den Gegnern gespielten Return mit einem gezielten Volley oder Smash zum Punkt zu machen. Weiterhin gilt es gleich zu Beginn zu beachten, dass man beim Aufschlag immer wieder überlegen sollte, wie der Gegner zu überraschen ist. Spielte man dreimal ans Glas, darf es ein Ball durch die Mitte sein. Spielte man noch gar nicht auf den Gegner direkt, sollte ihn das überraschen. Spielte man zwei Bälle schneller, überrascht ein langsamer Ball eventuell den Gegner. Auch die Slice-Varianten können entsprechend gemischt werden. Hat sich dann erst mal eine Schwäche des Gegners herauskristallisiert (z. B. kann er nicht mit langen langsamen Bällen ohne Slice auf die Rückhand umgehen), dann sollte dieser Aufschlag mit diversen anderen überraschenden Aufschlägen kombiniert werden.

Taktikregel Nummer fünf: *Beim Aufrücken ans Netz nach dem Aufschlag die Mitte gut abdecken und den Gegner immer wieder überraschen!*

8.7 GRUNDSTELLUNG UND TAKTIK BEIM RETURN

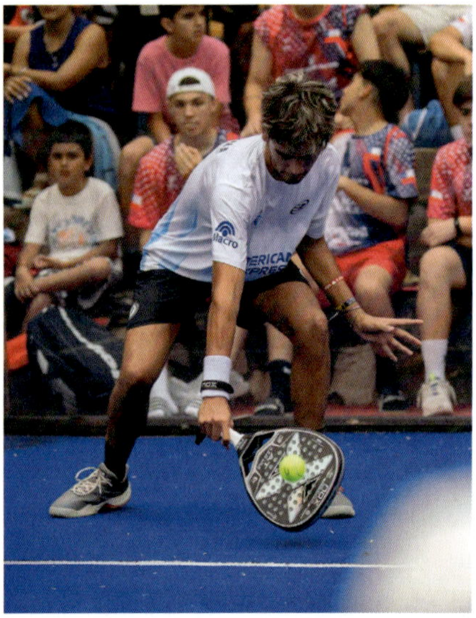

Beide Rückschläger stehen je nach individuell bevorzugter Position hinter der Aufschlaglinie und decken ihre Court-Hälfte ab. Spielt der retournierende Spieler einen hohen Lob in Scheibennähe als Return, rücken beide idealerweise auf einer Linie Richtung Netz vor, denn es ist dann oft eine eher defensive Antwort zu erwarten. Gerät der Lob zu kurz, bleiben beide hinten und erwarten sehr wahrscheinlich einen Schmetterball. Bei einem flachen Return sollte ganz grundsätzlich je nach Spielsituation entschieden werden, meist wird dann in der Folge möglichst schnell die Netzposition gesucht. Nicht immer ist dies möglich, wenn der Gegner aggressiv antwortet. Der Return-Spieler hat die Aufgabe, mit seinem Return die aufgerückten Gegner möglichst zeitnah in die Defensive zu drängen oder keine zu starke Offensive zuzulassen, um dann selbst als Team zum Netz aufzurücken. Dazu eignen sich gleichermaßen ein Lob oder ein Chiquita wie auch diverse zur Situation passende Schläge in allen denkbaren Varianten. Verfehlt der Return seine halbwegs offensive Wirkung, verbleibt das retournierende Team in der Defence-Position und wartet auf die nächste Gelegenheit, die Gegner mit einem geeigneten Schlag in die Defensive oder in einen ausgeglichenen Ballwechsel zu drängen. Es gilt wieder zu bedenken, dass die

Platzierung, der Spin und das Tempo des Returns je nach Aufschläger-Verhalten in kürzester Zeit entschieden werden müssen – teils sogar mit Antizipation der Platzposition des Gegners, um Erfolgswahrscheinlichkeiten zu berechnen. Weiterhin gilt hier ebenfalls, dass man den Gegner ruhig immer wieder überraschen sollte.

Die Taktikregel Nummer sechs lautet: *Kluge Returns spielen, um selbst möglichst schnell aus der Defensivposition zu kommen.*

8.8 GENERELLES SPIELEN AUF EINER LINIE & WINKELSPIEL

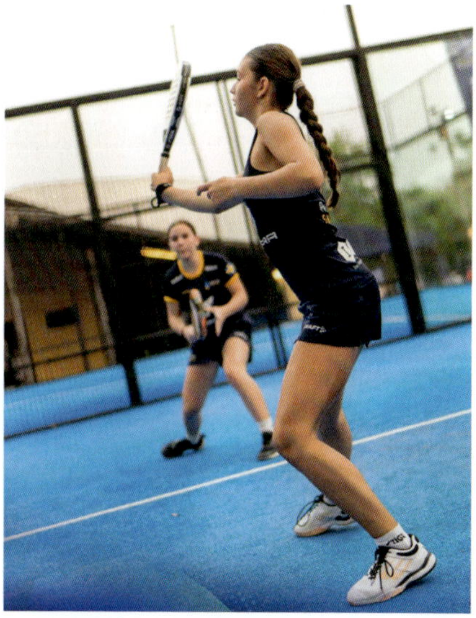

Die meist Erfolg versprechende und daher stets anzustrebende Position für ein erfolgreiches Padel-Spiel ist die Netzposition beider Spieler – auf etwa einer Linie. Denn versierte Spieler erzielen den Großteil ihrer „Winner" durch platzierte Volleys oder Smashes aus der beiderseitigen Netzposition. Wird ein Spieler überlobt, übernimmt er grundsätzlich (außer bei anderer Absprache) das Zurückspielen des Balles, in dem er alleine nach hinten läuft, also die gemeinsame netzparallele Linie verlässt. Sein Partner hat nun die Aufgabe, offene Platzstellen effektiv abzudecken. Fliegt der Lob beispielsweise longline über den Spieler auf der Vorhandseite ins hintere Eck des Spielfeldes, muss sich der Netzspieler auf der Rückhandseite darauf vorbereiten, die Mitte abzudecken, er orientiert sich also mehr Richtung Mittellinie, damit die Gegner nach der Lobentgegnung kein einfaches Spiel haben, indem sie mit einem flachen Ball durch die Mitte links neben dem zuvor Überlobten punkten. Der rückschlagende Spieler versucht wieder die Netzposition zu erreichen, nachdem er den Lob zurückgespielt hat.

Gelingt dies nicht, weil die Gegner inzwischen ihrerseits die Netzposition eingenommen haben und wegen eines eventuell schlechten Lobs ein Schmetterball zu erwarten ist, ziehen sich beide Spieler je nach individueller Fähigkeit oft auf einer Linie hinter die Aufschlaglinie zurück.

Im Prinzip geht es bei dieser Art taktischen Denkens wieder um den Zeitdruck: Muss ich wegen offener Räume auf meinem Spielfeld weiter laufen (oder mich tiefer bücken usw.), habe ich weniger Zeit für meine eigene Entscheidung und vor allem für eine saubere wie kontrollierte technische Ausführung des von mir geplanten Schlages.

Taktikregel Nummer sieben lautet: *Eigene Räume abdecken und Räume beim Gegner öffnen.*

8.9 KOMMUNIKATION: WIE ÜBERALL AUCH IM PADEL-TEAM DAS A & O

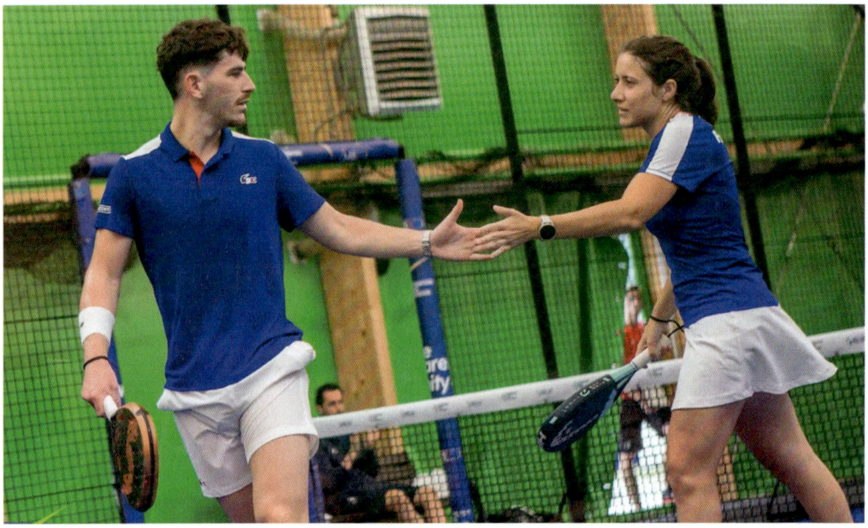

Die Bewegungsmuster erfolgreicher Padel-Teams folgen grob den oben geschilderten Mustern. Allerdings ist Padel so variantenreich, dass regelmäßig Situationen auftauchen, bei denen durch schnelle Sprints oder spontane Richtungswechsel wie völlig unvorhersehbare Ballflugvarianten (z. B. Gitter!) die Basisaufstellung durcheinandergerät. In diesem Fall ist es sinnvoll, das Spiel durch einen kontrollierten Lob oder langsamen sonstigen gut platzierten Ball mit möglichst viel Spin zu beruhigen und sich die Zeit zu verschaffen, die Grundordnung wieder herzustellen. Darüber hinaus ist es im Padel extrem hilfreich, im häufig langen Ballwechsel miteinander zu kommunizieren. Entscheidet sich ein Spieler spontan, einen nicht klar zugeordneten Ball zu übernehmen, sollte er mit einem kurzen „ich" oder „meiner" seinem Partner signalisieren, dass dieser nicht zu reagieren braucht, sondern die Zeit nutzen kann, um sich schnell so zu positionieren, dass er möglichst die größte Gefahrenstelle bzgl. des eigenen Spielfeldraums „dicht macht". Wichtig ist die Kommunikation dann besonders, wenn die Gegner einen gelungenen Lob spielen. Der Spieler, der den Rückschlag auf seiner Platzhälfte übernimmt, läuft zunächst nach hinten und sieht folglich nicht ständig, was die Gegner machen. Um den geeigneten Schlag vorzubereiten, braucht er diese Information jedoch – sonst müsste er rein antizipieren. Also beobachtet der passive Spieler das Geschehen und informiert seinen Partner entsprechend, in dem er beispielsweise ruft: „Beide vorne! Links weiter vorne, Mitte frei!" Darüber hinaus positioniert er sich selbst so, dass er mögliche Lücken optimal abdeckt, die durch das Zurücklaufen seines Partners entstehen.

Taktikregel Nummer acht: *Das Geschehen auf der gegnerischen Platzhälfte beobachten und in komplexen Situationen ständig kommunizieren.*

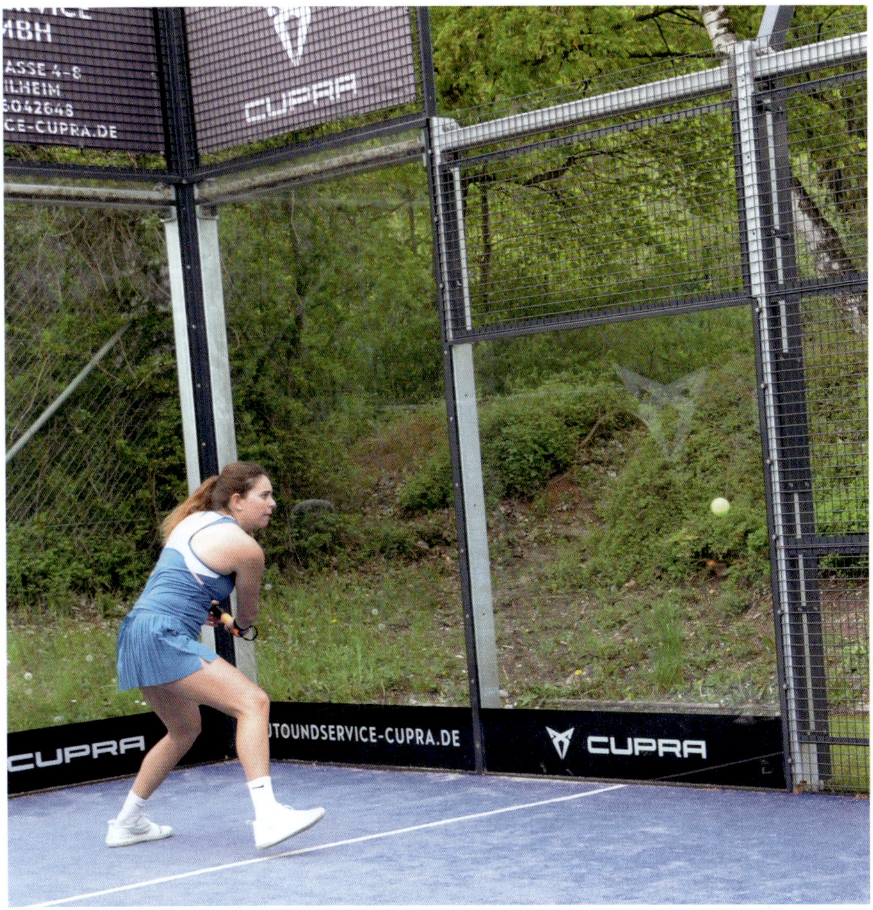

9

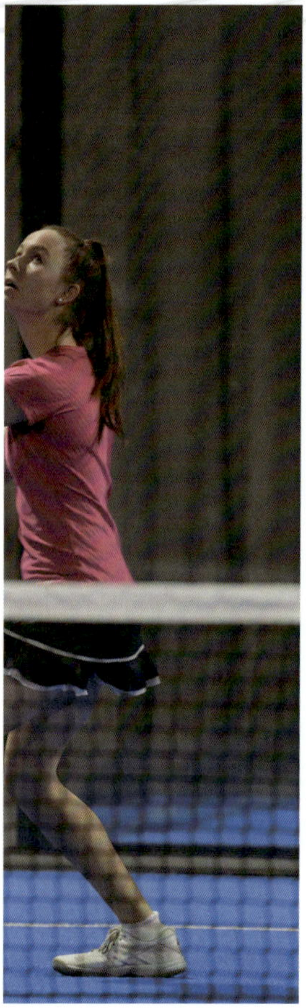

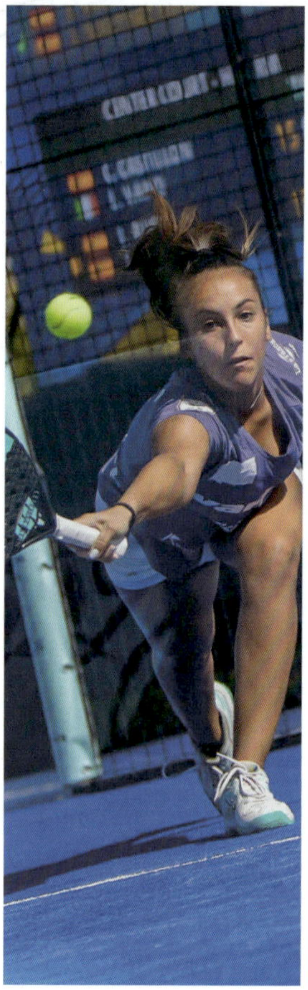

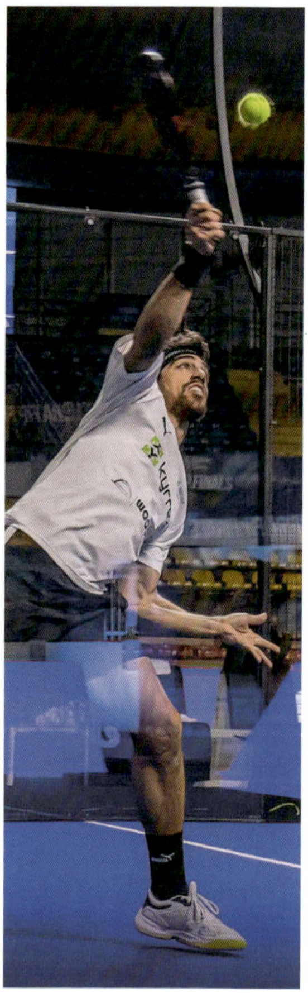

9 TAKTIK TEIL 2: TAKTISCHE ÜBERLEGUNGEN FÜR DEN UMSTIEG VON ANDEREN RÜCKSCHLAG-SPORTARTEN AUF PADEL

(VON ANDREAS EHSTAND)

9.1 EINFÜHRUNG

Eine der einfachsten und hilfreichsten Definitionen der Taktik im Rückschlagspiel ist die, dass der Spieler eine bestimmte oder zufällige situationsspezifische Handlung unter Zeitdruck erfolgreicher zielorientiert vollführt als sein Gegenspieler und zum Beispiel so durch einen wie auch immer gearteten Ballwechsel das Ziel des Punktgewinns erreicht. Wie bei so vielen anderen Dingen im Leben ist eine möglichst optimale Handlung innerhalb eines gewissen Zeitfensters der entscheidende Faktor für Erfolg. Wenn Sie beispielsweise in kürzester Zeit eine Geschäftsidee haben oder sehr früh eine potenzielle Krankheit entdecken und behandeln lassen, hat Ihnen auch in dieser Hinsicht der Zeitfaktor geholfen.

Gerade in der analytischen Coaching-Herangehensweise ist dieses Denken von höchster Relevanz für eine „schnelle" und rankingorientierte Spielerentwicklung, da auf Basis dieser Zieldefinition mit primär zeitlicher Betrachtungsweise alle anderen leistungsbestimmenden Faktoren ausgerichtet werden müssen.

Mit Zeit im Spiel kann vieles gemeint sein; es handelt sich aber fast immer um eine Art der Bewegungs- oder kognitiven Leistungsdauer innerhalb eines bestimmten Zeitraums:

Schnelligkeit der Rotation des Balles, Sprinttempo ohne Ball, Ballfluggeschwindigkeit (das im Padel nicht immer sinnvolle schnelle Schlagen), Reaktionsgeschwindigkeit, Sprungkraft, Wendung des Körpers zur Ballflugbahn, Schnelligkeit der sportlichen Entscheidungsfindung zum situativen Spielen des Balles, Wegstrecke zum Ball pro Sekunde im Vergleich zur Ballgeschwindigkeit und *vieles mehr* sind mögliche zeitlich zu betrachtende taktische Einflussfaktoren auf einen Ballwechsel.

Dieses Kapitel richtet sich an Spielerinnen und Spieler, die Padel für sich entdeckt haben, regelmäßig spielen und sich mit System verbessern wollen. Für komplette Anfänger sind manche Situationen wegen mangelnder Erfahrung vielleicht noch nicht direkt nachvollziehbar. Daher beinhaltet jede der vier padelspezifischen Betrachtungen neben der Erläuterung die taktische Würdigung wie auch konkrete und aus der allgemeinen Trainingslehre logisch hergeleitete Trainingsempfehlungen, um das eigene Spiel über Monate oder auch Jahre kontinuierlich zu verbessern. Die entsprechenden Tipps sind nach dieser grundsätzlichen zeitlichen Betrachtung natürlich ansonsten individuell beliebig zu variieren.

Für die kommenden Tipps ist diese vereinfachte Überlegung zur Bedeutung des Zeitfaktors hilfreich, da sie dem Tennisspieler beim Umstieg von Tennis auf Padel sehr helfen kann. Sieht man bei der Beobachtung eines Ballwechsels von außen die Zeit als relevanten Faktor im Rückschlagspiel, so ergeben sich sehr einfache Folgerungen - egal ob dies Tischtennis, Squash, Tennis, Pickleball oder eben die (um im Bild zu bleiben) extrem *schnell* wachsende Sportart Padel ist. Selbst andere Ballsportarten wie Fußball sind durch diese vereinfachte „physikalische" Denkweise oft sehr viel leichter analysierbar. Durch das Gitter und das Glas ist der Zeitfaktor im Padel-Spiel völlig anders zu bewerten als in anderen Rückschlagsportarten.

Zuvorderst ist zu sagen, dass sich an der grundsätzlichen, vereinfachten Merklogik des Ballspiels nichts ändert:
Sicherheit in der Platzierung
vor Genauigkeit der Bodenberührung des Balles auf der Gegenseite
vor Rotationsgeschwindigkeit des Balles
vor Fluggeschwindigkeit des Balles
... und dies alles gepaart mit optimal schneller Vorbereitung des eigenen Körpers und der eigenen Schlagvorbereitung an einem spezifischen Ort innerhalb des Spielfeldes vor dem Schlag.

Als Spieler kann man sich also beispielsweise Folgendes denken:

- Entweder der Gegner schafft es, mich in einer Situation beziehungsweise im ganzen Ballwechsel so unter Zeitdruck zu setzen, dass ich Fehler mache oder ihm die Möglichkeit zum Punktgewinn gebe.
- Oder ich schaffe es, den Gegner so unter Zeitdruck zu setzen, dass er den Fehler macht oder aber ich mehr Zeit habe, auf irgendeine Weise einen Punkt generieren zu können.

Ein sehr einfaches Beispiel ist der Schmetterball in vielen Rückschlagsportarten, der hypothetisch als Winner gespielt werden kann. Ein Winner setzt den Gegner so unter Zeitdruck, dass er nicht rechtzeitig zur Ballflugbahn gelangen kann, um den Ball zurückzuspielen beziehungsweise ihn je nach Definition überhaupt noch zu berühren. Beim Padel wäre das der Smash aus dem Spielfeld heraus - der sogar hypothetisch immer vom Verteidigenden zurückgespielt werden könnte, wenn er *schnell genug* die Wegstrecke aus dem Spielfeld durch die Tür zum sich wieder senkenden Ball laufen würde.

Ein weiteres anschauliches Beispiel ist ein Slice-Stop, der so viele und so schnelle Rückwärts-Rotationsbewegungen (aber eine langsame Fluggeschwindigkeit) hat, dass er auf die eigene Seite des Stop Spielenden (Angreifers) zurückspringt. Auch das ist ein Winner, der *zeitlich* durch einen Sprint vom Gegner nicht mehr erreicht werden kann.

Nach Rücksprache durch den Herausgeber dieses Buches mit Yannik Mann (vielen von Ihnen sicher bekannt von der Trainerausbildung des Deutschen Padel Verbands) konnten vier beispielhafte Situationen extrahiert werden, die für Tennisspieler zu Beginn oder auch in den ersten Jahren des für sie neuen Spiels Padel von großem Nutzen sein können:

- das Spiel über die/nach der Wand (z. B. Bälle im steilen Sinkflug zu nehmen);
- die Smash-Varianten (hier beispielhaft: Vibora, Kick, Bandeja);
- das Weglaufen vom Ball beziehungsweise das Dem-Ball-Hinterherlaufen, oft nach dem Abprallen vom Glas (in Richtung des gegnerischen Feldes), um ihn beispielsweise am Netz abzupassen;
- die schnelle Reaktion und die Vorbereitung, wenn der Ball unberechenbar am Gitter abprallt.

Diese für Anfänger sehr ungewohnten Situationen sind beispielhaft und bilden natürlich keine Vollständigkeit ab. Es gäbe eine Vielzahl weiterer unterschiedlicher Punkte, die angeführt werden könnten. Einige dieser Punkte werden jedoch im Ansatz in den jeweiligen Unterkapiteln angeschnitten - ein Beispiel wären die teils unnatürlichen Hebebewegungen in tiefer Beuge über die Rückhand mit verwringter bzw. rotierter Hüfte und Wirbelsäule, die in anderen Spielen so kaum vorkommen werden - da schlicht die Ballflugbahn im Spielfeld (oft nach Abspringen vom Glas) aus einem derart „unmöglichen" Winkel wegen der taktischen Anlage des Spiels gar nicht existiert.

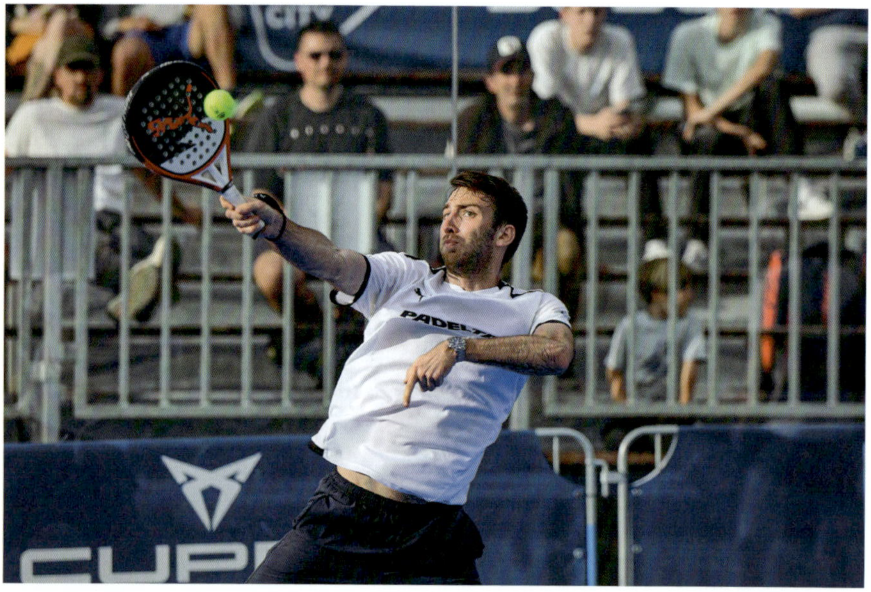
PADEL
CUPR

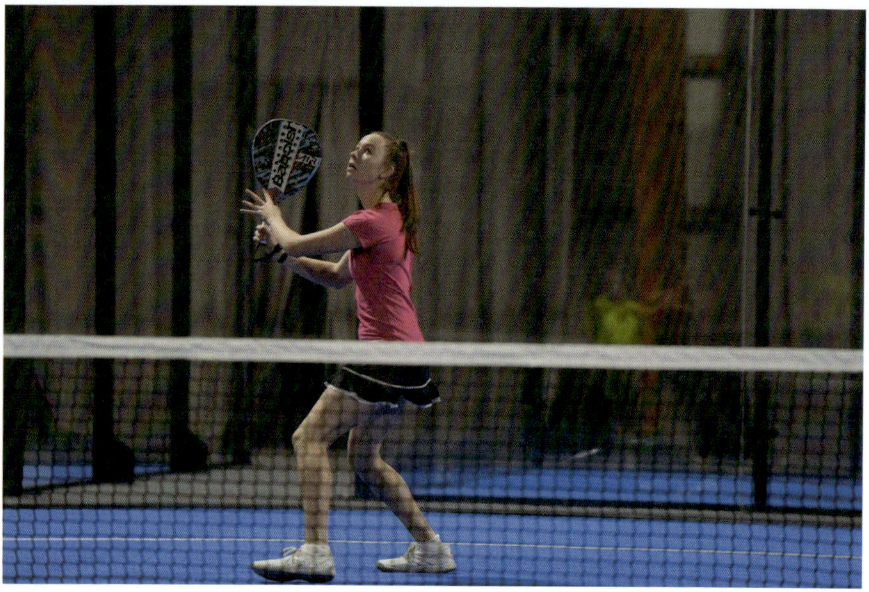

9.2 DAS SPIEL ÜBER DAS GLAS

Situationsschilderung

Im Vergleich beispielsweise zum Tennis ist das Glas ein Einflussfaktor, der den Ballwechsel auf etwas höherem Niveau deutlich verlängert. Dies führt dazu, dass dieser Faktor besonders ins taktische Denken aufgenommen werden muss: Der Gegner wird durch die „Hilfe" des Glases nicht durch hohes Ballflugtempo per se unter Druck gebracht werden können, sondern ein Punktgewinn muss über mehrere Ballwechsel hinweg oft geduldig aufgebaut werden – der Zeitdruck auf den Gegner ist also entweder durch Standardvariationen zu erreichen (Spin, Platzierung, Tempo) oder eben durch das Einbinden des Glases. Hier ist von besonderer Bedeutung, dass ein Ball nach dem Berühren der Scheibe durch eine bezüglich der Fluggeschwindigkeit langsame Spielweise kaum mehr von der Scheibe zurückspringt und es so viel schwerer macht, ihn nochmals ins andere Feld zu spielen. Man muss durch eigene Körperkraft mehr Energie in den Ball geben, den dieser in horizontaler Richtung verloren hat. Auch Slice-Bälle fallen teils mit Tempo in steilem Sinkflug nach Berühren des Glases sehr schnell in Richtung Boden. Ebenso ist gerade für Anfänger die doppelte Berührung des Glases von je einer Glasscheibe in der Spielfeldecke extrem herausfordernd und bedarf enormer Übungszeit wegen ungewohnter und damit zeitlich überraschender Flugbahnwinkel. Andererseits führt das Glas dazu, dass Bälle (z. B. beim geraden Schlag) ebenso mit sehr schneller Fluggeschwindigkeit oder auch sehr hoch (z. B. beim Spin-Schlag) zurückkommen können, wenn sie von dort abspringen. Sogar Sidespin-Bälle sind möglich, wie es beispielsweise beim Vibora der Fall wäre; hier muss man durch Spielerfahrung den Abflugwinkel vom Glas irgendwann antizipieren können, um mit grundausgebildeten Padeleros auch nur ansatzweise mithalten zu können. All diese Varianten haben zur Folge, dass eine schnelle Entscheidung und Reaktion erforderlich ist, die noch dazu mit einer ausgereiften technischen Sicherheit einhergehen muss.

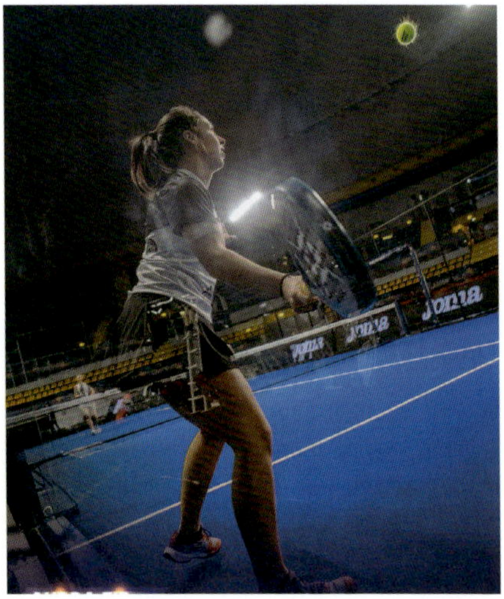

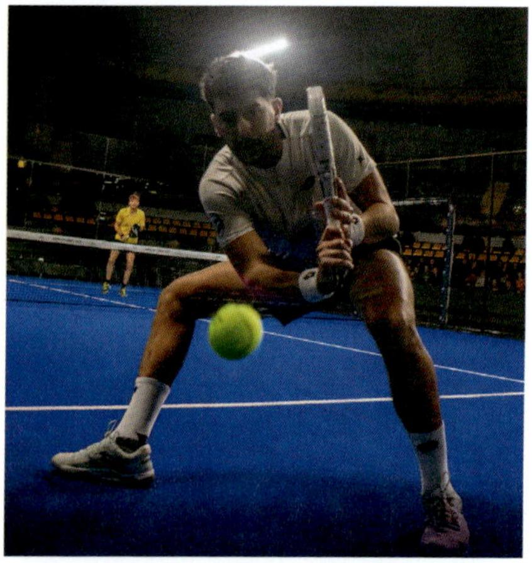

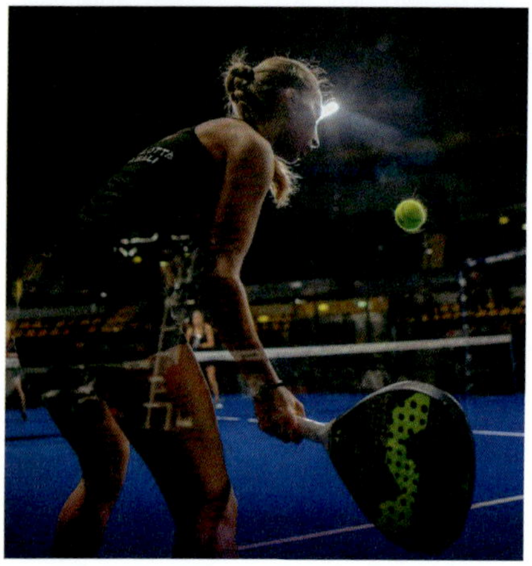

Weiterhin hilft das Glas enorm dabei, als Verteidiger wieder zurück ins Spiel zu kommen und so Zeit zu gewinnen. Die im Fernsehen oft gesehenen Lobvarianten nahe der Scheibe führen zu einer Verlangsamung des Ballwechsels und damit zu einer durch den Lob und das anschließende Scheibenabprallen gewonnenen Zeit wegen der langen Flugzeit und des langsamen Ballverhaltens an der Scheibe. Das verteidigende Team hat insofern also wieder die Option, zurück aus der Defensive zu gelangen und sich zeitlich betrachtet vom Druck zu befreien. Bestenfalls kann man dann nach einem derartigen Lob selbst wieder die Option erwirken, schlussendlich den Gegner (auf ein Neues) unter Zeitdruck zu setzen – denn das Angriffstempo der Gegner beziehungsweise die erzeugte Drucksituation (Drall, Ballgeschwindigkeit, Platzierung) wurden durch ein „langsames" Einbauen der Scheibe vorerst entfernt. Dieser hier beispielhaft genannte Lob hat sogar mit leichtem Slice oder als sehr langsamer Ball zusätzlich den Vorteil, dass der Gegner mit seiner Körperposition schnell an der Scheibe sein muss, da er mit einem steil vom Glas im Sinkflug fliegenden Ball rechnen muss und ihm so nur sehr wenig Zeit verbleibt, den Ball noch technisch sauber und vor allem kontrolliert zurückzuspielen.

Taktische Konsequenzen

- Rechne grundsätzlich damit, dass der Ball durch das Glas in irgendeiner Art und Weise überraschend Einfluss auf den Ballwechsel nimmt.
- Sei Dir bewusst, dass das Glas durch einen entsprechend intelligent gespielten Ball des Gegners (z. B. langsamer Ball ins Eck, Slicevariante) jederzeit den

Druckaufbau innerhalb des Ballwechsels vollständig entfernen kann und Du als **Offensivspieler** wieder neu beginnen musst, den Gegner unter Zeitdruck zu bringen.

- Als **Defensivspieler** hingegen hast Du jederzeit die theoretische Option, Dich durch (z. B. häufig gespielte hohe Lobs) eine Verlangsamung des Balles über das Glas selbst wieder in eine neutrale oder offensive (Netz-)Position zu bringen – in dieser Situation wäre bei anderen Rückschlagsportarten wie Tischtennis, Tennis (oder auch Volleyball) eine Rückkehr in den Ballwechsel viel schwieriger bis unmöglich.

Logisch folgende Trainingstipps

- Absolviere als im Padel neuer Rückschlagsportler von Anfang an grundsätzlich viele Übungen über das Glas und sei geduldig, wenn das bei den ersten Malen nicht direkt klappt. Das kleine Frustrationspotenzial anfangs wird sich im Trainingsverlauf in viel Freude und Spaß verwandeln.
- Finde durch Matchpraxis heraus, wie das Glas auf Spin, Tempo, Platzierung und Winkel reagiert.
- Korb- oder Ballmaschinentraining kann anfangs – und selbstverständlich angepasst auch in der späteren Spielerentwicklung – sehr sinnvoll sein; einerseits um als **Offensivspieler** verschiedene Schlagvarianten zu erlernen, die eben nicht zwingend eine schnelle Ballgeschwindigkeit (sondern hohe Rotationsgeschwindigkeit und intelligente Flugbahn sowie genaue Platzierung) erfordern. Für das Training des **Defensivspielers** können der Zuspielende oder die Ballmaschine (dann als „Angreifer") so spielen, dass die Flugbahn oder die Rotation des gegnerischen Angriffsballes taktisch so gut ist, dass man die Verteidigung eines solchen oft langsamer als gewohnt fliegenden Angriffsballes als Padel-Neuling erst völlig neu erlernen muss. Häufig ist es sogar so, dass aus anderen Rückschlagsportarten stammende Athleten eine beobachtete Trainingssituation gar nicht einschätzen können, wenn der Padelcoach einen langsam gespielten Bandecha mit dem Ausruf „Great!" beschreibt. Im Kopf eines im Padel unerfahrenen Tennisspielers wird einige Monate anfangs immer wieder der Gedanke aufkommen: „Naja, der war aber schon ein bisschen langsam."
- Trainiere insbesondere diverse Rotationsvarianten des Balles über das Glas und die Spielfeldecke, die Deinen oder den Laufweg des Gegners gerade noch möglich erscheinen lassen und mache lieber etwas längere Pausen zur Regeneration

zwischen Bällen oder Trainingssätzen. Ein Beispiel könnte sein, dass man einen langsamen, aber stark rotierenden Slice-Volley des Gegners mit Absprung nahe der Wand nach der Wandberührung gerade noch so „herauskratzt" und zurückspielt. Je nach Ausführung ist so eine Übung hochintensiv und benötigt viele Pausen zwischen den Bällen.

- Trainiere nach einigen Monaten explizit längere Ballwechsel oft auch ausschließlich über das Glas. Anfangs könnte hier ohne neu eingespielten Aufschlag trainiert werden, man hat also mehrere Bälle in der Tasche und spielt direkt weiter. Verbiete Dir insofern zu Übungszwecken manchmal harte Smashes und belohne den Punktgewinn aufgrund „langsamer und intelligenter" Angriffsschläge durch Doppelpunkte oder zähle Fehlerpunkte bei einem selbst gespielten Ball, der das Glas nicht erreicht und so weiter! Hier kannst Du in jeder Richtung kreativ werden, wie Dir die Übungsvariante Fun bringt.

9.3 DIE SMASH-VARIANTEN (HIER VOR ALLEM VIBORA, BANDEJA, KICK)

Situationsschilderung

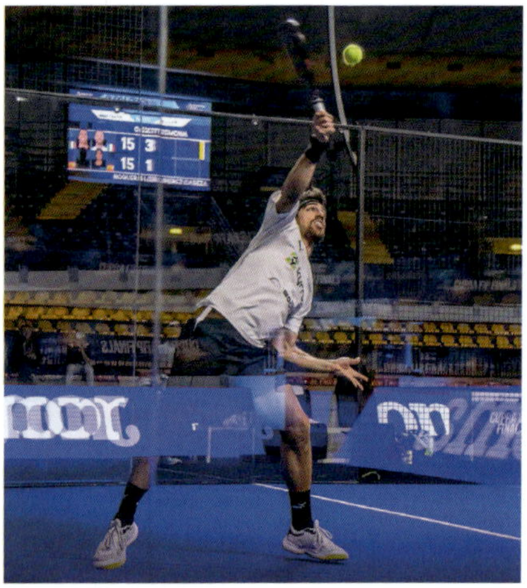

Während bei einem Rückschlagspiel ohne Glas jeglicher dem Schmetterball ähnlicher Schlag (auch z. B. hoher Volley, Topspin-Volley usw.) das grundsätzliche Ziel hat, den Gegner situationsnah durch die oft hohe Fluggeschwindigkeit stark unter Zeitdruck und bestenfalls unter Sprintzwang setzen zu können, kann dies im Padel taktisch ganz anders sein. Es gibt im Padel mehrere bekannte Smash-Arten, die bereits im Kapitel zur Technik bebildert beschrieben werden. Wichtig bei der Betrachtung ist zuerst, dass hier zwischen direktem Angriffssmash (der natürlich wieder nicht per se eine schnelle Ballgeschwindigkeit haben muss), verzögertem Angriffssmash zur weiteren Angriffsvorbereitung und dann eben dem Verteidigungssmash unterschieden werden kann.

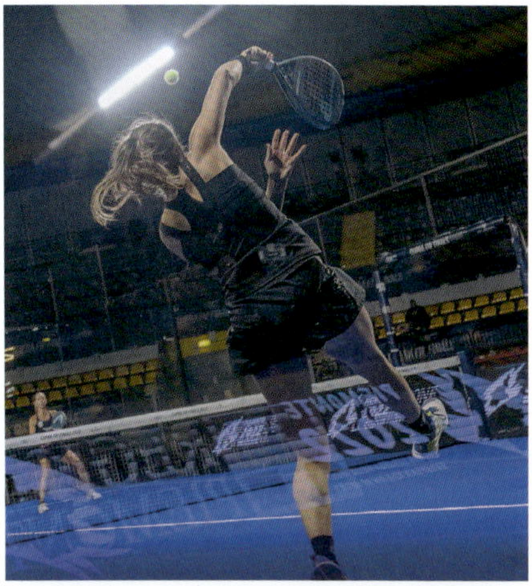

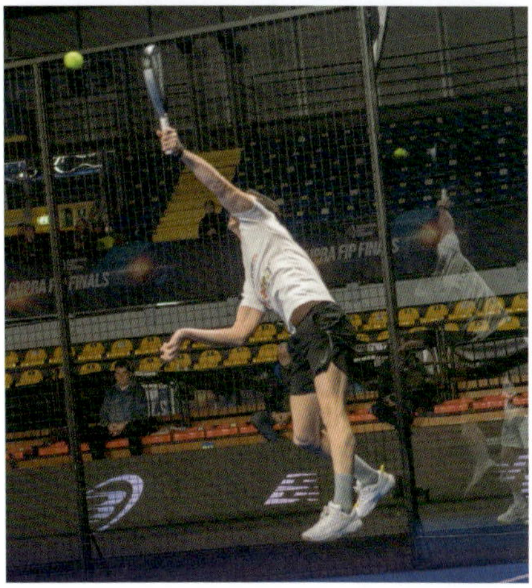

Im Tennis beispielsweise ist ein Verteidigungssmash höchst selten überhaupt vorhanden. Während dem Vibora (aus Rotationssicht eher aggressiv gespielter Sidespin-Schlag mit etwas Slice), dem geraden Smash und dem Kicksmash häufig eine gewisse Aggression zugrunde liegen, ist dies beispielsweise beim Bandeja ganz anders. Diese können ebenso im Ballwechsel zur Punktvorbereitung im Angriffsspiel genutzt werden, wirken aber auf den neutralen und unerfahrenen Beobachter wegen des fehlenden Flugbahntempos fälschlicherweise eher passiv. Aufgrund der Feldgröße und der immer möglichen Chance eines verlängerten Ballwechsels durch Glasbälle macht es im Padel durchaus Sinn, dass Verteidigungs-Smashes als eine eigene Variante an Schlägen betrachtet werden können (z. B. gegen gute Lobs). Diese hätten – taktisch und zeitlich betrachtet – somit den Sinn, sich selbst wieder Zeit zu verschaffen, um gewisse Positionen im Feld einzunehmen oder taktische Varianten vorzubereiten und den Gegner aber trotzdem in schwierige Situationen zu bringen. Der gut platzierte Bandeja mit viel Spin führt z. B. beim Gegner zu einem Minisprint in Glasnähe, um den sich stark senkenden Ball noch zu erreichen. Bei den hier vereinfacht genannten Angriffssmashes hingegen ist es wie bei anderen Rückschlagsportarten so, dass sie den Gegner früher oder später in irgendeiner Art direkter unter Zeitdruck setzen sollen. Dieser Zeitdruck entsteht allerdings im Vergleich zu Rückschlagsportarten ohne Glas oft ganz anders: Statt die Ballgeschwindigkeit subjektiv als primär wichtiges Kriterium zu betrachten, sind hier vor allem die Intensität, Frühzeitigkeit und Exaktheit der eigenen Körperbewegung in Hinsicht auf Platzierung des Balles, Spin (oft Sidespin oder Slice) und nicht zuletzt Sicherheit noch wichtiger.

- Ein Topspin-Smash, der nach der Scheibe aus dem Feld fliegt, ist kaum mehr zu retournieren.
- Ebenso gilt dies für einen aggressiven - bezüglich der Ballgeschwindigkeit eher langsamen - Vibora, der aber sehr starke Rotation hat und genau so im Eck des gegnerischen Spielfeldes landet, dass er auf kürzestem Wege (Zeitdruck für den Gegner!) nach unten fällt.

Besonders kritisch für Neulinge sind natürlich weiters alle Smash-Arten, die über das Spielfeldeck und zwei Gläser gespielt werden. Für den Umstieg von anderen Rückschlagsportarten dürfte dies eine der deutlichsten Umstellungsherausforderungen sein, da die hohe Intensität der körperlichen Belastung (richtiges, oft sehr ungewohntes Stehen oder Bücken, exaktes Platzieren, Tempo in den Spin bringen) genauso gegeben ist, diese aber eher Stellungsspiel und sonstige Platzierungstaktik betreffen und weniger die direkte Fluggeschwindigkeit des Balles.

Taktische Konsequenzen

Verteidigung

- Versuche durch dauerhafte Spiel- und Match-Erfahrung, die gegnerische Smashvariante frühzeitig zu erkennen und diese auf Dauer möglichst oft sogar zu antizipieren. Wichtig ist außerdem das Verhalten des Balles nach der Scheibenberührung, das Dich immer überraschen kann.
- Rechne grundsätzlich damit, dass Dich ein anderer Smash erreicht, als Du ursprünglich gedacht hast.
- Nutze mit einiger Spielerfahrung das Glas nach dem gegnerischen Smash, das Dir Zeit zur Rückerlangung der Kontrolle über die Spielsituation gibt.

Angriff

- Erlerne insbesondere die Smashvarianten, die es in anderen Rückschlagsportarten nicht gibt. Das betrifft besonders die Sidespin- und Slicespin-Varianten Vibora und Bandeja, außerdem aber auch den hier eher aus dem Handgelenk nach unten gedrückten Kicksmash. Sei Dir immer der Pronationsbewegung des Handgelenks bewusst. Sofern Du diesen Begriff noch nicht gehört hast, sieh Dir dazu Slow-Motion-Videos auf Youtube an.

- Erlerne, dass die Smashes nicht schnell sein müssen, sondern der Ball hochrotierend und genauestens sicher taktisch platziert viel tückischer für den Gegner sein kann (Ecke, nah ans Glas, langsam ans Glas, weiter Laufweg des Gegners usw.).
- Bedenke immer, dass der Smash gegen den Zaun und aus dem Spielfeld heraus oft vollkommen unberechenbar und fast unmöglich für den Gegner zu lösen ist und übe insofern nach einigen Wochen oder Monaten extremste Winkel - auch hier ist wieder der große Vorteil von Ballmaschinen oder einem geduldigen Trainingspartner zu beachten, da im Padel gerade die Smashvarianten durch deutliche Winkel und Winkelverbesserungen mit sauberem Stellungsspiel (oder z. B. Sprünge beim Smash) noch giftiger werden können.

Logisch folgende Trainingstipps

- Erlerne Dir unbekannte Schläge neu und sei mehrere Monate geduldig bei der Anwendung im Match. Führe sie anfangs mit einer nicht zu schnellen Armbewegung aus.
- Korb- oder Ballmaschinentraining kann anfangs - und selbstverständlich angepasst auch in der späteren Spielerentwicklung - sehr sinnvoll sein, um als Offensivspieler verschiedene Schlagvarianten zu erlernen, die eben nicht zwingend eine schnelle Ballgeschwindigkeit (sondern hohe Rotationsgeschwindigkeit und intelligente Flugbahn) haben.
- Als Defensivspieler kann der Zuspielende oder die Ballmaschine so zuspielen, dass die Flugbahn oder die Rotation des gegnerischen Balles taktisch so gut ist, dass man die Verteidigung eines solchen Angriffsballes erst neu erlernen kann.
- Markiere Zielfelder, die den Gegner hypothetisch in große Bedrängnis bringen (z. B. langsamer Smash in ein Eck-Zielfeld, Zielfeld am Zaun als Cross-Smash).
- Trainiere Zielfeld-Smashes mit verschiedenen Spinvarianten (Zielfeld im Eck: Kick; Vibora, Bandeja, usw.).
- Bremse Dich im Match als Anfänger fortwährend bei dem Gedanken, den Ball „töten" zu müssen und den Winner zu machen. Oft ist ein langsamer Ball für die Dauer des Ballwechsels viel sinnvoller, da der Gegner bodennah und hinter dem Körper nah an der Rückwand retournieren muss. Bei einem härteren Smash dagegen könnte er einem von der Scheibe zurückprallenden Ball hinterherlaufen und direkt zum Gegensmash oder Gegenvolley ausholen - was wiederum Dich in Zeitnot bringt!

9.4 UNGEWÖHNLICHE LAUF- UND SCHLAGRICHTUNGEN

Situationsschilderung

Eine Besonderheit beim Padel ist, dass der Spieler ständig sowohl mit völlig unnatürlichen als auch nicht gewohnten Lauf- und Schlagrichtungen zu rechnen hat. Durch Gitter und Glas ist immer eine sehr schnelle Reaktionsfähigkeit gefordert. Einerseits ist die Flugbahn eines Balles abspringend von einem Gitter oder einer Glasscheibe kaum aus der Lebenswelt des Spielers herzuleiten (außer man wird im realen Leben häufiger mit einem Gegenstand in den Rücken getroffen, was niemandem zu wünschen ist ...), andererseits führt die Beschränkung des Feldes im gesamten 360°-Bereich zu vielen höchst ungewöhnlichen Herausforderungen für den Padel-Spieler.

Er muss ständig in einer Reaktionshaltung verharren – ein typischer Vergleich beim Rückschlagsport ist der Split-Step des Spielers mit dem Hüpfen eines Torwarts. Split-Step meint das leichte nach vorne Hüpfen des Spielers zur sprung-reaktiven Abwehr- bzw. Reaktionsfähigkeit, um einen entgegenkommenden Ball zu parieren. Ein Torwart wird also ganz platt gesagt schneller und oft sogar weiter hüpfen, wenn er durch kleine Sprünge vor dem Schuss bereits seinen Körper voraktiviert. Beim Padel kann man sich einen Fußballtorwart vorstellen, der die Bälle aus fast jedem Winkel bzgl. der Höhe und aus jedem Seitwinkel halten müsste: Er sollte den Ball also auch abwehren, wenn er aus Richtung des Tornetzes, der Latte bzw. aus Richtung des Pfostens käme. Dies impliziert weiterhin, dass der Ball von der Seite oder

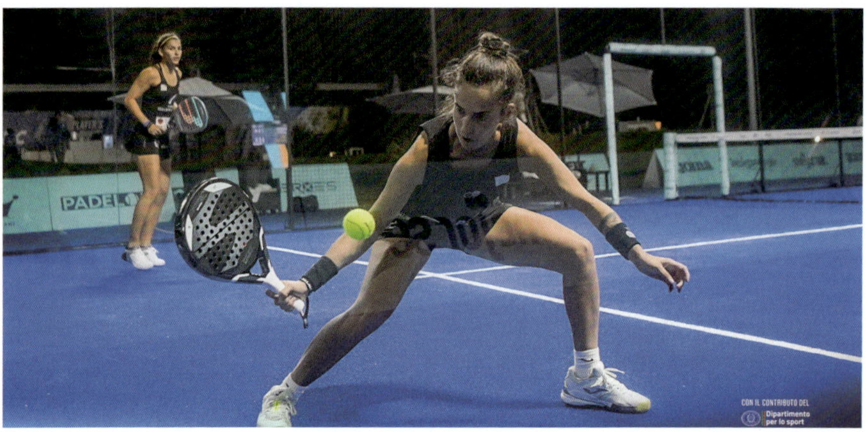

von hinten kommen kann und zwar mit einer kaum sicher zu berechnenden Ballgeschwindigkeit und seltsamen Winkeln - der Ball könnte ja auch den Torpfosten nur streifen. Im Padel entsprächen diesem Fußballbild das Gitter, die Netzkante, das Glas, die Glaskanten und die normalen Spin-Schläge. Die Reaktivitätsvariabilität des Torwarts würde also nochmals um ein Vielfaches gesteigert werden müssen, um Bälle mit jeder Rotation, aus fast jeder Richtung, mit vielen Geschwindigkeiten und das Ganze noch teils völlig unberechenbar zu halten.

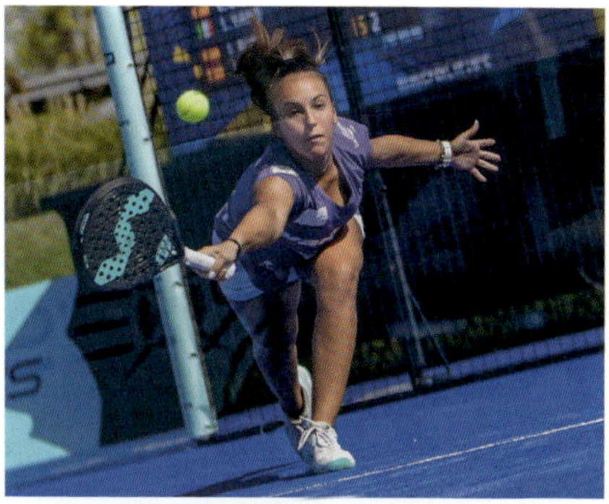

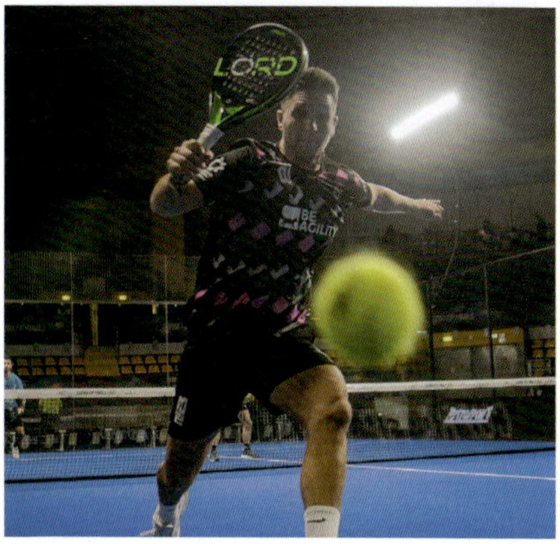

Beispielhaft genannt seien hier einige Varianten:

- Der Ball kommt von der Seite oder von hinten auf den Spieler zu, da er zuvor gegen das Glas oder das Gitter geprallt ist.
- Der Ball fliegt gar von fast allen Seiten über den Spieler oder fällt ihm von allen Seiten direkt vor die Füße - und Letzteres mit einer minimalen Fallgeschwindigkeit, die aber möglicherweise vom Glas weg nur wenige Zentimeter Fallweg bis zum Boden bedeutet.
- Der Ball springt hinter den Spieler in der Spielfeldecke gegen zwei Glaswände und er muss den Ball trotzdem noch nach vorne oben spielen.

Aus der in diesem Kapitel immer wieder erinnernswerten zeitlichen Betrachtung kann also konstatiert werden: Es gibt so viele Variablen bzgl. der Ballflugbahn, dass oft nur extrem wenig Zeit für eine Reaktion bleibt. Dies bedeutet, dass für eventuelle Wendebewegungen des Körpers oder für Kraftübertragungstaktiken (das Bücken und dann erst das Heben des Körpers mit dem Ball evtl. hinter dem Körper mit Verwringung bzw. Verdrehung der Körperachse usw.) oft nur sehr wenig Zeit bleibt und dass die Bewegungen, die hier vonnöten sind, in der realen Lebenswelt praktisch nicht vorkommen.

Einmal tropft der Ball wegen eines langsamen Slice vom Glas ab und fällt direkt auf den Boden, beim nächsten Mal springt der Topspin-Smash direkt über zwei Scheiben gefühlt vertikal nach oben. Es ist eine enorme reaktive und kognitive Aufgabe für den Spieler, diesen Varianten variabel und technisch wie taktisch stabil zu begegnen und immerwährend eine Antwort zu haben, die wenigstens nicht den eigenen Punktverlust bedeutet.

Wie bereits erwähnt, ist eine außergewöhnliche Gegebenheit im Padel die Ungewöhnlichkeit mancher Schlagbewegungen: Während bei einem Standardsmash die natürliche Wurfbewegung mit einem Ball noch als Vergleichsbewegung gelten könnte, so wird dieser Vergleich bei einem Ball, der hinter der Ferse des an der Grundlinie stehenden Spielers von einer Glasscheibe einfach herabfällt, deutlich schwieriger: In einer Art rotierenden bodentiefen Hebebewegung muss dann der Spieler in irgendeiner Weise mit verschiedenen rotierten Gelenken versuchen, dem Ball mit möglichst viel Energie eine sinnvolle - vielleicht langsame Flugbahn vor die Füße des Gegners - oder sonstige taktische Wendung und eine sinnige Flugbahn zu geben.

Bezüglich dieser ungewöhnlichen Bewegungsabläufe ist ein typischer Padel-Schlag im fortgeschrittenen Padel-Spiel mit Bewunderung zu beobachten:

Wenn das gegnerische Team einen Smash spielt, der von der hinteren Glaswand wieder als „Lob" über das Verteidigerteam hinweg abprallt, muss der Verteidiger hier etwas widernatürlich agieren. Der Verteidiger läuft dem Ball hinterher, nachdem der Spieler vom Ball kurz zuvor über dem Kopf von hinten überholt beziehungsweise überlobt wurde, da ja der Smash des Angreifers nach oben weg vom hinteren Glas abprallte. Dies hat zur Folge, dass der Verteidiger eine Zeit lang energetisch betrachtet nur die Flugbahn des Balles in Richtung des gegnerischen Feldes verfolgt und minimal schneller die Flugbahn dieses Balles mit seinem Körper wieder einholt, um der Flugbahn des Balles dann durch den plötzlichen Treffpunkt mit dem Schläger eine nicht wirklich für den Gegner antizipierbare Richtungsänderung zu geben. Verteidigende Profis in Fernsehübertragungen stehen durch jahrelange Erfahrung manchmal sogar schon am Netz und wissen, wo der Ball nach unten fallen wird. Insofern agiert der Körper des Verteidigers, wenn dieser dem Ball hinterherläuft, nur sehr passiv und orientiert sich an einer optimalen Stellung zum Ball, während er reaktiv plötzlich den Ball möglichst „giftig" zum Gegner zurückspielt, was natürlich eine deutliche reaktive und schnelle Kraft- und teils auch Sprintanstrengung fordert.

Häufig führt dies auf der Padel-Tour zu den beeindruckenden Zauberschlägen, da das Meistern dieser eigentlichen „Unnatürlichkeit" der Spielsituation häufig zu großem Erstaunen führt.

Taktische Konsequenzen

Verteidigung

- Nicht nur Flugbahn, Drall, Tempo und Platzierung des Balles sind relevant, sondern insbesondere auch Deine gut antizipierte und möglichst frühzeitig eingenommene Platzposition.
- Es ist wichtig, dem vom Körper „wegfliegenden" Ball in irgendeiner Weise weitere Energie mitzugeben und dies explizit zu üben.
- Wie bei fast allen anderen Spielsituationen ist es notwendig, ständig mit allen Richtungen, Flugbahnen und Konsequenzen zu rechnen und immer (wie ein Torwart ...) in Habachtstellung zu sein.

Angriff

- Greife häufig so an, dass das „Wegfliegen" des Balles vom Gegner weg oder eine möglichst unnatürliche Spielsituation für den Gegner hervorgerufen werden könnte.
- Setze diese Taktikvariante so ein, dass sie den Gegner neben vielen anderen Taktikvarianten (z. B. flacher Vibora) immer wieder überrascht.
- Der Zeitdruck des Gegners ist nicht begrenzt auf eine Ping-Pong-Situation wie bei anderen Rückschlagsportarten, sondern man kann die lange Flugzeit und die überraschend gespielten Winkel nach dem Glas für sich und zur Verlangsamung nutzen, um selbst ans Netz vorzurücken.

Logisch folgende Trainingstipps

Verteidigung

- Trainiere jegliche Richtungen des gegnerischen Angriffsschlags insbesondere vom Glas oder vom doppelt gespielten Glas weg und dies in jeder Höhe und mit jedem Tempo. Nutze insbesondere möglichst ungewöhnliche, aber für Dich gerade noch meisterbare Situationen, um Dich dann im Match weiter zu verbessern. Hierzu benötigst Du wiederum einen guten Zuspieler, Trainer oder eine Ballmaschine.

- Sei Dir bewusst, dass durch Spielantizipation oder aber durch die Antizipation der Ballflugbahn enorme Kräfte gespart werden können und versuche in den ersten Monaten irgendwann durch *häufige Trainingsmatches* die Flugbahn so vorherzusehen, dass Du dem Ball nicht zu oft hinterherlaufen musst.
- Sei im Training grundsätzlich bereit, ungewöhnliche Situationen zu akzeptieren und die Dir in diesem Zusammenhang nicht bekannten Schläge als Herausforderung zu sehen. Häufig gibt es Matchsituationen, die dann urplötzlich in Deiner Spielanlage automatisiert wurden - auch wenn das entsprechende Training schon Tage bis Wochen zurückliegen mag.

Angriff

- Versuche grundsätzlich, den Gegner durch „unnatürliche" Ballflugwinkel in Schlagpositionen zu bringen, aus denen er schwer viel Energie in die Ballbewegung (vor allem in die Rotation) bringen kann. Ein Ball, der unerwarteterweise hinter die Füße in Glasrichtung fällt und dem man noch nachlaufen muss, ist kaum als Winner zu spielen. Nutze dazu Zielfelder, die im Laufe der Zeit kleiner werden und variabel angespielt werden.
- Überlege Dir oder erfrage von Deinem Coach Situationen, die für den Gegner möglichst herausfordernd sind und ihn in die Bewegungsrichtung des Balles zwingen, sodass er dem Ball evtl. nachlaufen muss.
- Versuche im *Trainingsmatch* die Antizipation, das Platzieren und die Rotation sowie die Flugbahn und das Ballflugtempo so einzusetzen und zu kombinieren, dass diese Variablen zu einer möglichst unangenehmen Situation für den Gegner führen - auch wenn Du aufgrund von Unsicherheiten evtl. dann im Trainingsmatch mehr Fehler machst.

9.5 UNBERECHENBARES GITTER (SEI WIE EIN TORWART – NUR NOCH SCHNELLER!)

Situationsschilderung

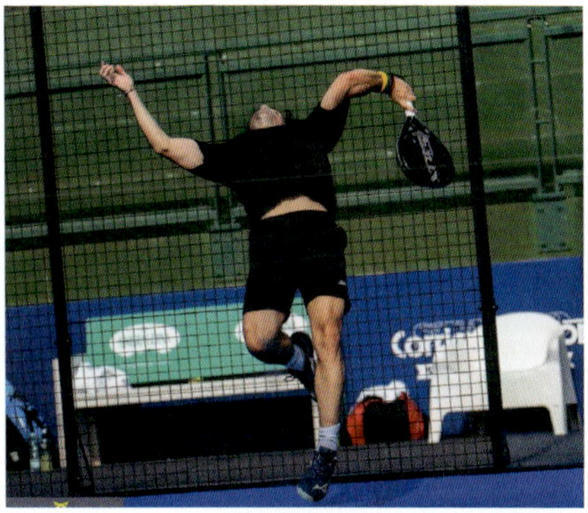

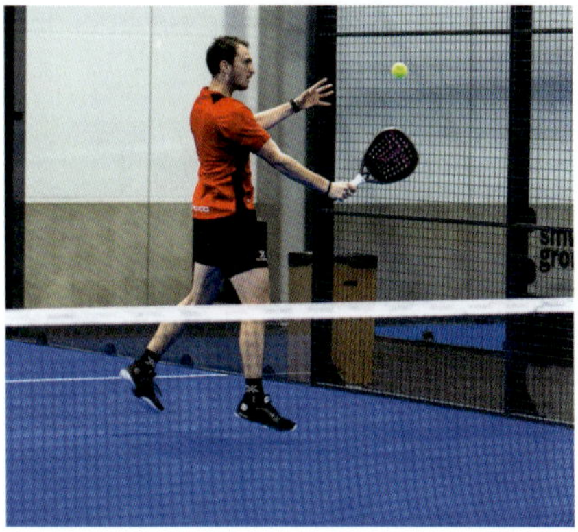

Das Gitter (oder der Zaun) ist ein absolut unberechenbares Teilelement des Padel-Spiels, das ansonsten in jedem bekannten Spiel seinesgleichen sucht. Erfahrene Padelleros kennen nach vielen hunderten Sparringmatches die verschiedenen hypothetisch denkbaren Flugbahnen vom Zaun weg, allerdings sind selbst diese noch nicht vor Überraschungen gefeit. Es kristallisiert sich heraus, dass oft eine tendenziell vorhergesehene Flugbahn des Balles - wie es beim Spiel über das Glas noch irgendwie antizipierbar wäre - eine gute ungefähre Richtungsvorgabe auch nach dem Gitter gibt; allerdings ist ein Ausbrechen des Balles in jede andere Richtung hier (solange sie der ungefähren Flugrichtung entspricht) jederzeit denkbar. Dies erklärt, wieso die Spieler bei einem Zaunball oft tief in die Knie gehen. Der tiefe direkt zum Boden fallende Ball ist die gefährlichste Variante, der durch eine tiefe Ausgangsstellung zumindest noch im Ansatz begegnet werden kann.

Die Unberechenbarkeit des Gitters führt sogar im Regelwerk dazu, dass ein Aufschlag, der nach dem Aufspringen am Gitter landet, als „Aus" gewertet wird. Ansonsten wären viele Ballwechsel bereits zu Beginn für den Retournierenden ausgesprochen schwer zu bewältigen und er müsste (aus Zeitdruck wegen der Uneinschätzbarkeit der Flugbahn vom Gitter hinweg) in einer extrem reaktiven Verteidigungshaltung sein. Es ist besonders wichtig, dass dieses Gitter als ständiges Problemlösungselement im Spiel begriffen wird, da es die Option bietet, sowohl eigene

Angriffe erfolgreich vorzubereiten und zu beenden als auch, sich insbesondere aus der Defensive zu befreien. Ein Angreifer, der einen Ball nach Berühren des eigenen Gitters spielen muss, ist durch die Unberechenbarkeit des Gitters eventuell sofort kein Angreifer mehr. Der Zeitdruck bei einem Zufallsball würde ihn direkt dazu zwingen, zum Verteidiger zu werden.

Das Gitter hat diverse passiv-reaktive Möglichkeiten, die hier nur unvollständig aufgezählt werden: Der Ball prallt ab und ...
... springt völlig normal und vorhersehbar zurück, als wäre das Gitter das Glas gewesen.
... springt fast senkrecht nach oben vom Gitter weg und wird fast zum Lob.
... springt (nicht fällt!) fast senkrecht vom Gitter nach unten und wird somit zu einem Stop, der noch schneller als die normale Fallgeschwindigkeit ist.
... springt durch einen Aufprall an die Gittertrennlinien mit enormem Tempo in irgendeine Richtung.
... fällt seltsam nah und in irgendeiner Spinvariante ans Netz oder ans Glas.
... springt unvorhersehbar mit irgendeiner Geschwindigkeit und irgendeinem Drall (je nach ankommendem Drall bzw. Tempo und Richtung) irgendwo tief ins Feld.

Der Ball gegen das Gitter ist insofern das Paradebeispiel dafür, wieso taktische Überlegungen immer im Sinne des Zeitdrucks betrachtet werden können.

Ein Beispiel wäre das Folgende: Ich bin in der Defensive, weil mein Gegner einen hohen Volley vor meine Füße gespielt hat. Insofern bin ich situativ in einem Körper-Positions-Druck (tiefer Stand und schwere Ausgangsposition) und vor allem bin ich in einem Zeit- und Winkeldruck, da ich dem Gegenspieler nicht durch einen hohen Ball meinerseits die Option zum weiteren Angriff geben möchte. Habe ich nun ein Winkelspiel beim tiefen Volley gelernt, das mir ein Abprallen meines reaktiven Volleys mit starkem Kurz-Cross-Winkel gegen das Gitter ermöglicht, ist der Gegner direkt automatisch unter Zeit- und Reaktionsdruck – er weiß nämlich grundsätzlich nicht, wie der Ball bei ihm landen wird und kann nur eine ungefähre Flugbahn vermuten, die aber keineswegs zutreffen muss. Dies gibt mir häufig die Option, wieder Zeit zu gewinnen und mich im Ballwechsel neu zu orientieren – oder mit etwas Glück sogar direkt angreifen zu können.

Taktische Konsequenzen

Verteidigung

- Eine Zielorientierung meines gespielten Balles in Richtung des Gitters beim Gegner kann immer eine Problemlösung sein, die mich zurück in den Ballwechsel bringt.
- Es wäre taktisch schlau, dem Gegner möglichst (!) gar nicht erst viele Optionen zu geben, ans Gitter zu spielen.
- Wenn der Ball an meinem Gitter landet, muss ich in einer komplett reaktiven Sprint- und Sprungerwartung sein, die (bestenfalls, aber real kaum umsetzbar) natürlich mit einem ständigen Dribbeln oder „Split-Step" vorzubereiten ist, um die Reaktionszeit der Beine möglichst kurz zu halten.

Angriff

- Es ist immer eine gute Idee, in irgendeiner Weise „sicher" ans Gitter zu spielen, wenn es sonst keine guten Winkeloptionen gibt.
- Das Gitter kann dem Gegner zusätzliche Zeit rauben oder ihn fortwährend überraschen.
- Bälle in Richtung des ersten Seitenglases in der Nähe des Gitters und ähnliche Bälle in einem seitlichen Flugbahnwinkel sind meist eine gute Idee - auf der einen Seite dieses ersten seitlichen Glases ist das Gitter, auf der anderen Seite etwas weiter die „Ecke". Beides kann immer wieder zu unvorhergesehenen Situationen für den Verteidiger führen.

Logisch folgende Trainingstipps

Verteidigung

- Sei am Gitter ein Torwart beim Elfmeter - nur noch schneller und übe explizit diese Bälle! Spiele durchaus alleine mit dem Gitter als Ballwand - das mag nerven, aber es wirkt.
- Vermeide falls möglich durch gute Platzierung und eigene Platzposition die Option für den Gegner, an das Gitter zu spielen. Übe also gute Lobs und gute Winkelbälle aus einer Verteidigungsposition heraus, die dem Gegner wenig Chancen für diese Platzierung geben.

- Überlege Dir Lösungsvarianten für möglichst jede noch so unvorstellbare Flugbahnreaktion des Balles nach dem Aufprall am eigenen Gitter und übe diese.
- Häufig mag da möglicherweise ein Lob oder ein Chiquita eine noch halbwegs durchführbare Lösung sein, wenn der Ball einfach herabfällt oder weit von Dir wegspringt. Auch diese Schläge kann man dann vermehrt üben.

Angriff

- Übe den Angriff aus jeder Platzposition mit Platzierung ans Gitter.
- Übe den Angriff aus möglichst jeder Körperposition mit Platzierung ans Gitter.
- Übe bei fast jeder Schlagvariante in Kombination mit den obigen Punkten die Platzierung ans Gitter. Sei also bei allen drei Punkten variabel, flexibel und werde dabei immer sicherer.

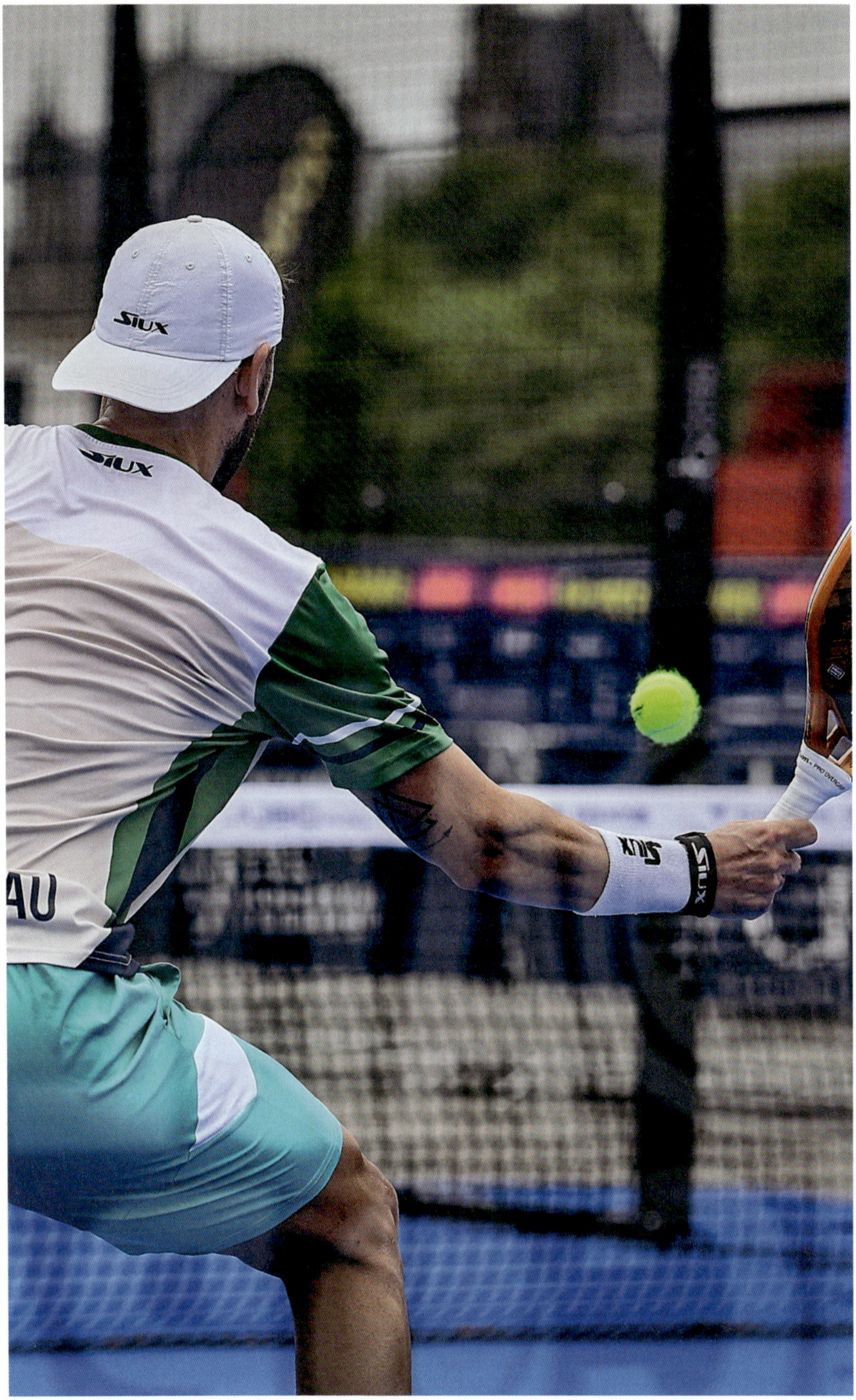

10

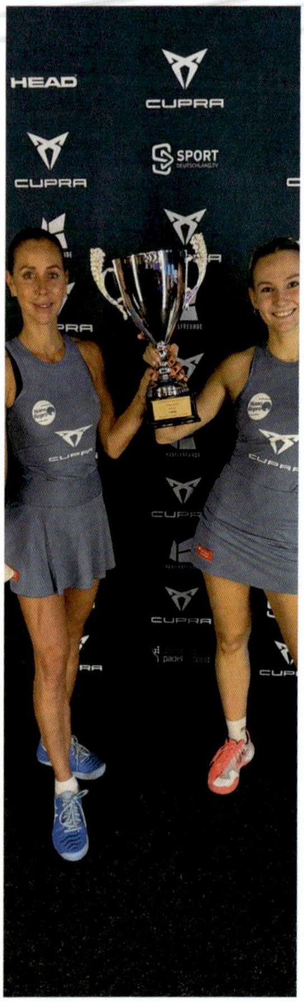

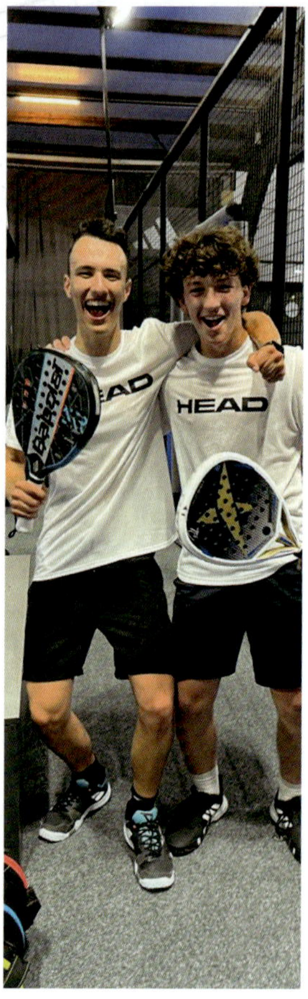

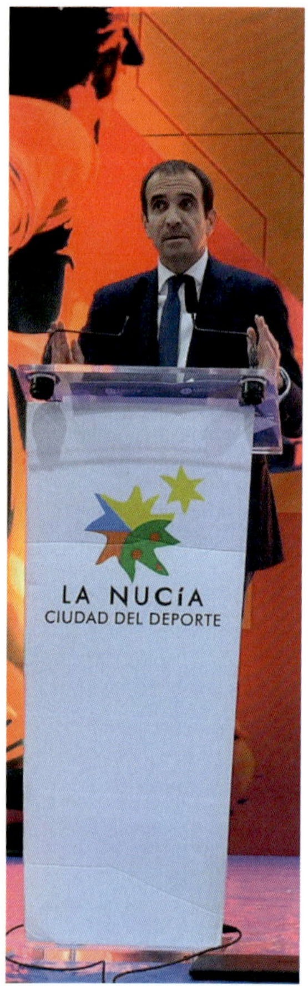

10 DER DEUTSCHE PADEL VERBAND

10.1 ALLGEMEINES, ENTWICKLUNG, LIGEN, WETTKÄMPFE

(VON STEFFI STEIBLE)

Padel: Der Sport, der allen Spaß bringt

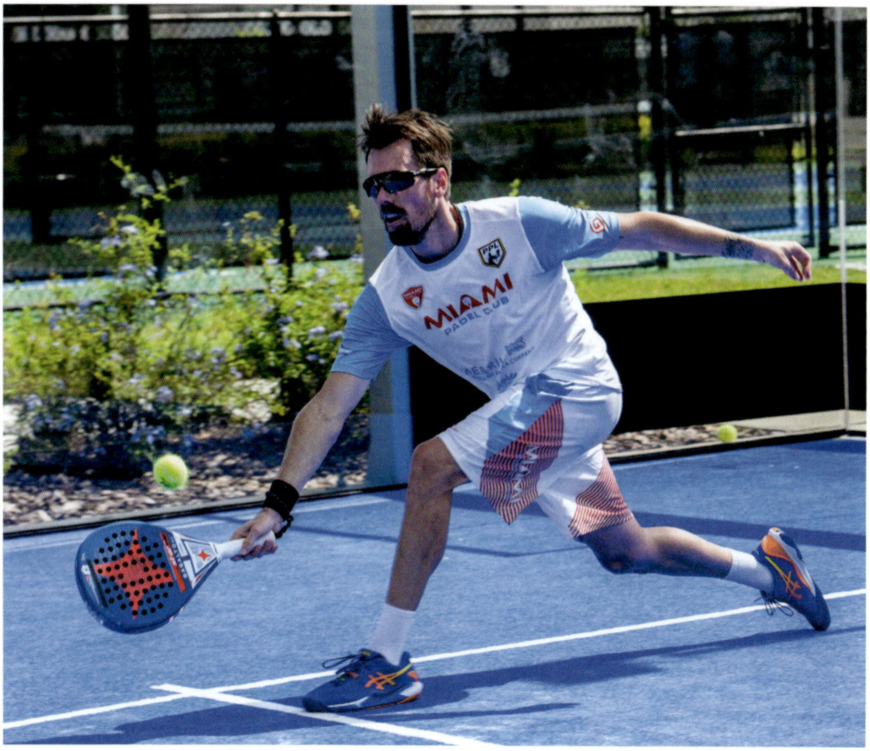

Padel ist etwas für jede Altersklasse, leicht zu erlernen, und auch nach einem missglückten Ball besteht fast immer eine zweite Chance, mithilfe der Glaswand wieder ins Spiel zu kommen. Herausfordernd ist aber, die Tücken dieser (vor allem für Tennisspieler ungewohnten Glas- und Gitterwände) zu verstehen und sie geschickt mit einzubinden. Leichter gesagt als getan also. Dennoch: Beim Padel zu schlagen und einen guten Ball zu spielen ist weniger fehleranfällig als beispielsweise beim Tennis.

Grundsätzlich kann jeder und jede mit jedem und jeder spielen. Kraft und Fitnesslevel sind weniger entscheidend. Es kommt vielmehr auf Spielintelligenz, Koordination und Schnelligkeit, auch im Erkennen von Spielsituationen und Möglichkeiten, an. Und nicht zuletzt führt das harmonische und gut abgestimmte Zusammenspiel mit dem Partner zum Erfolg, denn gespielt wird normalerweise im Doppel. Als Padel-Spieler muss man also auch kommunikativ sein und sich auf den Mitspieler einstellen können.

Der Deutsche Padel Verband (DPV) hat das internationale Mandat

Das alles und noch viel mehr macht den Padel-Sport aus, mit dessen Auf- und Ausbau in Deutschland sich seit 2010 der Deutsche Padel Verband e. V. (DPV) beschäftigt. Bereits seit 2013 ist der DPV auch Mitglied in der Federación Internacional de Pádel/International Padel Federation (FIP). Damit ist der DPV allein berechtigt, die Nationalmannschaften zu den internationalen Meisterschaften zu entsenden und konnte mit den Athletinnen und Athleten in den deutschen Nationaltrikots auf internationaler Ebene bereits beachtenswerte Ergebnisse erreichen. So erreichten die Damen bei den letzten beiden FIP-Weltmeisterschaften jeweils das Viertelfinale. 2024 konnten diesen Sprung bei der FIP-EM sogar beide Teams schaffen. Und in der Kategorie Ü40 krönten sich mit Katrin Bäcker und Maren Tiedjen sogar ein deutsches Paar zu Senioren-Europameisterinnen.

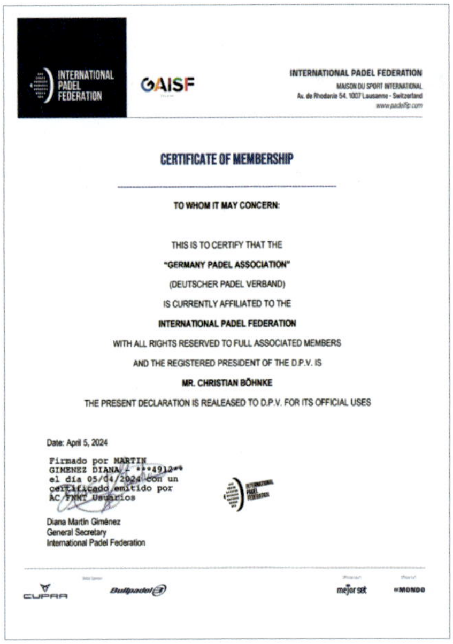

INTERNATIONAL PADEL FEDERATION

GAISF

INTERNATIONAL PADEL FEDERATION
MAISON DU SPORT INTERNATIONAL
Av. de Rhodanie 54, 1007 Lausanne - Switzerland
www.padelfip.com

CERTIFICATE OF MEMBERSHIP

TO WHOM IT MAY CONCERN:

THIS IS TO CERTIFY THAT THE
"GERMANY PADEL ASSOCIATION"
(DEUTSCHER PADEL VERBAND)
IS CURRENTLY AFFILIATED TO THE
INTERNATIONAL PADEL FEDERATION
WITH ALL RIGHTS RESERVED TO FULL ASSOCIATED MEMBERS
AND THE REGISTERED PRESIDENT OF THE D.P.V. IS
MR. CHRISTIAN BÖHNKE
THE PRESENT DECLARATION IS REALEASED TO D.P.V. FOR ITS OFFICIAL USES

Date: April 5, 2024

Firmado por MARTIN GIMENEZ DIANA - ***4912** el día 05/04/2024 con un certificado emitido por AC FNMT Usuarios

Diana Martín Giménez
General Secretary
International Padel Federation

CUPRA Bullpadel mejorset MONDO

Der DPV hat das Mandat des Weltverbandes FIP, Padel offiziell zu vertreten.

Der DPV macht sich fit für die Zukunft

Verbandsintern erfolgte im Jahr 2023 eine Vorstandserweiterung und Neuaufstellung. Sieben Padel-Enthusiasten sind zusammen mit mir als Geschäftsführung und mehreren Angestellten täglich im Austausch, um den Sport wachsen zu lassen und die auf internationaler Ebene sichtbare exponentielle Entwicklung noch stärker voranzutreiben, den Sport in die Breite zu tragen, aber ebenso die Professionalisierung auf leistungssportlicher Ebene umzusetzen.

„Wir spüren eine große Aufbruchstimmung im deutschen Padel. Der Sport wächst in Deutschland immer stärker. Das ist mit neuen Aufgaben und Herausforderungen verbunden. Diesen wird sich der neue Vorstand stellen", sagte der neue 1. Vorsitzende Christian Böhnke nach seinem Amtsantritt, und weiter: „Mit dem neuen Team, deren Mitglieder alle aus dem Herzen des Sports kommen, werden wir zentrale Themen wie den Auf- und Ausbau neuer und bestehender Strukturen angehen." Ingo Bierschel, der den Bereich Kommunikation und Marketing übernommen hat, erklärt: „Mit sieben Vorständen und klar definierten Aufgabenbereichen ist der DPV für die Zukunft gut aufgestellt" und fügt hinzu: „Gleichzeitig sieht sich der neue Vorstand als Schnittstelle für alle, die zum Wachstum des Sports beitragen wollen." Entsprechend wurden den Ressorts verschiedene Teilbereiche mit Aktionspartnern zugeordnet, die beispielsweise die Durchführung der Padel-Bundesliga- und Turnierwettbewerbe betreuen. Zum Vorstand gehört gemäß der geänderten Satzung auch die Jugendleitung, die mit ihrer Basisarbeit die künftige Entwicklung der Sportart entscheidend beeinflusst.

Die tägliche Arbeit fruchtet, und so sind nach der Padel Copa 2024 in Hamburg mehrere internationale Turniere in Deutschland geplant, und auch größere Ziele hat sich der DPV gesetzt. So wurde eine Bewerbung um die Ausrichtung der 15. FIP Junioren-Weltmeisterschaft 2025 abgegeben. Und ein komplettes Rebranding inklusive Logo, Turnierplakaten, Homepage und Außenauftritt befindet sich bereits in der Umsetzung, um die Attraktivität des Sports weiter in den Fokus zu rücken und durch einen hochmodernen Außenauftritt gezielt zu unterstützen.

Padel im Bundestag vorgestellt

Der DPV ist auf allen Ebenen aktiv, um den Sport zu popularisieren. Im Februar 2024 wurde Padel dem Sportausschuss des Bundestages vorgestellt und im Mai schloss sich ein gemeinsames Padel-Spiel in Berlin an.

Frank Ullrich, Vorsitzender des Sportausschusses, hat sich nach der Erstpräsentation vom Padel-Fieber anstecken lassen und zusammen mit einigen Abgeordneten sowie Kolleginnen und Kollegen aus dem Bundestag, natürlich unter fachkundiger Anleitung des DPV-Vorstandes und Senioren-Team-Managers Jasper Ahrens, selbst den Schläger in die Hand genommen. Der ehemalige Weltklasse-Biathlet zeigte sich sichtlich begeistert, wie leicht es fällt, erste Schläge auszuführen und nach kurzer Zeit sowohl spannende als auch schöne Ballwechsel haben zu können:

„Padel ist ein fesselnder Racketsport, der Dynamik, Faszination und Teamgeist vereint. Wer die Abwechslung und Vielseitigkeit liebt, ist von dieser dynamischen Sportart schnell begeistert und angesteckt. Genau diese Erfahrung durfte ich kürzlich durch ein paar kraftvolle Ballwechsel mit großartigen Persönlichkeiten vom Deutschen Padelverband sowie aus der Deutschen Padel-Nationalmannschaft erleben. Das schnelle Umschalten erfordert Konzentration, Antizipation und einen guten Orientierungssinn. Diese Trendsportart ist ideal, um sich gemeinsam im Team zu bewegen und die eigenen motorischen Fähigkeiten zu trainieren. Eine faszinierende Sportart für jedermann. Ein Ausprobieren und Mitmachen kann ich wärmstens empfehlen."

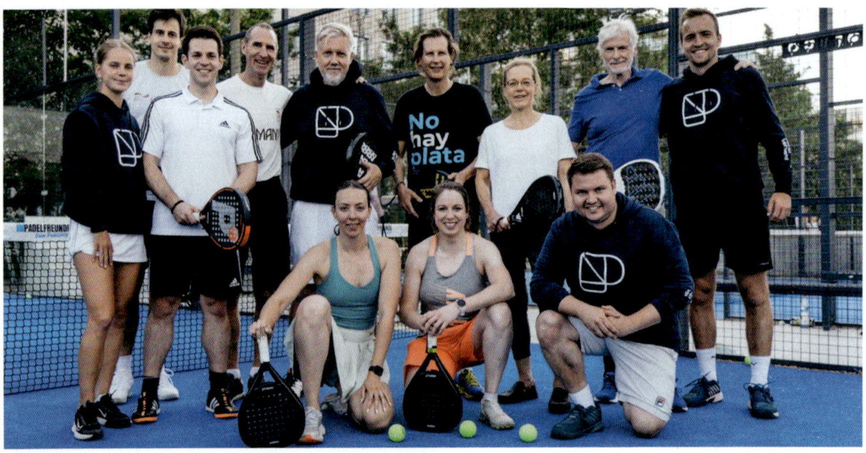

Mitglieder des DPV-Vorstandes mit dem Sportausschuss-Vorsitzenden des Deutschen Bundestages, Frank Ullrich, und einigen Abgeordneten

Auf verschiedenen Ebenen werden Kooperationen gesucht und gebildet. Auch ein Bundesleistungszentrum mit mehreren Stützpunkten in ganz Deutschland soll entstehen. Hinzu kommen viele verschiedene Aktionen und Initiativen in den Mitgliedsvereinen und -anlagen, um die Sportart bekannter und populärer zu machen. Ein Leuchtturmprojekt bildet das international aufgesetzte „Padel4All", das auch von der EU gefördert wird und das der DPV zusammen mit den nationalen Verbänden aus Ungarn, Tschechien und Polen an prominenten Orten der vier Länder in Szene setzt. Hier können Besucher und Interessenten selbst Padel ausprobieren. Zusätzlich haben die besten Teams der ausführenden Nationen die Möglichkeit, sich vor Zuschauern in einem Turnier miteinander zu messen.

Eine weitere beispielhafte Marketingaktion war in diesem Padel-Jahr ein Event begleitend zur EURO 2024. Auf dem Gelände der Fanzone im Münchner Olympiapark brachte eine Mini-EM mit Teams aus acht Nationen, aber auch Stars zum Anfassen, viele Sportfans mit Padel in Berührung. Diese Idee wird 2025 gemeinsam mit Padelcity, dem Anbieter mit den derzeit meisten Padelanlagen in Deutschland, fortgesetzt und Mitte Juni in Wiesbaden wiederum als European Padel Championships ausgetragen.

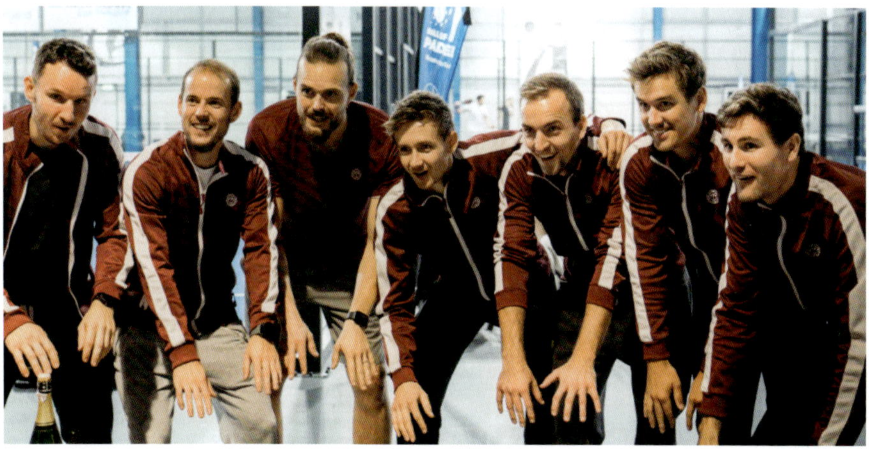

Deutscher Meister 2023 der Herren in der Padel Bundesliga: TC Weiden

Turnier- und Ligenbetrieb erheblich gewachsen

Daily Business des DPV ist die Organisation von inzwischen um die 1.000 Turnieren jährlich, natürlich mithilfe der Vereine und kommerziellen Anlagen in ganz Deutschland, die durch die DPV-Mitgliedschaft die Möglichkeit erhalten, Wettbewerbe im Rahmen der Cupra German Padel Series (GPS) auszurichten. Inzwischen gibt es sechs Kategorien, vom Einstiegsniveau bis zum professionellen Leistungsvergleich.

In allen Turnieren können die gemeldeten Teams Punkte für die deutsche Rangliste erwerben: Je höher das Turnier bewertet ist, desto mehr Ranglistenpunkte werden verteilt. 2024 wurde die Kategorie der 50er-Turniere neu eingeführt, um denjenigen, die sich noch nicht sicher sind, ob Padel ihnen auch als Turniersport gefällt, die Möglichkeit des Austestens ohne Lizenzerwerb zu geben. Die Cupra German Masters mit vier Turnieren der höchsten Kategorie 1.500 schließen am anderen Ende auf höchstem Niveau mit einem Finalturnier ab, bei dem die Deutschen Meister und Meisterinnen ermittelt werden. Zu den Masters-Turnieren, aber auch den Veranstaltungen der zweithöchsten Kategorie, den sogenannten GPS 1000, reisen inzwischen regelmäßig auch Spieler aus anderen Ländern an.

Padel-Ligen als Herzstück des Padel-Sports

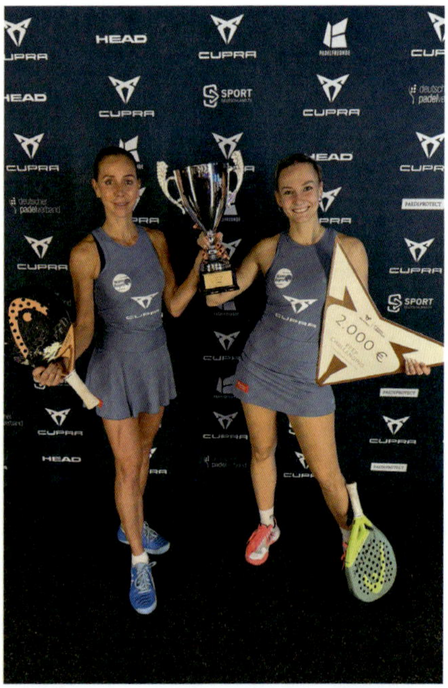

Denise Höfer (l.) und Victoria Kurz (r.) gewinnen das CUPRA German Masters Finals 2023 und sind damit erneut Deutsche Meisterinnen

Das zweite Kernelement in der täglichen Organisationsarbeit im DPV bilden die verschiedenen Padel-Ligen, die in mehreren Altersklassen ausgetragen werden. Im Jahr 2024 werden 325 Mannschaften bei Damen und Herren in der offenen Klasse, aber auch in den Seniorenklassen (D 35, D 45, H 35, H 45, H 55), an den Start gehen. Der Betrieb ist in drei Ligen, von der neu eingeführten Padel-Regionalliga über die Padel 2. Bundesliga bis hin zur 1. Padel-Bundesliga, gestaffelt. Momentan findet jeweils ein Vorrundenspieltag mit drei Mannschaftsspielen statt. Anschließend werden die Sieger im Rahmen eines „Final8" ausgespielt, während die Auf- und Absteiger sowie die Platzierten in separaten Runden ermittelt werden, die ebenfalls der DPV ausrichtet. Weil hier das Mannschaftserlebnis neben den sportlichen Ergebnissen im Vordergrund steht und dieses Jahr vermutlich um die 2.000 Spielerinnen und Spieler dabei sein werden, darf der DPV-Ligenbetrieb als Herzstück des deutschen Padel-Sports bezeichnet werden.

Niveau steigt auf allen Ebenen

Besonders innerhalb des letzten Jahres ist nicht nur zahlenmäßig, sondern auch qualitativ eindeutig eine Veränderung nach oben zu beobachten. „Die Turniere, die heute gespielt werden, haben mit denen der Vorjahre wenig zu tun", berichtete einer der offiziellen DPV-Ausbilder, Daniel Hahn von einem der Top-Clubs, dem STC Oberland aus Geretsried, kürzlich im Rahmen einer internen Fortbildung des DPV. Bei ihm lassen sich auch bekannte Größen wie Ex-Tennisprofi Daniel Brands (Highest ATP-Ranking 51) zum Padel-Coach ausbilden.

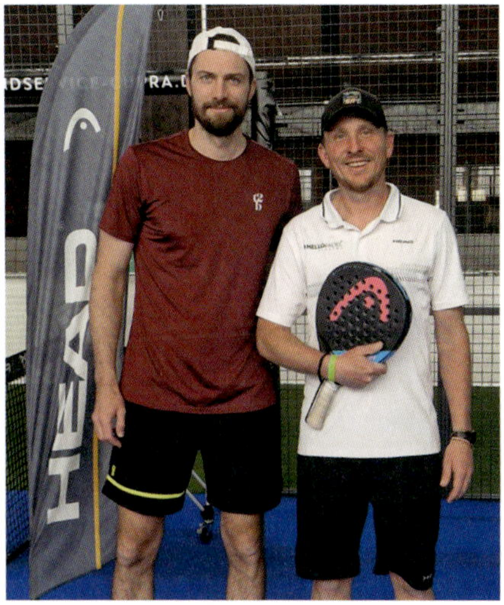

Daniel Brands (l.) und DPV-Ausbilder Daniel Hahn (r.) beim Trainerkurs in Geretsried

Ausbildungswesen explodiert, Bedarf an Padel-Coaches steigt

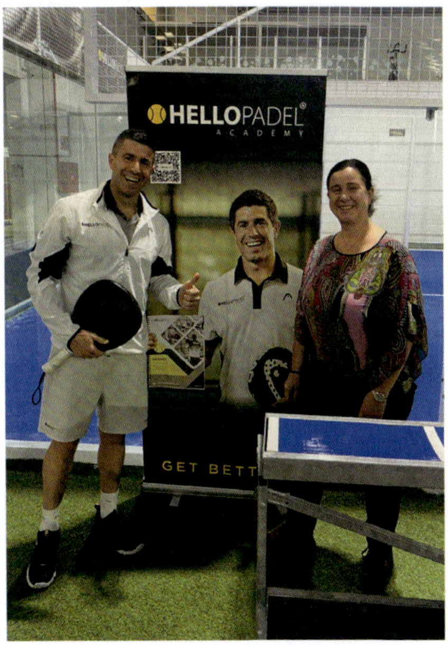

Head Coach Mauri Andrini (l.) mit DPV-Geschäftsführerin Steffi Steible (r.) in Barcelona

Das Ausbildungswesen hat der DPV inzwischen auf eine breite Basis gestellt. Jährlich werden mehrere hundert C-Trainer sowie gezielt Coaches ausgebildet, die auch den B-Trainerschein absolvieren. Auch der erste A-Trainer-Lehrgang befindet sich bereits in Planung. Die Ausbildung verbindet Theorie und Praxis. Weiterhin sind Selbstlernphasen mithilfe von Video- und Schulungsmaterial sowie praktische Übungen in verschiedenen komplexen Trainingssituationen vorgesehen. Die Trainerausbildung findet in Kooperation mit der international renommierten HelloPadel-Academy unter Führung des weltweit anerkannten Padel-Coaches Mauri Andrini statt. In

Deutschland leitet Yannik Mann als Headcoach seit Jahren die Trainerausbildung und entwickelt zusammen mit Vorstand und Geschäftsführung, aber auch im täglichen Austausch mit seinen Coaches sowie Teilnehmenden, immer neue Ideen, sodass hier ein echter kontinuierlicher Verbesserungsprozess etabliert worden ist.

Beratung und Unterstützung im Kleinen wie im Großen

Natürlich betreibt auch der DPV seine Basisarbeit, denn er organisiert nicht nur seine Mitglieder, sondern ist auch in der Neuakquise aktiv, informiert über aktuelle Entwicklungen, berät, bietet Fortbildungen an, übernimmt die Kommunikation nach innen und außen und gestaltet die Finanzierung des Verbandes. Ein wichtiges Thema in naher Zukunft wird der DOSB-konforme Auf- und Ausbau von Landesverbänden in den Regionen sein.

Padel ist offen und zugänglich für alle

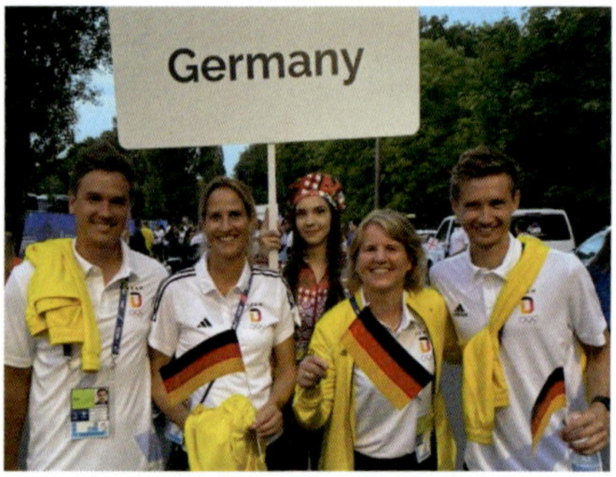

Deutschland mit Padel bei den European Games 2023 in Krakau vertreten

In Bezug darauf, aber auch, weil Padel bei Aktiven vieler anderer Sportarten sehr beliebt ist – Fußballer, Handballer, Tennis-, Tischtennis-, Squash- und Hockeyspieler (um nur einige zu nennen) – sucht der DPV den Kontakt zu bereits etablierten Sportverbänden genauso wie zu anderen neuen Sportarten. Denn der Verband versteht sich als modern und dynamisch, offen und tolerant, freundlich und sympathisch. Beste Voraussetzungen, um in Kooperationen einzusteigen, zumal Padel Vereinsgelände jeglicher Art, ebenso wie kommerzielle Sportanlagen, erfolgreich beleben kann. Gut frequentierte Anlagen stellen zugleich die Voraussetzung dafür dar, dass Padel ganz vielen Menschen zugänglich wird. Der Sport eignet sich wie vielleicht kein zweiter auch für gemischte Doppel, eine der Grundvoraussetzungen, deren Erfüllung der Aufnahme in den olympischen Katalog förderlich sein sollte. 2023 war Padel erstmals bei den European Games in Krakau vertreten, neben einem Damen- und einem Herren-Doppel ging hier mit Victoria Kurz und Matthias Wunner auch ein deutsches Mixed-Paar an den Start und erreichte mit dem Viertelfinale das beste Ergebnis der deutschen Delegation bei diesem Wettbewerb.

Vielerorts gelebte Inklusion

Gleichermaßen bietet Padel große Chancen für Inklusionsthemen, genauso wie für alle Menschen, die sich schwer mit komplizierten technischen Abläufen tun, weil die Sportart zunächst einmal leicht zu erlernen ist und schnelle Fortschritte bringt. In Sachen Inklusion haben sich auf vielen Padel-Anlagen beispielsweise bereits Gehörlosengruppen oder Personen, die eine anderweitige körperliche oder geistige Einschränkung oder ein Handicap haben, für Padel begeistert. Auch Rollstuhl-Padel, das in Spanien bereits sehr populär ist, gehört zu den längerfristigen Inklusionszielen des DPV. Das Merkmal von Padel, die Geschlechter zu vereinen, ebenso wie inklusiv zu wirken, prädestiniert die Sportart neben der wachsenden Beliebtheit für eine Aufnahme ins olympische Programm.

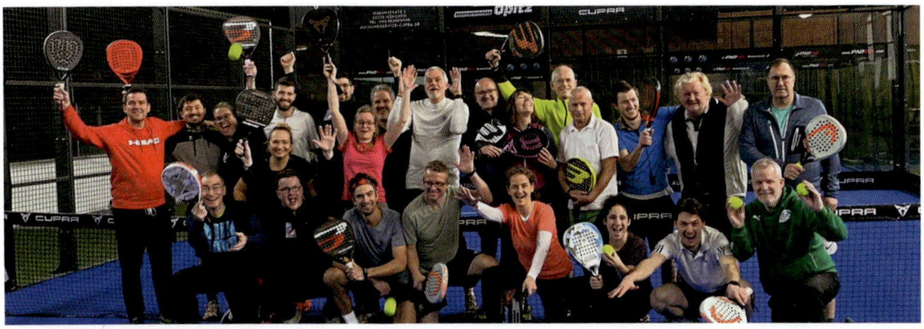

Gehörlosengruppe beim Training im STC Oberland

Aufnahme von Padel ins Olympiaprogramm als gemeinsames internationales Ziel

Denn nicht nur der deutsche Verband, sondern auch der internationale Fachverband möchten, dass der Padel-Sport so bald wie möglich olympisch wird. Die Voraussetzung der Verbreitung auf mindestens vier Kontinenten ist inzwischen erfüllt, denn die FIP hat bereits mehr als 70 Mitglieder auf sechs Kontinenten verteilt. In mindestens 130 Ländern wird inzwischen Padel gespielt. Die FIP richtet Welt- und Europameisterschaften nicht nur in der offenen Klasse für Damen und Herren, sondern regelmäßig auch für Junioren und Senioren aus. Sie ist ähnlich wie der DPV organisiert, hat einen mehrköpfigen Vorstand und eine Reihe von Experten im operativen Bereich, das die einzelnen Themen bearbeitet. Geführt wird das Gremium von seinem italienischen Präsidenten Luigi Carraro. Ende Juli 2024 wurde am Rande der EM in Cagliari zudem der kontinentale Verband Padel Europe mit 31 Mitgliedsländern gegründet.

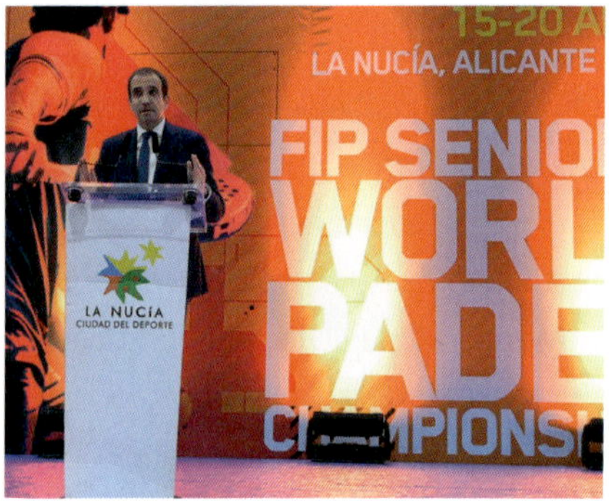

FIP-Präsident Luigi Carraro bei der FIP Senioren-Weltmeisterschaft

Gegen Avancen der International Tennis Federation (ITF), Padel zu übernehmen und nach einer Klage beim Schiedsgericht für Sport in Lausanne, wurde die Unabhängigkeit von Padel auf internationaler Verbandsebene im November 2022 offiziell bestätigt. Carraro äußerte sich anschließend erfreut darüber: *„Heute ist ein Sieg für die Unabhängigkeit und Integrität des Sports, für unsere Spieler, für die Fans von Padel und für alle Institutionen des Weltsports, die die Unabhängigkeit anderer Sportorganisationen fördern und schützen."*

Die Ära der World Padel Tour endet und Premier Padel geht an den Start

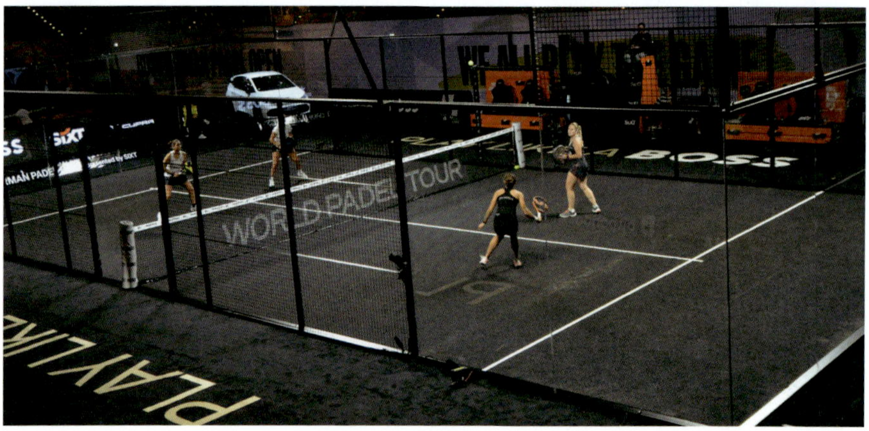

Das Jahr 2024 bringt auf internationaler Ebene einen großen Umbruch mit sich, der ebenfalls dazu beitragen soll, den Sport in Richtung Olympia zu bringen. Die über zehn Jahre etablierte World Padel Tour (WPT), finanziert von der spanischen Brauerei Estrella Damm, spielte Ende 2023 zum letzten Mal auf. „Premier Padel" stieg als alleiniger Partner und jetziger Ausrichter der Profiturniere ein, nachdem deren Tour zuvor parallel zur WPT existiert hatte. Vielfach kamen Bedenken auf, dass nun auch im Padel der Einfluss von Nationen sehr groß wird, die nicht zu den klassischen Rückschlagsport-Ländern gehören. Allerdings hat Padel besonders in der Corona-

Zeit auch gerade in Ländern wie den Vereinigten Arabischen Emiraten, Katar und Kuwait, aber auch Ägypten oder Tunesien, um nur einige zu nennen, an Bedeutung gewonnen. Premier Padel veranstaltet nun eine internationale Profi-Tour, die auf mehreren Kontinenten zuhause ist.

Gesundes Wachstum in Deutschland angestrebt

Um den Padel-Sport weiterzuentwickeln, der in Deutschland inzwischen zwar den Kinderschuhen entwachsen ist, sich aber immer noch im Vergleich zu anderen Ländern in Europa langsam, jedoch gesund entfaltet, bedarf es konsequenter Jugendarbeit, aber auch Geld in Form von noch mehr Sponsorenengagements. So werden, um den Sport beispielsweise nicht nur punktuell in die Schulen zu tragen, noch deutlich mehr Plätze benötigt und natürlich auch engagierte Lehrkräfte, die Lust haben, die neue Sportart im Unterricht zu vermitteln.

Dynamische Entwicklung hin zum großen Ziel, einen neuen Volkssport zu etablieren

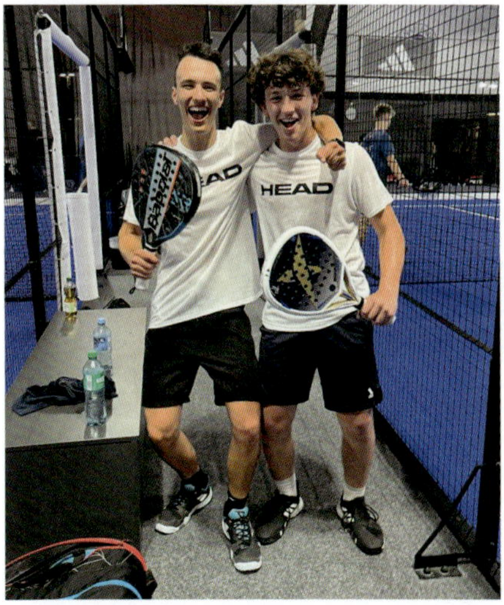

Definitiv hat sich der Padel-Sport hierzulande in den letzten drei Jahren, besonders aber innerhalb des letzten Jahres, sehr dynamisch entwickelt. Dennoch lässt sich nicht alles aufholen, was die Mutterländer des Padel-Sports – Spanien und Argentinien – jahrzehntelang aufgebaut und damit anderen voraushaben. Auch in Skandinavien, Frankreich oder den Beneluxländern besteht ein Mehrfaches an Courts. Das öffentliche Interesse wächst, wenngleich Padel noch lange nicht wie in Spanien nach Fußball als Volkssport Nr. 2 zu bezeichnen ist. Mit dem DPV setzen wir für Deutschland auf kontinuierliches, steuerbares Wachstum und werden kontinuierlich und beharrlich daran arbeiten, den Sport weiter zu etablieren und zu einem festen Bestandteil der Rückschlagsport-Szene in Deutschland zu machen.

Potenzial ungebrochen, weil Padel einfach Spaß bereitet

Das Potenzial ist vorhanden und es lohnt sich, weiter daran zu arbeiten. Darüber besteht im DPV Einigkeit, auch wenn das deutsche Baurecht und andere Restriktionen der Entwicklung teilweise im Weg zu stehen scheinen oder zumindest eine schnellere Entwicklung verhindern. Doch Padel wird sich durchsetzen, weil das Spiel zwischen den Scheiben einfach so viel Spaß und Freude bereiten kann. So lieben nicht nur die Kids diesen besonderen Sport, der keine langweiligen Grundlinien-Duelle bietet, sondern ständiges „Serve and Volley", verbunden mit Lobs, Smashs und spektakulären, teils nie enden wollenden Ballwechseln.

Padel im stetigen Wandel

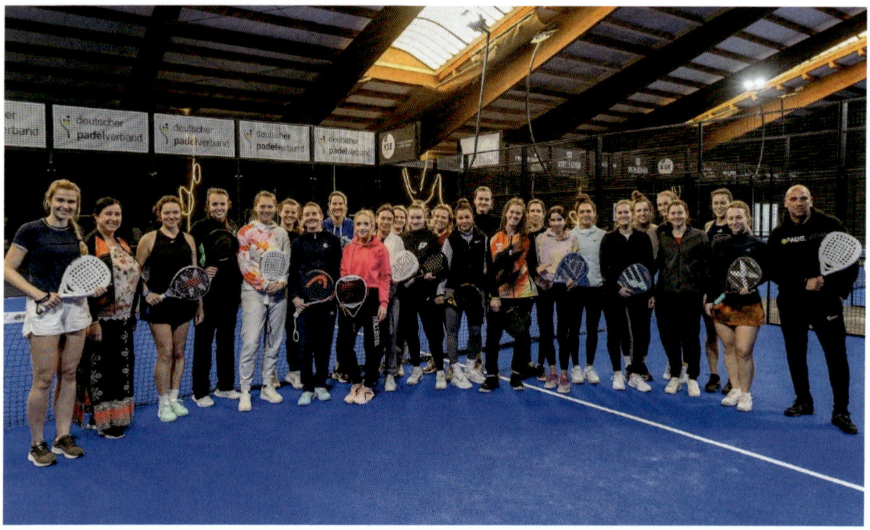

Sichtungstraining des DPV für die Kadernominierung 2024/2025 in Würzburg

Rückblickend hat sich der Padel-Sport in Deutschland schon mehrfach gewandelt, obwohl die Historie noch recht jung ist. Der allererste Padel-Court, der in Bernau am Chiemsee stand, existiert schon gar nicht mehr und nachdem über viele Jahre Vereine mit ein oder zwei Plätzen den Weg zu einer breiteren Basis schufen, haben sich vor allem in den letzten beiden Jahren mehrere kommerzielle Anbieter in Deutschland etabliert. PadelCity und Padelon sind hier mit jeweils mehreren Standorten hervorzuheben, auch We Are Padel betreibt Anlagen in verschiedenen Städten. Inzwischen entstehen immer mehr Vier- und Fünf-Felder-Hallen aus privaten

Initiativen heraus. Aber natürlich wächst auch die Anzahl der Outdoor-Courts und der Vereine, die mit ein, zwei oder drei Spielfeldern starten. Kommerzielle Anlagen und Vereine sprechen dabei unterschiedliches Klientel an, vieles ist auch von der lokalen sowie regionalen Struktur abhängig.

Das gilt auch für die prozentuale Verteilung zwischen den Geschlechtern. Wie in vielen anderen Ländern auch, ist festzustellen, dass überwiegend die Herren der Schöpfung „am Zocken" sind, doch auch die Zahl der Spielerinnen wächst beständig. Dennoch scheint die Hemmschwelle zu Turnier- und Mannschaftspielen bei den Damen aus verschiedenen Gründen etwas höher. Erste Erfolge auf dem Weg hin zu einer mindestens gleichberechtigten Verteilung lassen sich jedoch vermelden: So kamen zum letzten DPV-Sichtungstraining für die Nationalmannschaft gleich 24 motivierte Spielerinnen, die Anmeldezahlen für Damenturniere steigen und auch eine Padel-Regionalliga wird bei den Damen gespielt.

Ein Erfolgsrezept gibt es wohl nicht dafür, eine Anlage erfolgreich zu betreiben. Entscheidend dürfte sein, seine eigene Padel-Community zu bilden und zu prägen. Das kann auf verschiedene Arten gelingen. Wichtig erscheint es, Angebote zu schaffen und die Leute zusammenzubringen. Denn nur dann vermag das zu passieren, was Padel ausmacht - dass Menschen miteinander in Kontakt kommen, die das unter normalen Umständen vielleicht nicht tun würden. Bekannte Gesichter, die in den Padel-Sport investieren, treiben die Entwicklung dabei mit voran. Exemplarisch seien hier Hansi Flick bei PadelCity oder Jürgen Klopp bei Padel FC Berlin genannt. Padel eignet sich auch hervorragend als Ergänzungssport auf dem Fußball-Trainingsplan. Die Profis der TSG Hoffenheim fanden das ebenfalls und haben sogar so viel Spaß am Padel, dass sie auch als Dank an die Mitarbeitenden des Vereins zwei Plätze aus Eigeninitiative finanziert haben und bauen ließen.

10.2 PADEL FÜR JUGENDLICHE – INTERVIEW MIT LARISSA BIELING

Interview

Für Jugendliche bietet Padel tolle Perspektiven

Wie schon im Vorwort erwähnt ist Padel eine Sportart, die Generationen verbindet und vor allem auch jugendliche Rückschlagsportler fasziniert. Dazu trägt bei, dass Padel grundsätzlich zu viert gespielt wird und die Atmosphäre auf Padel-Anlagen sehr viel lockerer ist als in so machen Tennis-Clubs. Das macht Padel für Jugendliche attraktiv. Im Interview zeigt die 17-jährige Jugend-Nationalkaderspielerin und begeisterte Padellera Larissa Bieling auf, dass Padel eine Sportart ist, die in vielerlei Hinsicht begeistert. Deutschland braucht als Padel-Nation unbedingt talentierten Nachwuchs und der hierzulande noch junge Sport bietet Jugendlichen, die es im Sport weit bringen möchten, tolle Perspektiven.

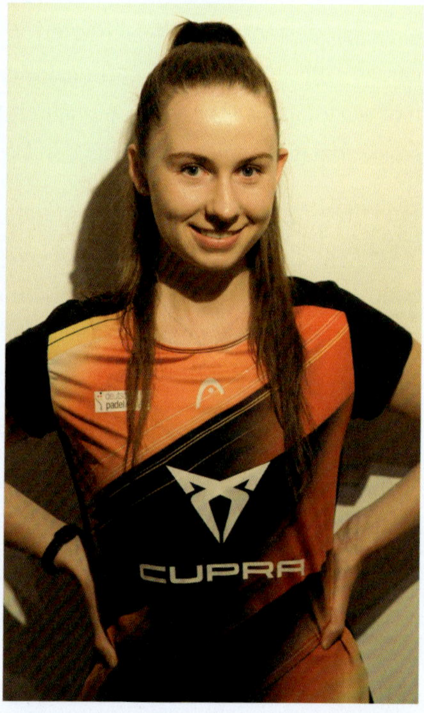

Larissa, woher bist Du denn und wie oft in der Woche bist Du auf welchen Padel-Courts?

Ich komme aus Niedersachsen; genauer: aus Buchholz in der Nordheide - das ist in der Nähe von Hamburg. Mein Tennis-Heimatverein ist der TC Seppensen-Nordheide (TC S-N) u. auf derselben Anlage befinden sich auch die drei Padel-Courts des Vereins Padel-Sport NORDHEIDE. Zweimal pro Woche gebe ich Tennistraining beim TC S-N, einmal pro Woche habe ich selber Tennistraining und circa dreimal pro

Woche trainiere ich Padel im Sommer bei uns auf der Anlage; im Winter muss ich hier nach Hamburg in die Halle fahren – meistens auf die Anlage von „Hansepadel".

Stammt Dein sportliches Umfeld vor allem aus dem Padel oder eher noch aus Deinem Tennisnetzwerk?

Sowohl als auch. Da ich aber seit fast einem Jahr mehr Padel spiele, habe ich dort mittlerweile engere Kontakte aufgebaut. Das liegt auch daran, dass ich die Padel-Spielerinnen einfach häufiger sehe.

Seit wann spielst Du Tennis und seit wann spielst Du Padel?

Ich habe mit acht Jahren angefangen, Tennis zu spielen und kam mit neun Jahren in den niedersächsischen Regionskader. Dort bin ich Ende September 2023 trotz guter Trainingsqualität ausgetreten, da ich die Zeit lieber für Padel aufbringen wollte; es handelt sich ja gerade um einen ziemlichen Boom und mich hat das Padel-Fieber richtig gepackt. Das kam durch einen „Open Play" an einem Samstag im Mai 2023, an dem ich zum ersten Mal einen Padel-Schläger in der Hand hatte.

Wann kamst Du mit den ersten Padel-Turnieren in Kontakt?

Erstmalig im Oktober 2023 mit einem 250er GPS bei GreenTec in Enge Sande mit meiner Spielpartnerin Antonia Lund. Antonia habe ich kennengelernt und wir haben kurzfristig beschlossen, uns über RankedIn (Community-Plattform, die Spieler, Matches und Turniere vermittelt, Anm. der Redaktion) zu dem Turnier anzumelden, um für uns zu testen, wie und ob wir im Turnier harmonieren.

Wie wurdest Du dann für Deine erfolgreiche Ausbildung gewonnen?

Nachdem mich einige Padel-Kontakte vermittelt hatten, habe ich am Ende der Sommerferien an einem Sichtungstraining in Hessen, unter der Leitung von Jugend-Nationaltrainer Julio Gallardo teilgenommen.

Wie kamst Du in den Kader und wieso gefällt es Dir dort offensichtlich?

Nach dem oben erwähnten Training wurde ich von Julio gefragt, ob ich bereit wäre, im Winter 2023 beim Dreiländerspiel in Österreich anzutreten. Natürlich hatte ich riesige Lust und anschließend folgten regelmäßige Kadertrainings – entweder in Köln oder Wallau.

Wie oft finden Kadertrainings statt?

Da die Spielerinnen und Spieler aus ganz Deutschland kommen, ist ein gemeinsames Kadertraining über das Wochenende für viele mit Aufwand verbunden (Anreise/Übernachtung). Man versucht jedoch, sich regelmäßig, etwa alle vier bis acht Wochen, für ein zweitägiges Training zu treffen.

Wie oft spielst Du Turniere und wie kamst Du zu Deiner guten Partnerin für die Turniere?

Ich spiele im Schnitt ein- bis zweimal pro Monat Turniere. Durch längere Regenphasen in den Sommerferien 2023 habe ich erstmals in Hamburg bei Hansepadel in einer Halle gespielt. Dort kam ich mit einem der Trainer in Kontakt, der mir empfahl, Padel unbedingt weiterzuverfolgen und auch Turniere zu spielen. Er hatte die Idee, dass als Partnerin Antonia Lund passen würde und daraufhin haben wir uns kurze Zeit später verabredet. Wir haben uns auf Anhieb super verstanden und auch unser Spielstil hat gut harmoniert und wir hatten auf dem Platz direkt Fun. Meine andere Partnerin (Kiki Kruse), mit der ich zweimal ein offizielles Turnier spielen durfte, kenne ich aus meinem Verein und der Bundesliga-Mannschaft. Sie hat mir am Anfang Training gegeben und vieles beigebracht – dafür bin ich ihr sehr dankbar!

Man spielt also auch im Wettkampf teilweise mit unterschiedlichen Partnern?

Ja, meistens spiele ich mit Antonia Lund. Aber zweimal konnte ich auch mit Kiki Kruse spielen, die bereits 2022 bei der Damen-WM und kürzlich bei der Senioren-WM mit dabei war.

Welcher war Dein größter Erfolg im Jugend- und im Erwachsenenbereich?

Im Jugendbereich war der größte Erfolg die Teilnahme mit der deutschen Jugend-Nationalmannschaft beim Dreiländerspiel in Wien gegen Österreich und Tschechien. Dort wurde ich in der U16 und in der U18 eingesetzt. Im Erwachsenenbereich wurde ich im November 2023 mit meiner Mannschaft Champion in der 2. Bundesliga. Außerdem war auch der Turniersieg eines 500er-GPS-Turniers Ende 2023, zusammen mit Kiki, ein großer Erfolg.

Wie beurteilst Du subjektiv die Jugendentwicklung im Padel und glaubst Du, die Sportart schafft es in den Schulsport?

Padel im Allgemeinen ist in Deutschland zurzeit total im Trend. Das gilt natürlich auch immer mehr für den Jugendbereich. In der Schule hatte ich bisher noch keinen Kontakt zu Padel, allerdings habe ich kürzlich erfahren, dass Rolf (einer der beiden Geschäftsführer meines Padel-Vereins) alle Schulen bei uns im Umkreis angeschrieben hat, um ihnen die Möglichkeit zu bieten, Padel im Rahmen des Sportunterrichts oder auch als kleine Exkursion auszuprobieren. Das finde ich eine tolle Idee, da meiner Meinung nach Padel dringend an die Schulen herangetragen werden sollte. Die Kids sollten durch Erfahrung merken können, wie viel Spaß das macht.

Wer trainiert Dich wie oft im Padel?

In Bezug auf Training ist es derzeit (leider) so, dass es nicht viele Trainer in unmittelbarer Nähe gibt, die noch dazu genügend Kapazitäten haben. Daher variiere ich entsprechend, um auf regelmäßiges Training neben den Match-Trainings zu kommen. Zu meinen Lerneinheiten auf dem Court gehören das Jugendtraining im Verein bei Sergio Dos Santos Silva und Trainingseinheiten bei Kiki Kruse (deutsche Nationalspielerin und Trainerin bei mir im Verein), Moritz Lund und Tobias Rauch von Hanse Padel Hamburg und Stuart Duggan (irischer Nationalspieler, Padelon Hamburg).

Funktionieren Padel und Tennis miteinander?

Durch Padel habe ich beim Tennis eine noch bessere Beinarbeit, weil man dort einfach viele kleine, schnelle Schritte macht und auch tiefer in den Knien ist. Zudem sind meine Volleys viel besser geworden, da man diese beim Padel ja sehr viel spielt und dadurch automatisch übt.

Wie hilft Dir Tennis beim Padel?

Durchs Tennis bringt man von vornherein Ballgefühl und eine gewisse Treffsicherheit mit. Ich persönlich spiele beim Tennis auch gerne viele Winkel- oder Longline-Bälle. Die kann ich dann natürlich auch gut beim Padel spielen.

Du spielst in diesem Jahr Deine zweite Bundesliga-Saison, welche Ziele hast Du noch?

Durch Mannschaftswechsel haben wir keine 2. Bundesliga mehr und ich spiele nun in der 1. Bundesliga mit. Mal sehen, ob ich einmal die Chance auf einen Einsatz habe. Das wäre zumindest kurzfristig erst einmal ein Ziel, langfristig möchte ich mich dann natürlich in der 1. Bundesliga etablieren.

Wie kann man mehr Jugendliche für Padel begeistern?

Nicht nur Schnupper-Tennis in den Schulen und Vereinen anbieten, sondern auch Schnupper-Padel.

Findest Du Padel auf Social-Media-Kanälen schon präsent und „jugendlich" genug?

Ich finde schon, dass Padel in den sozialen Medien bereits präsent ist. Allerdings hängt das auch immer vom Algorithmus ab. Da ich ja selbst Padel spiele und mir deswegen auch immer mal wieder Videos davon ansehe, werden mir solche Videos viel öfter angezeigt als anderen Leuten, die kein Padel spielen. Ob solche Beiträge „jugendlich" genug sind, kann ich nicht genau sagen; aber dadurch, dass es einfach ein so spannender Sport voller Dynamik und Action ist, dürfte das für Jugendliche auf jeden Fall eine Sportart sein, die sich bei Kids und Teenies durchsetzt.

Das Interview führte Andreas Ehstand.

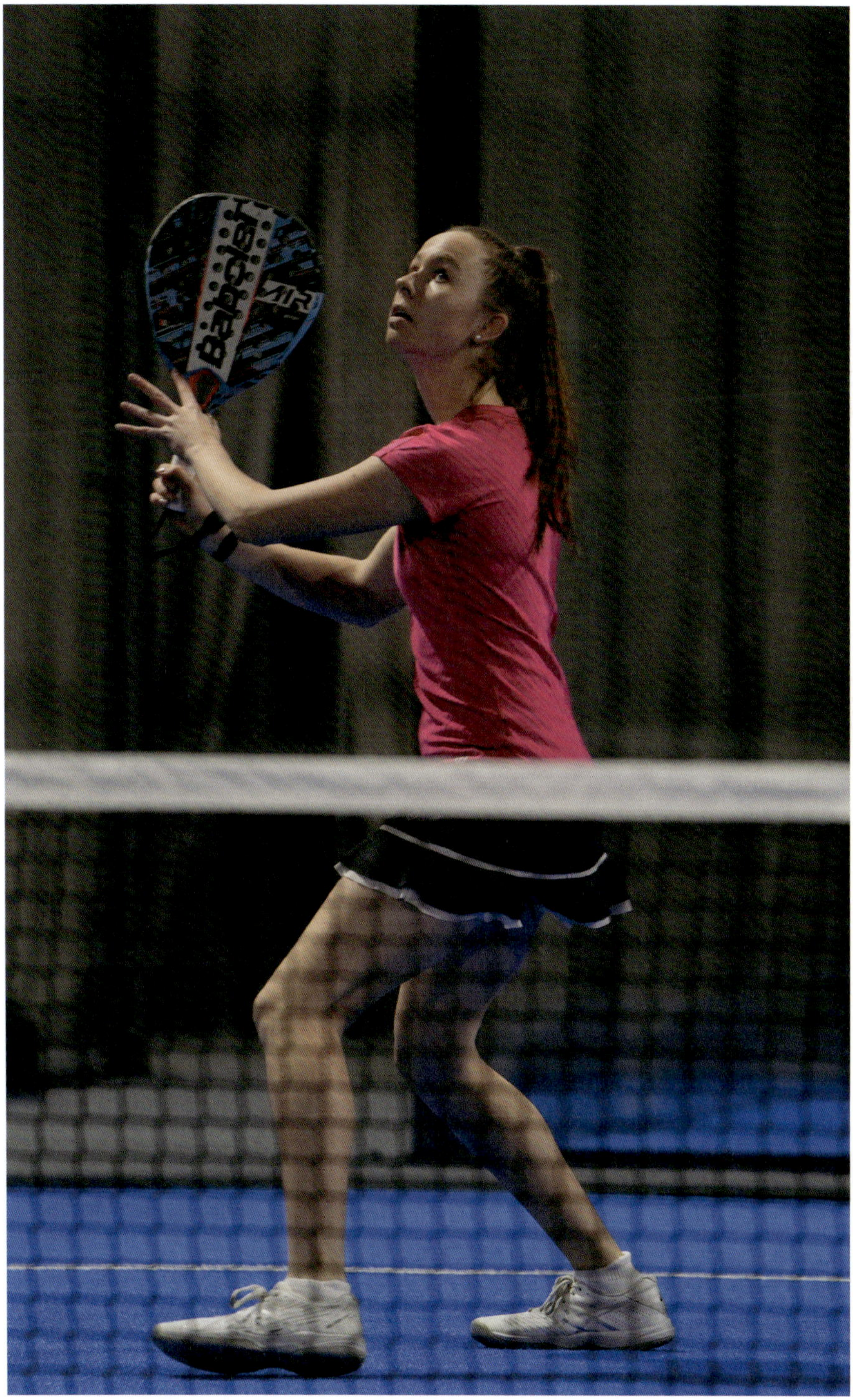
Babolat
AIR

11 CO-AUTOREN UND MITWIRKENDE IM PORTRÄT

ANDREAS EHSTAND

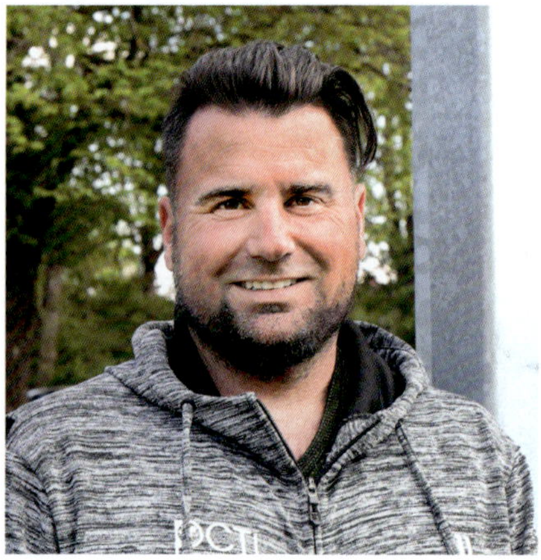

Andreas Ehstand ist in der Lehre tätig im Landkreis Starnberg und Inhaber des Zertifikats „Dozentenzertifikat Hochschullehre Bayern" sowie diverser weiterer Auszeichnungen. Er war wissenschaftlicher Mitarbeiter an den Universitäten Bayreuth und Dortmund und berät seit 15 Jahren international Leistungssportler, Academies und Verbände bei der Leistungsfaktoren-Optimierung auf und neben dem Court. Auf seiner Homepage informiert er regelmäßig über neue Entwicklungen im Rückschlagsport, die den Trainingsbereich im weitesten Sinne umfassen und er wird zukünftig vermehrt auf moderne Trainingskonzepte eingehen. Neben dem Sport ist er vielfältig ehrenamtlich aktiv. Seine Aktivitäten sind unter *www.padeltennislobby.de* zu verfolgen.

CARINA SPRINGER

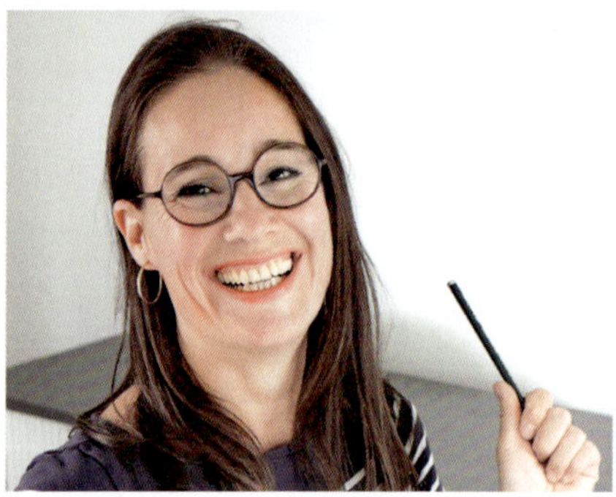

Carina Springer ist Kommunikationsdesignerin und Fotografin und seit über 20 Jahren freiberuflich tätig. Sie wurde mehrfach für Fotoauszeichnungen nominiert. Sie fotografiert Sport, Porträt, Architektur und Firmenprofile und arbeitet als Reprografin für namhafte Zeitschriften *(www.carinaspringer.com)*.
Als Geschäftsinhaberin von Randa betreut sie mehrere mittelständische Unternehmen rund um den Ammersee *(www.agentur-randa.de)*.

STEFFI STEIBLE

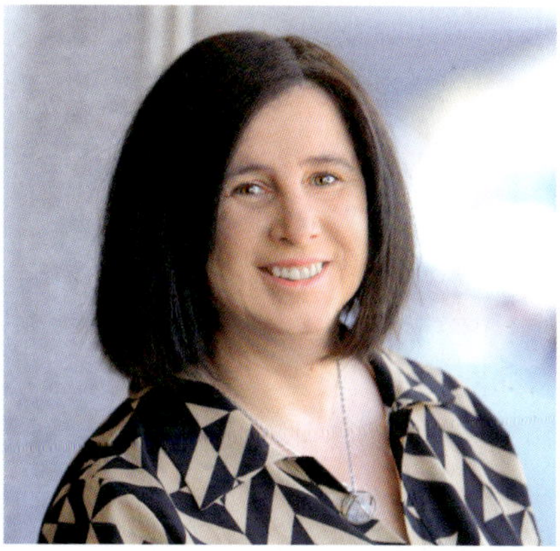

Steffi Steible ist seit 2023 Geschäftsführerin des DPV und kam Anfang 2022 zum Verband. Sie kann hier vieles von dem nutzen, was sie an Know-how aus früheren Aufgaben im Vertrieb, im Management sowie aus der Öffentlichkeitsarbeit mitbringt. Um nah am Geschehen zu bleiben, übernimmt sie ehrenamtlich die Aufgabe der Teammanagerin für die Damen-Nationalmannschaft. Überdies arbeitet Steffi regelmäßig mit Handballteams bei internationalen Turnieren. Seit zehn Jahren ist sie freiberuflich abseits der sportlichen Bühne als Prüferin sowie Dozentin für Deutsch als Fremdsprache tätig. Aber vor allem liebt sie Sportevents und deren Organisation im In- und Ausland. Sehr gerne würde sie in der Zukunft ein Drehbuch für eine Mini-Serie schreiben. Vielleicht wird darin auch Padel eine Rolle spielen.

MATHIAS SCHULZ

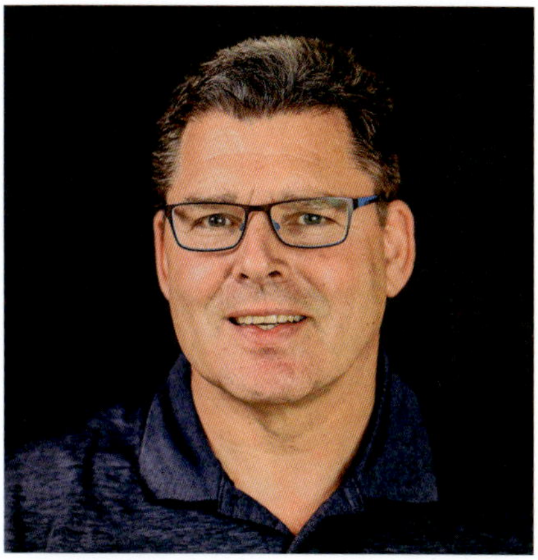

Mathias Schulz ist 54 Jahre alt, sehr glücklich verheiratet und lebt im schönen Schleswig-Holstein. Seit einigen Jahren arbeitet er als Sportfotograf, wobei er sich auf Tennis spezialisiert hat. Regelmäßig fotografiert der Sportfotograf für die Women's Tennis Association (WTA) und gelegentlich auch für die International Tennis Federation (ITF). Darüber hinaus ist er auch als Turnierfotograf im Einsatz und hält spannende Momente auf den Tennisplätzen dieser Welt fest. Beispiele seiner Arbeit sind unter *www.matchfotos.de* zu sehen.

HERNAN FLORES

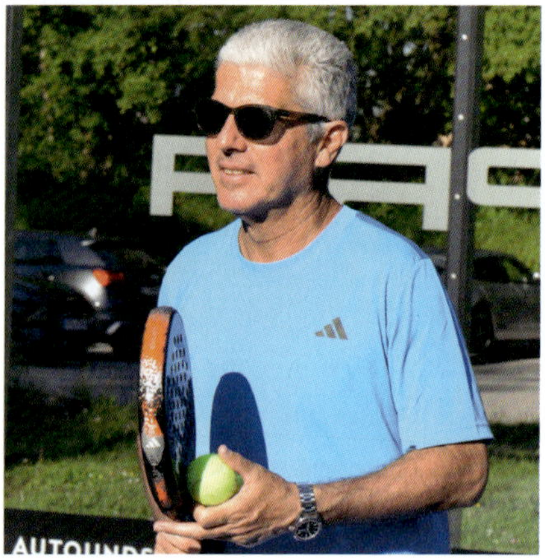

Hernán Turu Flores gehörte zu den erfolgreichsten Spielern der weltweiten Padel-Szene der 1990er- und 2000er-Jahre. Geboren wurde er am 2. Mai 1968 in San Lorenzo, Argentinien. Als eingebürgerter Spanier lebt er seit 2002 in El Puerto de Santa María. Mitte der 1980er-Jahre begann er in Argentinien im professionellen Tenniszirkus (TOP SERVE) zu spielen, der im ganzen Land ausgetragen wurde. Mit einigen ATP-Punkten gelangte er zwischen 1984 und 1988 in die Top 40 Argentiniens. Padel lernte er eher zufällig kennen und begann 1991 mit Padel als Turniersport in Argentinien, wo er sich schnell in der höchsten Kategorie festspielte.

Heute ist Hernan Flores auf allen Kontinenten als gefragter Trainer unterwegs. In seiner Akademie in Cadiz trainieren regelmäßig auch die besten Spielerinnen und Spieler der Welt, wie etwa der aktuelle Ausnahmespieler Juan Lebron. Hernan Flores ist regelmäßig auch in deutschen Padel-Clubs und an Padel-Standorten mit Trainingswochen präsent, um den Padel-Trend auch in Deutschland mit voranzutreiben. *(https://www.hernanflores.com/)*

12 SCHLUSSBETRACHTUNG

Die Arbeit an „Faszination Padel" hat eindrucksvoll unter Beweis gestellt, wie jung die Padel-Szene in Deutschland noch ist. Aber auch international fehlen der Padel-Branche noch die Professionalität und die Vernetzung, die beispielsweise den Tennissport prägen. Die Recherchen zum Buch habe immer wieder Grenzen aufgezeigt, etwa hinsichtlich verfügbarer Bildarchive, belastbarer Zahlen oder professioneller Medienarbeit.

Einerseits macht das den besonderen Charme des Padelsports aus und andererseits eröffnet es viele Perspektiven, genau in diesen Bereichen aktiv zum weiteren Siegeszug von Padel in Deutschland und weltweit beizutragen.

Ich möchte mich aufs herzlichste bei den vielen hilfreichen Unterstützern bedanken, die pragmatisch und unbürokratisch mit Bildern, Informationen oder Kontakten geholfen haben, um das Buch möglich zu machen. Für mich selbst steht fest, dass ich beflügelt durch das enorme Netzwerk, das durch das Buch entstanden ist, dem Padel-Sport und seiner Entwicklung treu bleiben werde und sowohl auf dem Court wie auch publizistisch buchstäblich am Ball bleiben werde.

Christian Bonk

13 DANKSAGUNG

Ich möchte mich auf diesem Weg bei allen bedanken, die mich in der Manuskriptphase zum Buch mit Engagement, tollen Ideen und großer Empathie unterstützt haben. Mein besonderer Dank gilt Andreas Ehstand, Steffi Steible, Hernan Flores, Sebastian Mocoroa, Carina Springer, Juan Martin Castro Galvan, Rafael Gramajo, Alberto de Vicente Chico, Gaston Streiger, Adriana Saenz Diaz, Andrea Romano, Larissa Bieling und dem Team der Tennis- und Padel-Anlage Starnberg.

Darüber hinaus gilt mein herzlicher Dank allen weiteren, die das Projekt mit Informationen, Bildern und Fakten unterstützt haben. Ich habe während des Schreibens die Erfahrung gemacht, dass ohne zuverlässige Zulieferer ein Buchprojekt wie „Faszination Padel" nicht zu realisieren wäre. Herzlichen Dank auch an Natalie Mikolich, die für die Öffentlichkeitsarbeit und das Marketing der amerikanischen Profi-Liga PPL (Pro Padel League) verantwortlich ist und mir für das Buch zahlreiche tolle Fotos zur Verfügung gestellt hat.

Darüber hinaus möchte ich noch meinen lieben Kolleginnen und Kollegen im Büro danken, die mich während der gesamten Produktionsphase geduldig sowie tatkräftig unterstützt (und vermutlich teilweise ertragen) haben, wobei sie sicher das eine oder andere Mal Das Wort „Padel" nicht mehr hören konnten.

Ebenfalls bedanken möchte ich mich bei meiner Projektleiterin Alexa Deutz vom Meyer und Meyer Verlag sowie bei meinem Lektor Andreas Barth, die mit viel Gespür aus einem 100-seitigen Manuskript und unzähligen Bildordnern ein so gelungenes Werk geschaffen haben.

Für 2025 ist ein Trainingsbuch zum Padel in Planung von Christian Bonk und Andreas Ehstand.

14 ANHANG

Interessante Weblinks

https://www.padelfip.com/
https://www.dpv-padel.de/
https://products.playtomic.io/global-padel-report/
https://premierpadel.com/en
https://www.padel-tour.de/

Bildnachweis

Umschlag: oben: Pro Padel League/**unten links:** Christian Bonk/**unten Mitte & rechts:** FIP/ **Autorenfoto:** Carina Springer

Bilder Innenteil: Christian Bonk: S. 8, 9, 10 o., 13 u.li., 13 o re., 35, 43 o., 43 u., 44, 45, 48, 50, 58, 73, 162 u., 174. **Hernan Flores** S. 10 u., 11 u., 12, 13 o li., 13 u. re. **BASPO Magglingen/Curt H. Schibli**. *Platform Tennis – Monatsschrift der Eidgenössischen Sportschule Magglingen mit Jugend+Sport, Bd. 53 (1996), Nr. 8, S. 14f.:* S. 15, 16. **Sebastian Mocoroa:** S. 20, 22, 23, 24. **Pro Padel League (PPL):** S.27, 29, 54, 57, 59, 81, 87, 117, 153. **DPV/2erpack Identity:** S. 33, S. 155. **DPV/Padeldays:** S. 152 li., S. 157, S. 158. **DPV**: S. 159, S. 163, S. 164. **DPV/Robert Kran:** S. 156. **DPV/STC Oberland:** S. 161. **Playtomic:** S. 34. **Real Padel GmbH:** S. 36, 41, 51. **Matthias Schulz:** S. 53, 55, 83, 84, 119, S. 134 o, 134 u.,151, 173 u. **Tennis-Point Europe GmbH:** S. 61. **SIUX:** S. 62, 76 o., 76 u., 80 o., 80 u.. **WILSON:** S. 63, 64, 79 o.. **Babolat:** S. 65, 71, 74, 78 Mitte, 78 u.. **Bullpadel:** S. 66 o., 69, 70, 72 u., 79 u.. **HEAD:** S. 66 u., 78 o.. **Gaston Streiger:** S. 72 o.. **adidas:** S. 75, 77 o, 77 u.. **DPV/ FIP:** S. 152 re, S. 154, S. 160 S. 162 o **FIP:** *Grafiken* S. 31 o, 31 u, 46, 47, *Fotos* S. 82, 90, 92, 94, 96, 98, 100, 102, 104, 108, 110, 120, 122, 123, 124, 125, 126, 127, 128, 135, S. 136 o, 136 u, 138, 139 o, 139 u, 142, 143 o., 143 u., 147 o., 147 u. 128. **Steffi Steible:** 173 o.. **Carina Springer:** S. 89, 91, 93, 95, 97, 99, 101, 103, 105, 107, 109, 111, 113, 114, 129, 172 o., 172 u. **Larissa Bieling:** S. 166. **Moritz Lund:** S. 177. **Alle übrigen:** siehe Bildnachweis unter den Fotos

Covergestaltung & Layout: Sannah Inderelst

Satz: Guido Maetzing (www.mmedia-agentur.de)

Lektorat: Andreas Barth (info@lektorat-barth.de)